동양의
고전을
읽는다

1

역사·정치

동양의 고전을 읽는다

1
역사·정치

휴머니스트

■ 일러두기

- 이 시리즈는 '오늘의 눈으로 고전을 다시 읽자'를 모토로 휴머니스트 창립 5주년을 기념하여 기획한 것이다. 안광복(중동고 교사), 우찬제(서강대 교수), 이재민(휴머니스트 편집주간), 이종묵(서울대 교수), 정재서(이화여대 교수), 표정훈(출판 평론가), 한형조(한국학중앙연구원 교수) 등 7인이 편찬위원을 맡아 고전 및 필진의 선정에서 편집에 이르는 과정을 조율하였다.

- 이 시리즈는 서양과 동양 그리고 한국 등 3종으로 나누었고 문학과 사상 등 모두 14권으로 구성하였다. 말 그대로 동서고금의 고전 250여 종을 망라하였다. 이 기획의 가장 흥미로운 특징은 각 분야에서 돋보이는 역량과 필력을 자랑하는 250여 명의 당대 지식인과 작가들이 저자로 참여했다는 점이다.

머리말

지식과 사유의 보물창고, 동양 고전과의 대화

1

『동양의 고전을 읽는다』 시리즈 중 1권과 2권은 '역사·정치'편과 '사상'편으로 묶었다. 동양의 정치, 사회, 과학, 종교, 역사와 예술 분야를 두루 망라하고 있다. '동양'이라고는 하나, 실제로는 '중국'을 크게 벗어나지 않는다. 일본의 책 두 권, 그리고 이슬람의 책 한 권은 너무 적지만, 통념과 수요를 감안한 것이라고 알아주면 좋겠다. 인도 불교의 번역서들이 있지만, 그들은 이미 중국과 한국, 일본의 정신에 깊이 뿌리내린 것들이라 기원이나 저작권을 따질 필요가 없겠다.

34권의 책들은 각자 빛나고 있어 몇 개의 범주로 묶기가 여간 까다롭지 않다. 손쉽게는 시기별로, 아니면 학파별로 하는 수가 있는데, 위험을 무릅쓰고 주제별로 엮어 보았다. 고전에 대해 필자들이 서술한 내용을 토대로 했지만, 각각을 어떻게 분류하고 서로를 어떻게 연관시킬지의 최종적 선택은 순전히 내 독단이다. 다른 사람이라면 아주 다르게 했을 것이다.

2

1권 '역사·정치' 편은 세 개의 부로 이루어졌다.

 1부는 성찰과 교훈으로서의 '역사'이다. 역사는 사실들의 집적이 아니라 현재를 비추고, 미래를 밝히는 거울이다. 『설문해자(說文解字)』는 그 수단인 한자의 역사와 의미를 다루고 있고, 『서경(書經)』은 초기 궁중의 칙령과 포고들의 기록이며, 『사기(史記)』는 가슴 속 울분을 삼키고, 환상과 설교 없이 차가운 사실들이 말하도록 놓아준 절제의 교훈들이다. 『자치통감(資治通鑑)』은 왕안석(王安石)의 신법(新法)에 대해 점진적 개혁을 정당화하는 또 다른 교훈으로서의 역사이다. 『역사서설(歷史序說)』 또한 이슬람의 제도와 문화를 문명사적으로 성찰한 역사서이다. 『일본서기(日本書紀)』는 일본 고대의 황실 역사서인데, 필자는 한반도와의 관계에 집중해서 기술했다.

 2부는 '정치'의 기술에 대한 조언들이다. 노장(老壯)의 자연이나 유교의 인격에 의존하지 않는, 냉정한 현실정치의 용인·용병술을 여기서 만날 수 있다. 『상군서(商君書)』는 가차 없는 상벌을 통한 정치를, 이에 대해 『순자(荀子)』는 예의와 교육이라는 소프트한 제도를 통한 질서를 제안한다. 『회남자(淮南子)』는 그 신체를 어떻게 수련할지의 테크닉과 무위자연의 정치술을 동시에 보여준다. 『염철론(鹽鐵論)』은 국가의 자원독점을 둘러싼 논란을, 『정관정요(貞觀政要)』는 관리의 선발과 정치의 실제 기술에 대한 조언들을 담고 있다.

　3부는 유학 전통의 '변모'와 근대 세계를 다룬 책들이다.『명이대방록(明夷待訪錄)』은 명·청 교체기, 이민족의 압제 아래서 새로운 세상을 위한 사회 개혁의 구상이 담겨 있고,『대동서(大同書)』는 20세기 세계사적 전환기에 유학의 혁신을 통한 적응을 모색해 본 것이다. 마루야마 마사오는『일본정치사상사연구』에서 일본의 자발적 근대화, 그 성공의 원인을 일찌기 주자학이라는 낡은 이념을 졸업한 데서 찾았다.『모순론』과『실천론』은 중국의 전통사회를 마르크스적 이념에 따른 사회로 전환시키고자 하는 실천적 구상이고,『유학 제3기 발전의 전망 문제』는 현재 하바드에서 20세기가 묻어버린 유교의 가치를 21세기 글로벌시대에 다시금 되살리려고 노력하고 있는 학자 뚜웨이밍(杜維明)의 역작이다.

3

고전이란 도무지 낯설고 딱딱해서 무섭다는 불평들이 낭자하다. 어떨까. 내가 보기에, '낯선 것'은 당연하고, 그렇지만 '딱딱한 것'은 해결해 줄 수 있다. 고전은 바로 그 '낯설기'에 의미가 있다. 그것은 익숙한 우리네 삶의 환경을 새삼 둘러보게 하고, 우리가 존중하는 상식, 따르는 관행이 "그렇지 않을 수도 있다"는 것을 일깨운다. 그런 점에서 고전은 공자가 말하는 목탁(木鐸), 혹은 소크라테스가 말하는 등(燈)이라 할 수 있다.

　익숙한 것이 곧 진실은 아니다. 뚫려 있는 것이 다 길은 아니고, 역사와 현실 너머에서 낯선 곳을 더듬는 것이 곧 부적응과 태만만은 아니다. 외눈 원숭이들의 세상에는 눈 둘 달린 친구가 병신 취급에 왕따를 당한다지 않는가. 고전은 인간에 대한 전문적 식견, 즉 인문학의 보고이다. 수천 년의 담금질을 거쳤기에, 그 가치는 더욱 황금으로 빛난다. "몸이 아프면 의사를 찾듯이, '영혼'이 아프거든 고전을 찾아라"는 말이 있다. 요컨대 삶이 이게 아니라고 생각할 때, 더 나은 공동체를 위해 꿈꿀 때, 그 때 고전의 지혜가 말을 걸기 시작할 것이다.

고전은 길을 찾는 사람들의 나침반이다. 그 목소리는 단일하지 않다. 통일성도 없다. 각자 자신의 독특한 개성과 화법으로 시대의 부름에 응답했을 뿐이다. 이 기획은 그들의 이야기를 듣자고 마련했다. 주민등록이나 이력서, 의상이나 매너도 중요하지만, 우리는 그들이 세상에 전하고자 하는 간절한 메시지, 바로 그것을 들으려고 노력했다. 그런데 그 얘기를 담고 있는 고전은 왜 그리 '딱딱한가' 말이다. 그 고민이 이 책을 기획하게 했다. 고전을 둘러싸고 있는 각질들을 녹여, 그 부드러운 속살을 맛보게 할 수 없을까, 하고.

이 책은 그런 점에서 '대화'의 산물이다. 필자들은 고전의 원형 그대로를 보존하기보다 그 전달에 주력했다. 각자 해당 고전 속에서 특정한 목소리-주제들을 선택하고, 그 발언의 맥락과 배경을 짚어 주었으며, 나아가 그 현대적 의미와 가치까지 평가하는 것을 주저하지 않았다. 그리하여 편견과 오해는 물론, 지나친 단순화와 부당한 왜곡이 개입될 수도 있다. 그러나 그것은 '대화'를 선택한 한, 피할 수 없다고 생각한다. 폐단을 교정하는 길은 '해석' 이전으로의 회귀가 아니라, 또 다른 해석을 통해 변증적 대화를 활성화해 나가는 길밖에 없기 때문이다. 돌아갈 길은 없고, 문은 등 뒤에서 닫혔다. 두려워하지 않고 걸음을 내딛을 때, 인디아나 존스처럼, 보이지 않던 길이 자신을 인도할 것이다.

　이 기획은 본시 고전의 '소통'을 위해 마련되었으되, 만일 그것이 성공적이라면, 동시에 수많은 이의제기와 불평, 비난이 쏟아질 것이다. 나는 이 기획이 고전 해석의 백화제방을 터뜨리는 기폭제가 되었으면 하는 바람을 가지고 있다.

　끝으로, 시간에 쫓기며 글을 써 주신 여러 필자들께 고마운 마음을 전한다. 까다롭고 번거로운 주문을 싫다 않고, 몇 번씩 피드백을 거치며 흘린 땀과 수고를, 독자들은 행간에서 만날 수 있을 것이다.

2006년 7월
편찬위원을 대신하여, 한형조

차례

《동양의 고전을 읽는다》 1권 - 역사·정치

머리말 5

I. 역사, 그 성찰의 기록

01 한자(漢字)의 모든 것
 - 허신(許慎)의 『설문해자(說文解字)』 / 손예철   18

02 동양 정치사상의 원류
 - 『서경(書經)』 / 심경호   36

03 역사의 혼, 불멸의 역사서로 부활하다
 - 사마천(司馬遷)의 『사기(史記)』 / 이인호   58

04 제왕을 위한 책
 - 사마광(司馬光)의 『자치통감(資治通鑑)』 / 권중달   80

05 문명 성쇠의 비밀을 밝혀낸 이슬람의 고전
 - 이븐 할둔의 『역사서설(歷史序說)』 / 김호동   108

06 '왜(倭)'의 역사가 아닌 '일본국(日本國)'의 역사를 쓰다
 - 『일본서기(日本書紀)』 / 이근우   122

II. 정치의 기술에 대한 충고

01 난세의 부국강병론
 - 상앙(商鞅)의 『상군서(商君書)』 / 장현근   142

02 성왕이 다스리는 나라
　　- 순황(荀況)의 『순자(荀子)』 / 장현근　　160

03 대립과 통일의 변주곡
　　- 유안(劉安)의 『회남자(淮南子)』 / 윤찬원　　176

04 염철 논쟁을 통해서 보는 고대 중국 사회
　　- 환관(桓寬)의 『염철론(鹽鐵論)』 / 김한규　　194

05 지도자와 국민이 함께 읽는 '토론 정치'의 경전
　　- 오긍(吳兢)의 『정관정요(貞觀政要)』 / 김원중　　218

III. 유학과 근대 세계

01 만민(萬民)을 위하여 전제군주제를 비판하다
　　- 황종희(黃宗羲)의 『명이대방록(明夷待訪錄)』 / 조병한　　238

02 근대의 여명기에 타오른 유학의 마지막 불꽃
　　- 강유위(康有爲)의 『대동서(大同書)』 / 황희경　　258

03 주자학의 해체와 근대적 사유의 탐구
　　- 마루야마 마사오(丸山眞男)의 『일본 정치사상사 연구』 / 김석근　　272

04 마르크스 이론의 중국적 변용
　　- 마오쩌둥(毛澤東)의 『실천론』과 『모순론』 / 김승일　　290

05 유학의 제3기 발전론
　　- 뚜웨이밍(杜維明)의 『유학 제3기 발전의 전망 문제』 / 이승환　　304

《동양의 고전을 읽는다》 2권-사상

I. 평화를 위한 목소리들

01 노자(老子)의 『도덕경(道德經)』 / 최진석
02 묵적(墨翟)의 『묵자(墨子)』 / 강신주
03 『주역(周易)』 / 최영진
04 『황제내경(黃帝內經)』 / 이창일

II. 인격과 사회적 책임

01 『대학(大學)』 / 김교빈
02 공자(孔子)의 『논어(論語)』 / 황희경
03 맹가(孟軻)의 『맹자(孟子)』 / 이승환
04 『중용(中庸)』 / 한형조
05 주희(朱熹)의 『근사록(近思錄)』 / 한형조

III. 자유와 비판의 지성

01 장주(莊周)의 『장자(莊子)』 / 김시천
02 왕충(王充)의 『논형(論衡)』 / 김종미
03 왕수인(王守仁)의 『전습록(傳習錄)』 / 한정길
04 이지(李贄)의 『분서(焚書)』 / 김혜경
05 석도(石濤)의 『고과화상화어록(苦瓜和尚畵語錄)』 / 이태호

IV. 영혼의 각성과 순례

01 『반야심경(般若心經)』 / 한형조
02 용수(龍樹)의 『중론(中論)』 / 박인성
03 혜능(慧能)의 『육조단경(六祖壇經)』 / 한형조
04 현장(玄奘)의 『대당서역기(大唐西域記)』 / 김호동

《동양의 고전을 읽는다》 3권-문학 ●

I. 최고의 문학 고전들

01 『산해경(山海經)』 / 정재서
02 『시경(詩經)』 / 심경호
03 굴원(屈原)의 『초사(楚辭)』 / 송정화
04 무라사키 시키부(紫式部)의 『겐지이야기(源氏物語)』 / 김유천

II. 불멸의 시인들

01 도연명(陶淵明)의 시 / 김창환
02 이백(李白)의 시 / 신하윤
03 왕유(王維)의 시 / 박삼수
04 두보(杜甫)의 시 / 이지운
05 오토모노 야카모치(大伴家持)의 『만엽집(萬葉集)』 / 박상현
06 백거이(白居易)의 시 / 유병례

07 소동파(蘇東坡)의 시 / 류종목
08 마츠오 바쇼(松尾芭蕉)의 하이쿠 / 김정례

III. 세상을 놀라게 한 여섯 권의 책

01 나관중(羅貫中)의 『삼국지(三國志)』 / 유중하
02 시내암(施耐庵)의 『수호전(水滸傳)』 / 송진영
03 오승은(吳承恩)의 『서유기(西遊記)』 / 정재서
04 소소생(笑笑生)의 『금병매(金瓶梅)』 / 강태권
05 오경재(吳敬梓)의 『유림외사(儒林外史)』 / 김효민
06 조설근(曹雪芹)의 『홍루몽(紅樓夢)』 / 최용철

《동양의 고전을 읽는다》 4권-문학 ▼

I. 역대의 명작 소설들

01 간보(干寶)의 『수신기(搜神記)』 / 장정해
02 유의경(劉義慶)의 『세설신어(世說新語)』 / 김장환
03 『태평광기(太平廣記)』 / 김장환
04 구우(瞿佑)의 『전등신화(剪燈新話)』 / 상기숙
05 포송령(蒲松齡)의 『요재지이(聊齋志異)』 / 김혜경
06 이여진(李汝珍)의 『경화연(鏡花緣)』 / 정영호

07 이보가(李寶嘉)의 『관장현형기(官場現形記)』 / 위행복

II. 시대를 넘어 다시 보아야 할 책들

01 유향(劉向)의 『열녀전(列女傳)』 / 이숙인
02 종영(鍾嶸)의 『시품(詩品)』 / 오태석
03 유협(劉勰)의 『문심조룡(文心雕龍)』 / 김민나
04 한유(韓愈)의 『창려선생집(昌黎先生集)』 / 이세동
05 왕실보(王實甫)의 『서상기(西廂記)』 / 양회석
06 요시다 겐코(吉田兼好)의 『도연초(徒然草)』 / 정장식

III. 현대의 문학 고전들

01 루쉰(魯迅)의 『아Q정전』 / 서광덕
02 마오둔(茅盾)의 『자야(子夜)』 / 김하림
03 라오서(老舍)의 『낙타 시앙쯔』 / 이욱연
04 바진(巴金)의 『가(家)』 / 박난영
05 왕멍(王蒙)의 『변신인형(活動變人形)』 / 전형준
06 가와바타 야스나리(川端康成)의 『설국(雪國)』 / 유숙자
07 오에 겐자부로(大江健三郎)의 『만엔 원년의 풋볼』 / 서은혜

I 역사, 그 성찰의 기록

01 허신,『설문해자(說文解字)』
02 『서경(書經)』
03 사마천,『사기(史記)』
04 사마광,『자치통감(資治通鑑)』
05 이븐 할둔,『역사서설(歷史序說)』
06 『일본서기(日本書紀)』

대저 문자란 경전(經傳)을 비롯한 모든 전적(典籍)의 해독(解讀)에
근본이 되는 것이며, 훌륭한 정치를 펼치는 기초가 되는 것이다.
왜냐하면 이는 옛 사람이 후세 사람들에게 교훈을 전해주는 매개체이며,
후세 사람들이 옛 사람들의 유훈(遺訓)을 알 수 있는
공구(工具)이기 때문이다.
―『설문해자(說文解字)』「서(敍)」중에서

허신 (55~125?)

허신에 대한 기록은 동한(東漢)시대의 정사(正史)인『후한서(後漢書)』에 독립된 열전(列傳)이 없고,「유림열전」에 간략하게 기술되어 있을 뿐이어서 그의 평생 행적을 자세히 알아보기는 어려운 형편이다.

자(字)를 숙중(叔重)이라 하고, 동한(東漢)의 광무제(光武帝) 건무(建武) 31년(55년)에 태어나 안제(安帝) 연광(延光) 4년(125)경에 향년 70세 전후로 세상을 떠난 듯하다. 그의 고향은 동한(東漢)의 예주(豫州) 여남군(汝南郡) 소릉현(召陵縣) 만세리(萬歲里)이다. 한(漢)나라의 독특한 제도인 효렴(孝廉)으로 천거되어 상경하였으며 93년경에는 태위남각좨주(太尉南閣祭酒)라는 관직에 올랐다. 이때 천자(天子)의 조서(詔書)를 받들어 동관(東觀)에서 오경(五經)과 제자서(諸子書) 등을 교정(校定)하였다. 그 후 삼부연(三府掾)으로 효(洨)의 장(長)이 되었으나, 병으로 부임하지 못했다.

허신의 저작은『설문해자』외에도『오경이의(五經異義)』와『회남자주(淮南子注)』등이 있는데,『오경이의』는 송(宋)나라 때에 유실되었다가, 청나라 학자들에 의해 1백여 조(條)만 다시 수집되었다. 그리고『회남자주』는 북송(北宋) 초기까지는 고유(高誘)의 주석본(注釋本)과 함께 병용되었으나, 이후 유실되고 말았다.

01

한자(漢字)의 모든 것
허신(許愼)의 『설문해자(說文解字)』

손예철 | 한양대학교 중어중문학과 교수

『설문해자』는 어떤 책인가?

『설문해자(說文解字)』는 무려 1만(萬)여 자에 달하는 한자(漢字) 하나하나에 대해, 본래의 글자 모양과 뜻 그리고 발음을 종합적으로 해설한 책이다. 즉, 처음 만들어질 때의 뜻과 모양 그리고 독음(讀音)에 대해 종합적으로 해설한 중국 최초의 자전(字典)인 것이다. 이 때문에 이 책은 한자의 자형(字形)을 연구하는 문자학(文字學), 자음(字音)을 연구하는 성운학(聲韻學), 자의(字義)를 연구하는 훈고학(訓詁學), 그리고 유가(儒家)의 경전(經傳)을 연구하는 경학(經學) 등의 분야에서 모두 필독서로 손꼽히고 있다. 그러므로 넓은 의미에서의 중국학 연구의 바탕이 됨과 동시에 그 정수라 할 수 있어, 중국의 전통적인 학문 분야, 특히 중국어학(中國語學) 분야에서는 경전(經典)으로 꼽힐 정도로 그 가치를 인정받고 있다.

중국 동한(東漢)시대의 허신(許愼)이 필생의 노력을 기울여 저술한 이 책은 우리나라에는 그렇게 많이 알려져 있지 않지만, 중국인들에게는 경전(經典)에 버금가는 대우를 받고 있다. 청(淸)나라 때의 학자 왕명성(王鳴盛)은, 『설문해자정의(說文解字正義)』의 서문에서 "『설문해자』는 천하에 으뜸가는 책"이라고 칭송하면서, "천하의 책들을 두루 다 읽었다 하더라도 『설문해자』를 읽지 않았다면 그것은 책을 읽지 않은 것과 같지만, 『설문해자』에 능통하다면 나머지 책들을 다 읽지 않았다 하더라도 그를 통유(通儒), 즉 석학(碩學)이라고 하지 않을 수 없다"고까지 하였다. 이 말은 비록 과장되긴 했지만, 『설문해자』의 가치와 중요성이 어느 정도인지를 잘 나타낸 것이다.

『설문해자』가 이렇게 높은 평가를 받는 이유는, 이 책이 동한(東漢)시대 이전의 중국 문자학(文字學), 즉 한자학(漢字學)의 연구 성과를 집대성하였을 뿐만 아니라, 고대 유가(儒家)의 경전은 물론이고, 제자백가서(諸子百家書)를 비롯한 『설문해자』 이전의 모든 문헌들을 해독하는 데에는 그 어떤 책보다 훌륭한 길잡이 역할을 하는 불후의 명작이기 때문이다.

『설문해자』를 저술한 목적

오늘날까지 약 1,900여 년간 중국의 문자학을 대표하고 있는 『설문해자』의 저자는 동한(東漢)시대의 허신(許愼)이다. 『후한서(後漢書)』 「유림열전(儒林列傳)」에 보면, 동한(東漢)의 대학자인 마융

(馬融)¹⁾이 그의 학문을 높이 추앙했으며 당시 사람들이 "오경(五經)에 관하여 허신과 짝이 될 만한 사람이 없다"는 내용이 있다.

『설문해자』는 한 마디로 허신이 필생의 심혈을 기울인 저작으로서, 그가 일구어 낸 학문의 결정체이다. 허신이 이 책의 초고를 완성한 때는 동한의 화제(和帝) 때인 서기 100년 정월이었고 그가 아들 허충(許沖)에게 명하여 이 책을 조정에 바친 때가 안제(安帝) 때인 121년 9월이므로 수정·보충하는 데에만 약 22년이나 걸린 셈이며, 그가 스승 가규(賈逵)에게서 처음 경전을 배운 때부터 계산하면 무려 40여 년의 정성과 노력을 쏟아 완성한 셈이다.

허신이 살았던 동한시대의 사람들은, 문자란 부모와 자식 사이에 직접 전해지는 것이기 때문에 글자의 모양이나 의미에 변화란 있을 수가 없다고 생각하였다. 따라서 그들은 당시에 일반적으로 통용되던 예서(隸書)²⁾가 바로 창힐(倉頡)이 창조했다는 원래의 한자 그대로라고 믿었다. 그리고 글자의 표준 형태가 확립되지 않은 예서의 글자 모양에 근거하여 문자를 해설한 결과, 황당무계할 정도로 심한 오류가 빚어졌음은 물론이고, 이런 잘못된 문자 해설이 경전의 해석에까지 적용되기에 이르렀다.

---

1) 동한의 대표적인 경학자(經學者)이자 문학가(文學家)인 마융(79~166)은 우부풍(右扶風) 무릉(茂陵) 사람으로 남군(南郡) 태수(太守)를 지냈으며 자(字)는 계장(季長)이다. 『주역(周易)』·『상서(尙書)』·『모시(毛詩)』·『의례(儀禮)』·『주례(周禮)』·『예기(禮記)』·『논어(論語)』·『효경(孝經)』 및 『노자(老子)』·『회남자(淮南子)』 등을 주(注)하였다.

2) 진(秦)나라 정막(程邈)이 전서(篆書)를 간략하게 고쳐 정리하였다는 한자 자체(字體)의 하나다.

한자(漢字)를 처음 만들었다는 창힐.

 예를 들면, '虫(충)'자는 벌레 모양을 본떠 만든 상형(象形)[3] 글자인데, 이를 '中(중)'자의 수직선을 구부린 것이라고 잘못 해석했다. 또한 '斗(두)'자 역시 용량을 나타내는 용기의 모양을 형상화한 상형 글자인데, 사람이 '十(십)'을 가지고 있다는 뜻의 회의(會意)[4] 글자라고 잘못 해설한 것과 같은 오류를 범하였다. 이와 같은 한자 해설의 오류는 요즘 우리나라에서도 자주 발견되는데, 예를 들면

---

3) 구체적인 실물의 모양을 형상화하여 한자를 만드는 방법이다.
4) 이미 만들어진 둘 이상의 한자를 뜻으로 결합시켜 새로운 뜻을 나타내는 한자를 만드는 방법이다.

'老(노)'자의 맨 아래 부분 '匕'는 '化(화)'의 본래 글자인데 '비수 비(匕)'자라고 한다든지, '精(정)'자는 원래 '쌀 낱알을 고르다'는 뜻인데 '푸른 쌀'로 해설하는 것과 같은 경우이다.

이 때문에 허신은 『설문해자』를 저작함으로써, 각각의 한자(漢字)마다 그 자체(字體)의 표준을 확립하고 글자의 구조를 올바로 해석함과 동시에, 매 글자의 본래의 뜻과 본래의 음을 밝혀서 경전의 해석이나 일상생활에서의 의사소통을 정확하고 원활하게 하려고 했다.

한자(漢字) 부수(部首)의 창안

『설문해자』는 중국 동한(東漢)시대 이전에 이루어졌던 한자학(漢字學)의 연구 성과를 집대성한 것으로, 우선 그 규모에 있어서, 표제자(標題字)로 수록한 글자의 수가 방대함은 물론이고, 각 글자의 다양한 형태, 수록된 글자들의 배열 방법, 그리고 종합적인 연구 성과 등에 있어서 아주 획기적인 것이었다. 『설문해자』에 수록된 표제자의 수는 정문(正文)[5]이 9,353자이고 글자의 음과 뜻은 같으나 자형(字形)이 다른 이체자(異體字)를 지칭하는 '중문(重文)'이 1,163자로서 도합 10,519자인데, 이는 당시 사용되던 대표적인 한자 교육용 교재인 양웅(楊雄)의 『훈찬편(訓纂篇)』에 수록된 글자의 수가 5,340자인 것과 비교하면, 실로 대단한 규모라고 하지 않을

---

5) 이 책에서는 표준 자형(字形)으로 규정한 소전체(小篆體)를 말한다.

수 없다.

그런데 이렇게 많은 수의 문자들을 연구하는 것도 그렇지만, 한 권의 저서 안에 이 문자들을 조리정연하게 배열·수록했다는 것은 결코 간단한 문제가 아니다. 이에 허신은 모든 한자의 구성 요소를 분석·정리하여 그 공통된 부분을 추출해냄으로써 한자의 부수(部首)를 창안하고, 이 부수에 따라 모든 한자를 분류·수록하였는데, 이 부수 분류법은 지금도 한자 자전(字典)이나 중국어 사전 편찬에서 가장 보편적으로 사용되고 있다.

『설문해자』의 부수는 '일(一)'부(部)로부터 '해(亥)'부까지 540개가 설정되어 있는데, 이 부수 설정의 원칙은 대개 다음의 몇 가지로 추정된다.

첫째, 한자(漢字)의 가장 기본적인 구성 요소인 자소(字素)가 동일한 글자들은 그 자소를 부수로 하였다. 둘째, 자소가 둘 이상이면서 각각의 자소가 모두 부수가 될 수 있으나 이들 둘 이상의 자소가 그대로 합쳐져서 다른 글자의 자소가 되는 경우에는 이 합쳐진 자소를 독립시켜 부수로 삼았다. 예를 들면 '珏(각)'자는 원래 '玉(옥)'부에 배열할 수 있으나 '班(반)'·'瓝(복)' 등의 글자가 있기 때문에 '珏(각)'을 독립된 부수로 설정한 것과 같은 경우이다. 셋째, 원래는 같은 글자이면서도 그 구조가 서로 다르고, 또 그 각각의 글자들에서 파생된 글자들이 있을 때는 그 유래를 밝히기 위하여 그 각각의 글자들을 부수로 설정했다. 예를 들면 '儿(어진가람 인)'은 원래 '人(인)'자의 '고문(古文)'[6]이나, 이를 자소로 삼은 글자들이 있으므로 이것도 부수로 설정한 것이다.

그 다음 단계로는, 이렇게 설정된 540개의 부수 상호간의 배열 순서는 어떻게 정했느냐 하는 점이다. 후대의 한자 자전이나 중국어 사전들은 대부분 부수의 필획(筆劃)의 수에 따라 그 순서를 정하여 글자를 검색하기에 편리하도록 하고 있다. 그러나 허신은 부수의 배열을 '일(一)'부에서부터 시작하면서 첫째, 자형이 비슷한 것으로 서로 이어지게 하고 둘째, 뜻이 서로 연관되도록 배열하여 글자 검색과 기억에 편리하도록 했다. 이런 부수 분류의 원칙과 부수 배열의 순서는 지금의 시각으로 보면 불합리한 점이 없는 것은 아니지만, 이 작업이 약 1,900여 년 전에 처음으로 시도되었고, 또 허신 개인에 의해 창출된 것임을 고려하면 그의 공적은 높이 평가되어야 마땅하다.

마지막으로, 같은 부수에 속하는 문자들 상호간의 배열 순서를 어떻게 하느냐는 문제가 남는다. 지금 대부분의 한자 자전이나 중국어 사전들은 글자 자체의 필획 수에 따라 그 순서를 정하고 있다. 그러나 허신이 표준 자형으로 선정한 소전체(小篆體)[7]는 지금 우리가 사용하고 있는 해서(楷書)[8]처럼 필획의 수가 명확하게 고정되어 있지 않았기 때문에 이를 기준으로 순서를 정할 수가 없었을

---

6) 한(漢)나라 무제(武帝) 때에 노(魯) 공왕(恭王)이 자기의 궁전 정원을 늘이기 위해 공자의 생가(生家)를 철거하다가 그 집 벽 속에서 나왔다는 책에 쓰인 자체(字體)를 말한다.
7) 진시황(秦始皇) 때에 승상(丞相) 이사(李斯) 등이 문자의 통일을 위해 대전(大篆) 등을 참고하여 정리한 자체(字體)를 말한다.
8) 당나라 시대에 확정되어 지금까지 사용되고 있는 표준 정자체(正字體)를 말한다.

노벽(魯壁).
'벽중서(壁中書)'의 무대인 공자의 옛 집터.

것이다.

이 문제에 대해서는 허신이 스스로 언급한 바는 없으나, 실제로 『설문해자』에 배열되어 있는 순서를 귀납적으로 정리·분석해 낸 대략적인 배열 원칙은 다음과 같다. 첫째, 동류끼리 모아서 배열하고, 둘째, 글자의 뜻으로 서로 연결할 수 있는 순서로 배열하며 셋째, 회의자(會意字)는 해당 글자의 뜻을 취한 편방(偏旁)의 경중(輕重)을 가리되 부수가 설정되어 있는 쪽을 우선적으로 배열하는 것 등이다.

자형(字形)을 총망라(總網羅)하다

그리고 『설문해자(說文解字)』에는 허신 자신이 그 당시 볼 수 있었던 한자의 자형은 모두 수록되어 있는데, 여기에 수록된 자형의 종류로는 소전(小篆)을 비롯하여 주문(籒文), 고문(古文), 기자(奇字), 혹체자(或體字), 속자(俗字) 및 기타 이체자(異體字) 등이 있다. '소전'이란 승상 이사(李斯)가 진시황에게 건의하여 중거부령(中車府令) 조고(趙高)와 태사령(太史令) 호무경(胡毋敬) 등과 함께 '대전(大篆)', 즉 주문을 위주로 문자를 정리하되, 어떤 글자들은 필획을 줄이거나 자형을 약간 고치기도 하여 만든 표준 자체(字體)를 말한다.

  여기서 '주문'이란, 주(周)나라 선왕(宣王) 때 태사(太史) 주(籒)가 『대전(大篆)』 15편을 썼는데, 이 책에 쓰인 자체를 가리킨다. 그리고 '고문(古文)'이란 '벽중서(壁中書)'에 사용된 자체를 말하는데, '벽중서'는 한(漢) 무제(武帝) 때에 노(魯) 공왕(恭王)이 자기의 정원을 늘이기 위해 공자의 생가(生家)를 철거하다가 그 곳 벽 속에서 나왔다는 책으로 『예기(禮記)』・『상서(尙書)』・『춘추(春秋)』・『논어(論語)』・『효경(孝經)』 등을 말한다. 또 '기자'란 실제는 '고문'이면서 글자의 구조가 특이한 것을 말하는데, 허신이 『설문해자』에서 실제로 '기자'라고 밝힌 것은 '倉(창)'・'儿(인)'・'涿(탁)'・'無(무)' 등의 네 글자뿐이다. 그리고 '혹체자'란, 허신이 『설문해자』에서 '중문(重文)'의 글자 형태와 구조를 해설하면서 '혹종(或從)'이라는 표현을 사용한 글자를 지칭하며, '속자'는 허신이 『설문해자』에서 '금자(今字)'[9]라고 지칭한 것도 포함되는데, 이는 그 당시 세속에서 사용한 자체를 말한다.

  이들 이외의 이체자로는 한나라 황실의 동관(東觀)에 소장되어 있던 여러 서적들에 기록된 글자들로서, 앞에서 거론된 여러 자체들과는 구별되는 또 다른 자체인데, 여기에는 진(秦)나라 때의 석각문(石刻文)[10]도 포함된다.

획기적인 체제와 최초의 육서(六書) 해설

『설문해자』의 문자(文字) 해설 체제는 먼저 소전체(小篆體)를 표제자(標題字)로 맨 앞에 내세운 다음에 그 글자의 뜻을 해설하고, 그 다음에 자형(字形)의 구조를 해설하는 순서를 기본 골격으로 하고 있다. 이런 다음에는 경우에 따라 발음을 설명하기도 하고 다른 학자들의 학설이나 참고 자료 그리고 예시문(例示文)이나 이체자의 구조 해설 등을 덧붙이는 형식으로 되어 있다. 그런데 이렇게 간략한 해설 형식으로 되어 있는데도 이『설문해자』가 비길 바 없이 높은 평가를 받는 주요 원인은, 자의(字義)·자형(字形)·자음(字音)이라는 세 가지 요소를 종합적으로 연구 정리하되 그 각각의 본원(本源), 즉 본의(本義)·본형(本形)·본음(本音)[11]을 구명하고자 한 데 있다.

먼저 자의에 대해 살펴보면, 한자는 글자 하나가 여러 가지 뜻을 나타내지만, 그 가운데 본의는 하나뿐이며, 이 본의가 구명되고 나면, 이에서 파생되거나 발전되어 나온 인신의(引伸義)라든가, 이

---

9) 허신이 생존하고 있던 시절의 사람들이 일반적으로 사용하던 자체(自體)를 지칭하는데, 그 때 통용된 자체는 예서(隸書)였다.

10) 여러 형태의 돌에 새겨진 자체(字體)를 말한다.

11) 여기에서의 본형(本形)·본의(本義)·본음(本音)이란 한자가 당초에 만들어질 때의 본래의 글자 모양과 뜻 그리고 자음(字音)을 말한다.

글자의 자음에 의탁하여 생겨난 가차의(假借義)도 쉽게 찾아낼 수가 있다. 허신은 여러 가지 방법으로 본의를 구명하였는데, 대부분 자형과 자음에 근거하였다.

그리고 한자의 자형에 대해서도 자의의 경우와 마찬가지로 그 본래의 모양, 즉 본형을 구명하려고 하였다. 이 본형을 구명하는 작업과 밀접한 관계가 있는 것이 바로 한자의 조자(造字) 방법이다. 허신은 『설문해자』「서(叙)」에서 최초로, 그 당시까지는 명칭만 전해지던 한자의 조자 법칙인 '육서(六書)', 즉 상형(象形)·지사(指事)·형성(形聲)·회의(會意)·전주(轉注)·가차(假借)에 대한 정의를 천명하였다. 그는 '육서'의 각 명칭 아래에 먼저 네 글자씩 두 구절로 정의를 내린 다음에, 두 개의 글자를 예로 제시해 놓았는데, 비록 허신 이후 지금까지 수많은 학자들이 이에 대하여 나름대로의 정의를 내리고 있어 이설(異說)이 분분한 상태이지만, 지금도 이 허신의 정의가 그 기본이 되고 있다.

마지막으로 한자의 발음 즉 자음(字音)에 대해 살펴보면, 후세의 사람들은 1918년 '주음부호(注音符號)'[12]가 공포·시행되기 전까지는 대부분 반절법(反切法)[13]으로 한자의 발음을 표기하였고, 그 이후부터는 주음부호 또는 로마자로 한자의 발음을 표기하는 '한어

---

[12] 1918년 중화민국(中華民國) 교육부에서 가장 간단한 한자를 이용하여 제정한 중국어 발음 표기법이다.

[13] 한자의 발음을 다른 두 개의 한자로 표시하는 방법인데 첫 글자의 성모(聲母), 즉 초성(初聲)과 둘째 글자의 운모(韻母), 즉 중성(中聲)과 종성(終聲)을 합쳐서 나타내는 방법으로, 예를 들면 '東(동)'은 '德紅切(덕홍절)'로 나타낸다.

병음방안(漢語拼音方案)'으로 표기하고 있는데, 『설문해자』에서는 크게 직접 표기법과 간접 표기법의 두 가지로 글자의 발음이 표기되어 있다. 직접 표기법은 '독약(讀若)'[14]이라는 형식으로 발음을 표기한 경우인데, 약 800여 자에 대해 이런 형식을 쓰고 있으며, 간접 표기법은 주로 성훈법(聲訓法)[15]을 사용한 경우와 해성자(諧聲字)[16]의 성부(聲符)로 유추할 수 있는 것 등을 말한다.

성실하고 겸허한 학자의 덕목이 배어난 저작

『설문해자』는 제목에서도 알 수 있듯이 문자에 대한 해설을 주요 내용으로 하고 있다. 앞에서 살펴본 바와 같이 한자(漢字)의 자형(字形)·자음(字音)·자의(字義), 세 측면을 정확하게 밝혀내기란 정말 쉬운 일이 아닐 뿐만 아니라, 시대와 지역 그리고 사람에 따라 그 주장과 견해에 많은 차이가 있게 마련이다. 이 때문에 허신은 한자의 자형·자음·자의에 대한 자신의 해설을 뒷받침하거나 보충하기 위하여 멀리는 황제(黃帝)시대부터 가깝게는 자신의 당대에 이르기까지 수많은 학자들의 학설을 인용함과 동시에, 유가(儒家)의 경전과 제자백가(諸子百家)의 책들을 비롯하여 속어(俗語)나 방언(方言) 및 율령(律令) 등은 물론, 심지어는 고시(古詩)까지도 인용

---

14) "讀若某('某'자처럼 읽는다)"라는 형식으로 자음(字音)을 표기한 것을 말한다.
15) 발음이 같거나 비슷한 글자를 사용하여 한자(漢字)의 뜻을 풀이하는 방법이다.
16) 한자(漢字)의 자형(字形) 구조가 뜻을 나타내는 '의부(義符)'와 '성부(聲符)'가 결합된 형태의 글자를 말한다.

하고 있다. 그리고 이런 경우에는 대부분 저자의 성명과 서명 및 편명 그리고 기타의 출처를 직접 밝히고 있다.

허신은 또 앞에서 열거한 여러 가지의 해설 방식 이외에 '일왈(一曰)', '일운(一云)', '혹왈(或曰)', '우왈(又曰)' 등의 형식으로 자신의 해설을 보충해 놓았다. 이들에 대해서는 허신이 직접 언급한 바는 없지만, 이런 표현들이 실제로 사용된 예들을 귀납적으로 추정해 보면, 대개는 허신 자신의 의견과는 다르지만 참고 자료로서 가치가 있다고 여겨지거나 나름대로 타당성이 있다고 여겨지는 주장에 대해 하나의 이설(異說)로 병존시킨 경우이다.

이 밖에, 『설문해자』에는 또 아무 설명도 없이 그냥 '궐(闕)'이라고만 해놓은 부분도 있는데, 이는 허신 자신이 도저히 구명해 낼 수가 없거나 알아내지 못한 부분에 대해 해설을 하지 않고 그대로 비워 둔 것이다. 여기에서 우리는 자기가 모르는 것에 대해 함부로 사리에 맞지 않는 주장을 하는 대신, 아무런 언급을 가하지 않고 조용히 후진을 기다리는 허신의 학자로서의 훌륭한 태도를 엿볼 수 있다.

옛 문헌의 올바른 해석에 필요 불가결한 효용가치

그러면 『설문해자』는 어떠한 효용 가치가 있을까? 여러 가지 측면에서 다양한 효용 가치를 논할 수 있지만, 가장 중요한 것은 아무래도 갑골문(甲骨文)이나 금문(金文)과 같은 고문자(古文字)에 대한 고증과 해석의 교량 역할을 할 뿐만 아니라, 유가의 경전과 선진시대의 제자백가서를 비롯한 상고시대의 문헌 해독에 더할 나위 없이 좋은 길잡이가 된다는 점이라 생각된다.

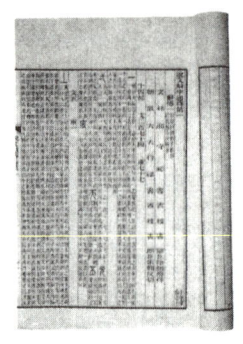

『설문해자통석(說文解字通釋)』

　일례로, 경전 가운데 으뜸으로 꼽히는 『논어』「학이편(學而篇)」을 해석함에 있어, 주자(朱子)는 『논어집주(論語集註)』에서 '습(習)'자를, "습이란 새가 여러 번 반복하여 나는 연습을 하다는 뜻이다"라고 하였고 '효(孝)'자에 대해서는 "부모님을 잘 섬기는 것이 효이다"라고 하였으며, '온(慍)'자에 대해서는 "온이란 노기를 띤다는 뜻이다"라고 해설하였다. 그런데 『설문해자』를 살펴보면 역시 '습(習)', '효(孝)', '온(慍)'이 동일한 해석과 순서대로 나온다. 이로 미루어 볼 때, 주자도 역시 경전의 해석에 『설문해자』를 참고하였음을 알 수 있다. 또 대표적인 경전 주석서인 『십삼경주소본(十三經注疏本)』[17]의 『논어』편에서 하안(何晏)은 '온(慍)'자에 대해 "온(慍)이란 '화내다'라는 뜻이다"고 주(注)하였는데, 이는 『설문해자』의 뜻풀이와 완전히 일치한다. 그리고 형병(邢昺)은 '왈(曰)'

자에 대해 아예 『설문해자』를 인용하여 "왈(曰)이란 『설문해자』에 이르기를, 어조사이다. '구(口)'를 의부(義符), '을(乙)'을 성부(聲符)로 해서 만들어진 것이라 한다"고 풀이하였다. 이런 간단한 예만 보아도 『설문해자』가 경전의 해독에 얼마나 널리 이용되며, 또 얼마나 필요 불가결한 도구인지 짐작할 수 있겠다.

　무릇 한 사람의 학자가 후대에 길이 읽힐 수 있고, 또 그 효용가치를 내내 인정받을 수 있는 저서를 필생의 열과 성을 기울여 펴내기란 결코 간단한 일이 아니다. 더구나 허신이 살았던 그 당시의 여건에서 한 개인이 이처럼 방대하고 다양한 자료를 모아 연구 분석 정리하고, 다시 또 수정에 수정을 거듭하여 이런 역작을 저술한 점에 있어서 저자에게 다시 한번 경의를 표할 따름이다.

---

17) 당(唐)나라 때에 가장 중요한 유가(儒家)의 경전으로 13종의 책을 선정하고, 이들을 정확하게 해석하기 위해 주해(註解)를 덧붙인 것으로, 13경은 『시경(詩經)』· 『상서(尙書)』· 『주역(周易)』· 『주례(周禮)』· 『의례(儀禮)』· 『예기(禮記)』· 『춘추좌씨전(春秋左氏傳)』· 『춘추공양전(春秋公羊傳)』· 『춘추곡량전(春秋穀梁傳)』· 『논어(論語)』· 『효경(孝經)』· 『이아(爾雅)』· 『맹자(孟子)』를 말함.

더 생각해볼 문제들

1. 『설문해자』에 대한 가장 훌륭한 주석서(註釋書)는 누구의 것인가?

   청(淸)나라 때 단옥재(段玉裁)의 『설문해자주(說文解字注)』이다.

2. 『설문해자』의 육서(六書)에 대한 정의는 허신 자신의 창의에 의한 것인가?

   현재까지의 연구 결과에 의하면, 한자의 조자법(造字法)인 '육서'의 명칭은 유흠(劉歆)의 『칠략(七略)』에 처음으로 언급되었으나, 이에 대한 정의는 허신에 의해 최초로 이루어진 것이 사실이다. 그러나 주의해야 할 점은 한자의 조자 법칙이 먼저 확정된 다음 이 법칙에 따라 한자가 만들어진 것이 아니라, 한(漢)나라 시대에 이르러 이미 만들어져 있는 한자 하나하나의 조자 법칙을 분석하여 귀납적인 방법으로 추출한 결과라는 점이다.

3. 『설문해자』에 대한 연구는 어느 정도로 이루어져 있는가?

   중국에서는 청나라시대 말기까지 수없이 많은 사람들에 의해 연구가 이루어졌으며, 근년에 현대 중국어 즉 백화(白話) 번역본이 출판되었으나, 우리나라에서는 아직 우리말 번역본이 출간되지 않은 상태이다.

4. 『설문해자』는 어떻게 연구되어야 하는가?

   지금까지 이루어진 『설문해자』 자체(自體)에 대한 연구 성과를 참고함은 물론, 갑골문(甲骨文)과 금문(金文) 그리고 전국(戰國) 시대의 각종 지하 자료들에 대한 연구 성과를 입체적으로 참고하여 그 하나하나의 본형(本形)·본음(本音)·본의(本義)를 밝히는 방향으로 진행되어야 한다고 생각된다.

손예철(孫叡徹)

한양대학교 중어중문학과 교수.
서울대학교 중어중문학과를 졸업하고 국립 타이완 대학교 대학원 중문과에서 석사 및 박사 학위를 취득하였다. 미국 하버드 대학교 동아시아학과에서 객좌교수, 타이완 국립정치대학교에서 교환교수로 활동했으며, 현재 한국중국학회 회장을 맡고 있다.
주요 저서로는 『모범 최신 중국어』(공저, 1985), 『東亞 프라임 中韓辭典』(2003), 『중국문자학(中國文字學)』(2003), 『東亞 프라임 中韓·韓中辭典』(합본판, 2005) 등이 있고 역서로는 요종이(饒宗頤)의 『은대정복인물통고(殷代貞卜人物通考)』Ⅰ·Ⅱ·Ⅲ(1996) 가 있으며, 주요 논문으로는 「갑골제사복사(甲骨祭祀卜辭) 중의 희생고(犧牲考)」, 「한자의 조자법(造字法) '육서(六書)' 연구」, 「한자의 기원 고찰」, 「'설문해자(說文解字)' 궐여(闕如)고」, 「중국의 문자정책과 그 전망」, 「'설문해자' 성형(省形)고 — 혹체자(或體字)를 중심으로」 등이 있다.

민(民)은 친하게 가까이 하여야 하지, 천시하여서는 안 된다.
민은 나라의 근본이니, 근본이 견고하여야 나라가 평안하다.
내가 천하의 민을 보건대, 범용한 남자와 여자라 하더라도
때로는 나보다 나을 수가 있다고 본다.
한 사람의 몸에 몇 가지 과실이 중첩되면,
원망은 눈으로 보듯 분명하게 나타나지 않으랴?
아직 조짐이 나타나기 전에 방지하도록 꾀하여야 한다.
나는 억조의 민들에게 군림하면서,
마치 썩은 고삐로 여섯 필의 말을 모는 것과 같이 두려워하고 조심한다.
남의 위에 위치한 사람이 어찌 외경하지 않을 수 있겠는가?

『서경』의 저자

『서경』— 『상서(尙書)』라고도 한다 — 의 저자가 누구인지는 밝혀지지 않았다. 다만 후대에 『서경』의 각 편을 공자가 엮었거나 정리한 것으로 알려져 있다. 현재 전하는 『서경』은 58편인데 25편은 고문(古文)이고, 33편은 금문(今文)이다.

02

동양 정치사상의 원류
『서경(書經)』

심경호 | 고려대학교 한문학과 교수

『서경』이란 뭐예요?

고전으로 손꼽히지만 막상 그것이 어떤 내용인지 잘 모르는 책들이 있다. 그 가운데 하나가 『서경(書經)』, 곧 『상서(尚書)』다. 사서삼경(四書三經)이나 사서오경(四書五經)이라 일컫는 속에 들어 있지만 그게 무언지 잘 알 수가 없다. 그래서인지 "『서경』이 뭐예요?"라고 묻는 학생들이 더러 있다. 글씨, 즉 서예(書藝)에 관한 고전으로 알고 있는 학생들도 있다. 그러나 『서경』은 중국 고대의 정치 문서를 편집한 것으로, 한문 문화권에서는 오랫동안 국가통치의 거울이 되어 온 중요한 서적이다.

동양학을 전공하는 사람들 가운데 많은 사람들은 근대의 천재로서 왕국유(王國維)[1]를 손꼽는다. 그런데도 그는, "『서경』을 읽어서는 열에 다섯을 이해할 수가 없었고 『시경』을 읽어서는 열에 하나 나 둘을 이해할 수 없었다"고 말한 일이 있다. 그는 자기의 독서 체험을 바탕으로, 고서를 읽기 어려운 이유를 세 가지 들었다. 첫째, 글자가 잘못되고 빠져 있는 것이 많다. 둘째, 고어는 현대어와 다르다. 셋째, 고인은 성어를 많이 사용하였는데, 성어의 뜻과 성어를 이루는 단어의 개별 의미가 같지 않다. 『서경』으로 말하면, 거기다가 금문(今文)과 고문(古文)이라는 두 층위마저 있어 그 변별이 여간 성가시지 않다.

대학의 학부 수업에서 『서경』을 강독한 일이 있다. 학생들도 무척 힘들어했지만, 나 자신도 수업 준비를 하느라 무척 힘들었다. 그 뒤 우리 학과에서는 『서경』를 포함한 삼경은 학부 과목으로는 하지 않는다. 『맹자』와 『논어』를 중심으로 한다. 그래서 그때 어려운 이 경전을 읽어야 했던 학생들에게 미안하기 짝이 없다. 그나마 다행

---

1) 왕국유(1877~1927)는 청(清)나라 말기부터 근세에 이르기까지 활동한 중국의 학자로서 고증학의 계승자이면서 칸트, 쇼펜하우어, 니체의 철학을 중국에 소개한 신학문 연구가였다. 1911년의 신해혁명 이후 일본 교토(京都)로 피신하여, 교토 대학의 나이토 고난(內藤湖南)과 가노 나오키(狩野直喜) 등과 교류하였다. 귀국하여 청화대 국학연구원 교수로 재직하였다.
한족 출신이면서도 변발을 고집하며 청의 마지막 황제 푸이(溥儀)의 스승으로 청조의 부활을 꿈꾸다가 1927년 장제스(蔣介石)의 북벌군이 베이징(北京) 점령에 나서자 북경 이화원(頤和園)의 곤명호(昆明湖)에 투신하였다. 그가 남긴 60여 종의 저서는 중국의 철학, 미학, 문학, 역사학, 고고학, 언어학, 갑골학, 금석학 분야에서 모두 고전으로 남아 있다. 전통 학술의 연구방법을 계승하였을 뿐만 아니라 갑골문자나 목간 등 신출 자료의 해석에 적극적으로 매달렸다. 논문집 『관당집림(觀堂集林)』이 저명하다. 정치적 약점에도 불구하고, 량치차오(梁啓超), 루쉰(魯迅), 궈모뤄(郭沫若) 등이 그를 중국 근대가 낳은 천재로 꼽았다.

인 것은, 그 수업을 들었던 몇몇 학생들이 동양사학이나 중국 철학을 전공하여 대륙의 유수한 대학 박사과정에 진학까지 해 있기 때문이다. 아마, 나를 반면교사(反面教師)로 삼아서 그랬나보다.

『서경』은 중국 고대 문화의 원류를 담고 있는 책으로서 본래는 '서(書)'라고 부르다가 한나라 때 들어와서 '상서(尙書)'라고 하였다.[2] 순자(荀子)는 『상서』를 '정치의 기(紀)'라 하였고 공영달(孔穎達)[3]은 '군주의 사고(辭誥)의 법전'이라고 하였다. 사고(辭誥)란 군주가 내린 명령이나 포고를 아우르는 말이다. 대체로 보아 『서경』은 군왕과 대신 사이의 대화, 군왕에 대한 대신의 건의, 인민에 대한 군왕의 통고, 전쟁에 임하는 군왕의 맹서, 군왕이 신하에게 특권과 책임을 부과하는 명령 등 다섯 종류의 문건으로 이루어져 있다. 사마천은 『사기』에서 중국 고대사를 서술할 때 『서경』과 『시경』에서 자료를 많이 취하였다.

---

2) 서구에서는 'Document Classic' 혹은 'Book of Document'라는 번역 명을 사용한다. 영역본으로는 제임스 레게(James Legge, 理雅各, 1815~1897)의 번역이 유명하다. 레게는 스코틀랜드 출신의 성직자이지만, 중국학 학자로서 더 유명하다. 말라카(Malacca)와 홍콩에서 선교사와 교육자로서 34년을 봉사하고 1875년에 은퇴하였다. 그는 1863년 홍콩에 거주하면서 중국인 학자 왕도(王韜, 1822~1897)와 함께 중국학을 연구하였다. 그 뒤 영국 옥스포드 대학 중어중문학과 교수로 있었다.

3) 공영달(574~648)은 당(唐)나라 때의 학자로 자(字)는 충원(沖遠)이다. 수(隋)나라의 학자 유작(劉焯)의 제자이며 당나라 태종(太宗)의 명으로 안사고(顔師古), 왕공(王恭), 사마재장(司馬才長), 왕염(王琰) 등과 함께 오경(五經)의 훈의(訓義)를 편찬했다. 180권의 책이 완성되자 태종이 『오경정의(五經正義)』라고 이름 지었다.

『서경』의 발생과 편찬

『서경』의 각 편은 누가 지었는지 확실하지 않다. 다만 『서경』의 각 편에는 서(序)가 있어서 각 편이 지어진 경위를 밝혀 놓았다. 공자가 이 서(序)를 지었다는 설이 있지만 훨씬 후대의 사람이 지은 듯하다. 『서경』을 엮은 사람도 사실 누구인지 모른다. 『사기(史記)』의 「공자세가(孔子世家)」에서는 공자가 『상서』를 편정했다고 하였으며, 『한서(漢書)』 「예문지(藝文志)」에서는 또 공자가 『상서』 1백 편을 엮었다고 하였다.[4] 공자는 『서경』의 편찬이나 혹은 정리에 관여한 듯하지만, 반드시 1백 편으로 맞추지는 않았을 것이다.

그런데 한대의 경서에는 금문(今文)과 고문(古文)의 차이가 있었다. 금문이란 당시 통행되던 예서(隸書)를 말하는데 그 예서로 쓰인 경전을 금문경(今文經)이라 한다. 고문이란 진나라 이전에 동쪽 지역에서 통행한 문자인데 — 이것은 왕국유(王國維)의 설이다 —, 그 글자체로 적힌 간독(簡牘)이 전한 때 집 벽에서 출토됨으로써 민간에 전하였다. 이로써 금문경과 고문경의 어느 것을 택하느냐 하는 문제 때문에 논쟁이 일어났다.

현재 전하는 『상서』는 58편인데 25편은 고문(古文)이고, 33편은 금문(今文)이다. 서한 문제(文帝) 때 진(秦)의 박사였던 복생(伏生)이 벽 속에 감추어 두었던 29편을 얻어, 예서의 글씨체로 기

---

4) 『상서정의(尙書正義)』에 인용된 『선기검(璿璣鈐)』에서는, 옛날에 『서』가 3,240편이었는데 공자의 산정을 거쳐 120편이 되었으며, 그 가운데 102편은 『상서』이고 18편은 『중후(中侯)』라고 하였다.

록해 낸 것이 '금문상서'이다. 그것을 합하여 28편으로 만들고 다시 33편으로 쪼갠 것이 오늘날의 『상서』 속에 들어 있는 '금문상서' 33편이다.

그러다가 한나라 경제(景帝) 때 노(魯)나라 공왕(恭王)이 공자의 옛 집을 허물다가 옛 글자체로 쓰인 '고문상서'를 얻었고, 한나라 무제 때 박사였던 공안국(孔安國)이 그 '고문상서'를 해독하니 모두 58편이었다고 한다. 하지만 공안국이 보았다는 『고문상서』는 전하지 않고 『위고문상서(僞古文尙書)』, 즉 가짜 '고문상서' 25편이 전해졌다.

'위고문상서'라고 할 「대우모(大禹謨)」편에 "인심은 위태롭고 도심은 미미하므로, 정밀하고 전일하여 중용의 도리를 견지하라"[5]는 말이 있다. 송나라 때 진덕수(眞德秀)는 그것을 두고 "요·순·우가 전수한 심법으로, 만세 성학의 연원이다"라고 하였다. 이것이 '16자 심전(心傳)'이다. 많은 학자들이 '위고문상서'를 가짜로 보지 않았다. 그러다가 청나라 염약거(閻若璩)가 『상서고문소증(尙書古文疏證)』이란 책을 지어 '고문상서' 25편이 위작이라고 판정하였다. 하지만 이 '위고문상서'도 진짜 '고문상서'가 아니라는 것뿐이고, 실제는 유교의 정치사상을 담고 있기 때문에 매우 중요하다.

『서경』은 대체로 보아 주나라가 들어선 뒤 무왕의 아들 성왕(成

---

5) 사실 이 '인심유위(人心惟危), 도심유미(道心惟微)'는 『순자』의 「해폐(解蔽)」편에서 따왔고, '윤집궐중(允執厥中)'은 『논어』에서 따온 것이고, '유정유일(惟精惟一)'은 조작된 말이라고 한다.

『서경(書經)』의 「대고(大誥)」편

王)이 어려서 그 숙부 주공(周公)이 정치를 맡아볼 때 작성된 문서가 중심을 이룬다. 그 뒤 위로 올라가 은(殷)나라와 관련된 내용이 추가되고, 다시 그 위로 하(夏)나라, 다시 요(堯)임금과 순(舜)임금의 시대로 거슬러 올라간 것 같다. 현재의 58편 가운데 '오고(五誥)'라고 일컬어지는 「대고(大誥)」, 「강고(康誥)」, 「주고(酒誥)」, 「소고(召誥)」, 「낙고(洛誥)」 등과 「금등(金縢)」, 「자재(梓材)」, 「다사(多士)」, 「다방(多方)」 등이 맨 먼저, 주나라 초기에 이루어졌을 것이다. 그러나 이 대부분의 글들도 아주 뒷날 전국시대 사람이 옛날에 대해 서술한 것인지 모른다. 우임금 때 각 지방의 토산물을 중앙에 납부하는 제도를 적은 「우공(禹貢)」은 춘추 말기에 지어졌다고 추정된다.

『서경』의 구성

『서경』은 어느 시대에 관련된 문건인가에 따라 크게 셋으로 나뉜다.

① 요순시절과 하나라에 관한 글

「요전(堯典)」 ― 위고문본「순전」 포함 ― ,「고요모(皐陶謨)」,「우공(禹貢)」,「감서(甘誓)」,「오자지가(五子之歌)」등. '우하서(虞夏書)'라고 부른다. '우'는 유우씨인 순임금을 가리키고 '하'는 하나라를 가리킨다.

② 은나라에 관한 글

「탕서(湯誓)」,「탕고(湯誥)」,「이훈(伊訓)」,「태갑(太甲)」,「고종융일(高宗肜日)」,「서백감려(西伯戡黎)」,「미자(微子)」등. '상서(商書)'라고 부른다. '상(商)'은 은나라의 본래 이름이다.

③ 주나라에 관한 글

「태서(泰誓)」,「목서(牧誓)」,「홍범(洪範)」,「금등(金縢)」,「대고(大誥)」,「강고(康誥)」,「주고(酒誥)」,「자재(梓材)」,「소고(召誥)」,「낙고(洛誥)」,「다사(多士)」,「무일(無逸)」,「군석(君奭)」,「다방(多方)」,「입정(立政)」,「고명(顧命)」,「군아(君牙)」,「여형(呂刑)」,「문후지명(文侯之命)」,「비서(費誓)」,「진서(秦誓)」등. '주서(周書)'라고 부른다.

요순시절과 하나라에 관한 글들을 모은 '우하서'는 하늘의 질서

요(堯)임금의 모습

에 따라 백성들의 생업을 안정시키고 관직을 두어 덕 있는 사람을 그 자리에 임명하며, 군주와 신하가 서로 합심하여 이상적인 정치를 실현한다는 내용을 담았다. 『서경』의 맨 처음에 실린 「요전」은 요임금이 정치를 행하고 순임금에게 선양(禪讓)[6]한 사실을 차례대로 밝혔다. 곧, 요임금이 고위 관리를 임명하고 농경력(農耕曆)을 만들게 한 사실을 밝히고, 홍수를 다스리기 위해 곤(鯀)을 발탁한 사실을 말하였으며, 순(舜)을 등용하여 정치에 시험한 뒤 선양하는

---

6) 덕 있는 이에게 왕위를 물려주는 것을 말한다.

순(舜)임금의 모습

과정을 기술하였다. 그리고 순임금이 등극하여 각 지방을 시찰하고, 형법을 정하여 죄 있는 이를 벌한 사실과 요임금이 죽은 사실, 순임금이 고위 관리에게 자문하여 여러 관리들을 임명한 사실, 순임금이 죽은 사실을 기록하였다. 한편 「고요모」에서는 덕 있는 사람이 왕위를 계승해야 한다고 밝혔다. 정치와 종교가 합일되어 있던 시대였으므로 군주의 자질로 덕을 강조하고 왕위 계승의 중요성을 거듭 말한 것이다.

　은나라에 관한 글들을 모은 '상서(商書)'는 군주는 천명을 받아서 올바른 정치를 하여야 한다는 정치 원리를 밝혔다. 그리고 백성들에게 이익과 편리를 주기 위하여 수도를 옮긴 사실을 적었다. 그리고

「고종융일」,「서백감려」,「미자」에서는 민심을 잃은 자는 천명을 상실하여 결국 나라를 잃게 된다는 것을 말하였다. 다시 말해 혁명(革命)이 있게 됨을 말하였다. '혁명'이란 '천명이 바뀐다'는 뜻이다.

주나라에 관한 글들을 모은 '주서(周書)'의 부분은 대개 일곱 가지 부류로 다시 나뉜다.

첫째, 정치원리를 제시하였다. 「홍범」은 오행설에 기초하여 정치 질서를 바로잡고 복서(卜筮)의 신비적 수단을 이용해서 하늘의 뜻을 점쳐 상벌을 행할 것을 밝혔다. 「금등」,「대고」는 군신 관계의 문란이나 내란 등을 경계하였다.

둘째, 지역의 여러 군주들과 관리들에게 경고하였다. 「강고」,「주고」,「자재」의 세 편은 지역의 여러 군주들과 관리들에게 천명과 왕명을 받들고 은나라의 선례와 문왕의 가르침에 따라 덕을 밝히고 일을 신중히 하며 백성을 보전해야 한다고 선포하였다.

셋째, 새로운 도읍을 건설하는 이유를 밝혀 은나라 인사들을 다독였다. 「소고」,「낙고」는 새로운 도읍을 건설하여 천명에 답한다는 사실을 선포하였고, 「다사」는 천명이 주나라에 있음을 밝히고 은나라 인사들을 회유한 내용이다.

넷째, 군주의 도리와 제후 및 관료의 직분을 제시하였다. 「무일」은 임금이 백성의 뜻을 좇아서 덕을 닦는 일을, 「군석」은 주공(周公)과 소공(召公)이 협력하여 국가의 안정을 도모하는 일을, 「다방」은 제후와 관료들에게 군주의 명령에 순종해야 함을, 「입정」은 유덕한 관리를 임용하여 형벌을 신중히 할 것을 밝혔다.

다섯째, 왕업 계승의 문제를 논하였다. 「고명」이 그 예이다.

여섯째, 형벌 제도를 다루었다. 곧, 「여형」은 명덕(明德)·신벌(愼罰)을 논하였다.

일곱째, 춘추시대에 들어와서도 왕도가 행해졌음을 말하였다. 「비서」, 「문후지명」, 「진서」의 세 편은 춘추시대에 왕도가 행해졌음을 밝혔다.

역사적 문건이자 정치 강령의 책인 『서경』

『서경』은 역사적 문건이다. 특히 주나라의 성립 및 발전과 매우 관계가 깊다. 주나라 성립과 관련하여 가장 중요한 글은 '주서' 가운데 「태서(泰誓)」이다. 상·중·하 세 편으로 이루어져 있다. 이 편은 무왕(武王)이 은나라 주(紂)를 토벌할 때 신하들과 맹세한 말을 실어두었다.

무왕은 부친 문왕이 죽은 뒤 상중에 있었지만 천명이 주나라에게 있다고 선언하고 은나라의 주(紂)를 정벌하러 나섰다. 이때 고죽국의 왕자였던 백이(伯夷)와 숙제(叔弟)가 "부친이 죽어서 아직 장례도 치르지 않았는데 전쟁을 벌인다면 효자라고 할 수 있겠는가? 신하의 신분으로 군주를 시해하면 어질다고 할 수 있겠는가?"하고 말렸다. 하지만 무왕은 그 말을 듣지 않고 은나라를 멸망시켰고, 백이와 숙제는 수양산(首陽山)에 숨어 살다가 굶어죽었다. 주나라가 정권을 잡을 때 선양(禪讓)의 방법을 사용하지 않고 무력을 사용한 것이다.

이 사실에 대해 『서경』의 여러 편들은 역성혁명(易姓革命)의 정당성을 선언하고 있는데, 「태서」 상편에서는 혁명의 이념을 다음과 같이 밝혀 놓았다.

하늘이 백성들을 도우시어 군주를 만들고 스승을 만드심은 능히 상제를 도와 사방의 백성들을 사랑하고 편안하게 하고자 하신 것이다. 따라서 죄 있는 자를 토벌하고 죄 없는 자를 용서함에 내 어찌 감히 그 마음을 잘못 가질 수가 있겠는가. 힘이 같을 경우에는 덕을 헤아리고, 덕이 같은 경우에는 의리를 헤아리겠다. 수(受)[7]는 신하들이 만억이지만 마음이 만억으로 각기 다르다. 하지만 나는 신하가 고작 삼천 명이지만 마음은 한 마음이다.

'주서'에 들어 있는 「목서(牧誓)」는 주나라 무왕이 주(紂)를 치러 갈 때 목야(牧野)라는 곳에서 군사들에게 맹세한 내용이다. "갑자일 동틀 무렵에 왕이 아침에 상나라의 국경인 목야(牧野)에 이르시어 군사들에게 맹세하니, 왕이 왼손에는 황금 도끼를 잡고 오른손에는 흰 깃발을 들고서 휘두르며 말씀하셨다"로 시작한다. 맹세의 어투는 매우 당당하다.

옛 사람의 말에 "암탉은 새벽에 울지 말아야 하니, 암탉이 새벽에 울면 집안이 망한다"고 하였다. 지금 상왕 수(受)가 부인의 말을 따라 혼미해서, 지내야 할 제사를 버려 보답하지 않으며, 남기신 왕부모의 아우들을 버려 도리로 대우하지 않고, 사방에 죄가 많아 도망해온 자

---

7) 은나라의 마지막 왕이다.

들을 높이고 우두머리로 삼으며 믿고 부려서, 그들로 대부와 경사를 삼아 백성들에게 포악하게 하고 상나라 읍에서 갖은 몹쓸 짓을 한다. 이제 나 발(發)은 공손히 하늘의 벌을 행하니, 오늘의 싸움은 6보와 7보에서 머물러 대오를 가지런히 하라. 군사들은 힘쓸지어다. 진격해서 4벌, 5벌, 6벌, 7벌을 하고는 일단 머물러 진용을 갖추어라. 힘쓸지어다, 군사들아! 부디 굳세게 용맹을 떨쳐 범과 같이 비휴와 같이, 곰과 같이 큰 곰과 같이 상나라 국경으로 진격하라. 도망하는 자들을 맞아 싸우지 마라. 이로써 서쪽 제국을 위해 역군이 되라. 힘쓰지어다, 군사들아! 너희들이 힘쓰지 않으면 너희들 몸에 죽음이 있을 것이다!

『서경』은 정치 강령의 책이다. 『서경』은 곳곳에서 군주의 덕치(德治)를 강조하였다. '주서'에 들어 있는 「무일(無逸)」은 대표적인 글이다. 이 글은 주공(周公)이 조카 성왕(成王)에게 안일에 빠지지 말라고 경계한 내용이라고 전한다. 옛날부터 국가를 차지한 군주들은 모두 근(勤)으로써 나라를 일으키고, 일(逸)로써 폐하고 말았다는 훈계를 담고 있다. 성왕이 처음 정치를 행하게 되었을 때, 그가 일(逸)은 알아도 무일(無逸)은 모르지 않을까 염려하여, 주공이 이 글을 지어 훈계하였다고 한다. 그 일부를 보면 이러하다.

군자는 편안하게 지내서는 안 된다. 먼저 밭 갈고 농사짓는 노동의 어려움을 알고 그 다음에 편안함을 취해야 비로소 백성들의 고통을 알게 된다. 그러나 오늘날 사람들의 모습을 보건대 그 부모는 힘써

일하고 농사짓건만 그 자식들은 농사일의 어려움을 알지 못한 채 편안함을 취하고 함부로 지껄이며 방탕무례하다. 그렇지 않으면 부모를 업신여겨 말하기를 옛날 사람들은 아는 것이 없다고 한다.

'무일(無逸)'은 곧 노동의 체험을 중시한 말이다. 이 말은 중국에서 1950년대 문화대혁명이 있었을 때 하방운동(下方運動)[8]의 사상적 근거가 되었다.

또한 『서경』은 '명덕신벌(明德愼罰)'과 '애민중민(愛民重民)'의 정치 사상을 말하였다. '명덕신벌'은 본래 군주 자신이 지켜야 할 계명이었다. 하지만 뒷날에는 제왕들이 지켜야 할 규범으로 되었다. 형벌 제도를 다룬 「여형」에 그 구체적 내용이 밝혀져 있다. '애민중민'의 사상은, 정치를 할 때 백성들을 근본으로 여기고 백성들의 삶을 질적으로 개선하는 방향으로 해야 한다는 것이다. 그러기 위해서는 어질고 현명한 관료들을 임명하여야 한다고 보았다. 『서경』의 '명덕신벌'과 '애민중민' 사상은 유교 민본주의 사상에 기초를 이루었다.

민본주의를 가장 압축적으로 드러내는 말은 앞서 인용한 '민유방본(民惟邦本), 본고방녕(本固邦寧)'이다. "백성은 나라의 근본이니, 근본이 굳건해야 나라가 평안하다"라는 말이다. 「오자지가(五子之歌)」에서 우임금의 유훈(遺訓) 가운데 제1조로 들고 있는 내용이다.

---

8) 고위 간부·지식인들을 자신의 직위보다 낮은 곳이나 변방에 근무토록 하여 관료주의화를 막고자 했던 정책이다.

또한 '주서'의 「진서」에 보면 이런 말이 있다. "곰곰이 생각해 보니 만약 한 신하가 성실하여 다른 기예가 없으나 그 마음이 곱고 고와서 마치 용납함이 있는 듯하여, 남이 가지고 있는 기예를 자신이 가진 것처럼 여기며 남의 훌륭하고 성스러움을 마음으로 좋아하기를 입에서 나오는 것뿐만이 아닌 것처럼 한다면 이는 남을 포용하는 것이다. 나의 자손과 백성들을 보호할 것이며 또한 일을 맡음에 보탬이 있을 것이다." 이것은 군주가 어진 관료를 임명하여 백성들을 보호하여야 한다는 사상을 담은 것이다.

또 '주서' 「군아」에는 "여름은 본래 덥고 비가 많은 철이거늘, 그런데도 인민은 원망하고 한숨지으며, 겨울은 본래 대단히 추운 철이거늘, 그런데도 인민은 원망하고 한숨짓는다"고 하여, 관료가 백성들의 어려운 처지를 잘 살펴야 한다고 경계하였다. 「군아」는 주나라 목왕(穆王)이 백성의 일과 교육의 일을 담당하는 관직에 군아라는 신하를 임명할 때 명령을 내린 글이라고 한다.

한편, 『서경』 전체에서 정치 철학을 논한 가장 핵심적인 부분은 '주서'의 「홍범」이다. 이 글은 주나라 무왕이 은나라를 정복한 뒤 은나라의 현자 기자(箕子)에게 세상을 다스리는 방법을 묻자 기자가 질문에 답한 사실을 적은 것이라고 한다. 기자는 은나라의 왕족으로서 주왕(紂王)에게 간언하다가 투옥되어 있었다. 당시 기자는 홍범구주(洪範九疇)의 강령을 일러 주었다 한다. 홍범구주는 유가 사상의 정치·도덕적 범주를 망라한 것이다. 서양의 카테고리를 '범주'라고 번역하는 것은 바로 『상서』의 홍범구주에 의한 것이다.

『서경』과 우리 문화

속설에 중국 은(殷)나라의 기자가 단군을 이어 고조선을 다스렸다고 하여, 우리 선조들은 『서경』 가운데서도 「홍범」을 매우 중시하였다. 오늘날 보기에는 중국의 역사 자료도 모순되고 시대가 맞지 않아 기자조선 자체가 부정되고 있다.

그런데 『서경』은 아주 이른 시기부터 우리 지식 계층의 필독서였다. 신라 청년들이 충성을 맹세하고 학업의 성취를 약속한 내용을 새긴 임신서기명석(壬申誓記銘石)이 있다. 거기에 새겨진 글을 보면, 신라 젊은이들은 『시경』·『예기』·『춘추전』과 함께 『서경』을 필독 도서로 하였음을 알 수 있다. 그 뒤, 『서경』은 유교 정치의 이념을 담은 책으로서 매우 귀중하게 취급되었다. 특히 정치 이념을 논하거나 행정 방안을 제시하는 상소문에서는 이 『서경』이 자주 인용되었다.

조선시대의 영조 임금은 아들 사도세자를 죽이고는 후회하는 뜻으로 "동혜동혜(桐兮桐兮), 혈삼혈삼(血衫血衫). 숙시금등천추(孰是金藤千秋), 여회망사지대(予悔望思之臺)"라는 사(詞)를 지어 금등(金縢)에 넣어두었다고 한다. "오동 궤짝이여 오동 궤짝이여, 피 묻은 적삼이여 피 묻은 적삼이여. 누가 금등에 넣어 천추토록 보관하는가. 나는 망사대의 일을 후회하노라"는 뜻이다. 금등이란 왕실의 비적(祕籍)을 간직해 두기 위해 엄중하게 봉한 궤를 말한다. 그런데 이 금등이란 말은 바로 『서경』의 편명이기도 하다. 곧, 주나라 초에 무왕의 병이 위중해지자 주공(周公)이 형 대신 자기를 죽게 해달라고 조상들에게 빌었던 기도문을 글로 써서 금실로 묶은 상자

홍범구주(洪範九疇)

홍범 구주의 내용을 개괄하면 다음과 같다.

(1) 5행(五行) : 수, 화, 목, 금, 토. 의식주 생활 수단에 이바지하는 자연적 물질.

(2) 공경스럽게 5사(五事)를 행한다 : 모(貌), 표(表), 시(視), 청(聽), 사(思) 등 개인적인 수양의 내성적 계기.

(3) 두텁게 8정(八政)을 행한다 : 식(食), 화(貨), 사(祀), 사공(司空), 사도(司徒), 사구(司寇), 빈(賓), 사(師) 등 나라 일을 나누어 맡은 각 반.

(4) 화합하는 데 5기(五紀)를 쓴다 : 세(歲), 월(月), 일(日), 성진(星辰), 역수(曆數) 등 천문과 달력에 의한 경륜.

(5) 세움에 황극(皇極)을 쓴다 : 왕도의 극치를 보이며, 중앙에 위치하는 범주.

(6) 다스림에 3덕(三德)을 쓴다 : 정직(正直), 강극(剛克), 유극(柔克) 등의 세 가지 통치방법.

(7) 밝힘에 계의(稽疑)를 쓴다 : 복서(卜筮), 즉 점 치는 방법.

(8) 생각함에 서징(庶徵)을 쓴다 : 우(雨), 양(暘=晴), 욱(燠=暑), 한(寒), 풍(風), 시(時=調和) 등의 천기를 보는 방법.

(9) 누리고 삶에 5복(五福)을 쓰며, 두렵게 함에 6극(六極)을 쓴다 : 5복은 수(壽), 부(富), 강녕(康寧), 유호덕(攸好德), 고종명(考終命)을 말한다. 6극은 흉단절(凶短折 — 흉은 7세 전의 죽음, 단은 20세 전의 죽음, 절은 30세 전의 죽음 —), 질(疾), 우(憂), 빈(貧), 악(惡), 약(弱)을 말한다.

속에 넣어 봉해 두었다고 한다. 뒤에 주공은 성왕을 도와 섭정을 할 때 정권을 탈취하려 한다는 오해를 받았으나 금등의 글이 나와 성왕이 감동하여 오해를 풀었다는 것이다.

우리가 잘 아는 고사 성어나 명구도 『서경』에서 나온 것이 많다. 임금이 가장 신임하는 신하를 고굉지신(股肱之臣)이라고 한다. 다리와 팔뚝에 비길 만한 신하라는 뜻인데, 「익직(益稷)」편에 나온다. 곧, 순임금이 신하들을 둘러보며 "그대들과 같은 신하는 짐의 팔다리요, 눈과 귀로다. 내가 백성을 교화시키고 돕고자 하니 아울러 그대들도 도와주시오" 하고 당부하였다고 한다.

지방의 서원이나 양반집에 보면 '긍구(肯構)'라든가 '긍당(肯堂)'이라는 말을 자주 보게 될 것이다. 이 말은 『서경』의 「대고(大誥)」에서 나왔다. 「대고」는 주나라 성왕이 점을 쳐서, 은나라의 반란군을 토벌하려는 뜻을 고하고 천명이 불변함을 주장한 내용이다. 그 가운데 정치를 집짓는 일에 비유하여, "만약 아버지가 집을 지으려고 이미 땅을 다지는 법을 정해 두었거늘, 그 아들이 당(토대)을 만들려고도 하지 않고, 하물며 가옥을 지으려고도 하지 않는다면, 그 아버지가 '내게 좋은 후계자가 있어서 나의 계획을 버리지 않는다'고 말할 수 있겠는가?" 하였다. 이후 뒷날 '긍구긍당(肯構肯堂)'이라고 하면 조상의 유업을 잇는 것을 뜻하게 되었다. 그래서 서원이나 양반집에 그런 말이 많이 사용되었다.

『서경』은 본래 중국의 상고시대에 정치적 사실을 적은 문건을 토대로 정치 이념을 밝힌 고전이었다. 보편적인 문화를 지향하였던 과거의 우리나라도 『서경』을 통해서 정치 이념을 세우고, 또 문화의 여러 방면에서 그 정신을 반추하였음을 짐작할 수 있다.

더 생각해볼 문제들

1. 『서경』의 한문이 어려운 이유는?

   『서경』의 한문은 정말 어렵다. 그 이유는, 평범한 서술이거나 감정의 흐름에 따라 적은 글이 아니라, 정치 문서들을 정리한 것이기 때문이다. 또한 고문서를 옮겨 적는 과정에서 글자 표기가 일상적인 표기와 달랐던 것 같다. 하지만 역사적인 사건의 흐름과 정치 철학의 대강은 매우 선명하므로, 글의 흐름은 어렵지 않다.

2. 『서경』 가운데 관리나 정치가로서의 품성에 대해 강조한 내용이 있는가?

   요(堯)임금 때의 법관이었던 고요(皐陶)가 뒷날 우(禹)임금에게 한 말이 있다. 「고요모」편에 나오는데, 아홉 가지 덕목을 내세운 내용이어서 구덕(九德)이라고 한다. 관대하면서도 엄격할 것, 부드러우면서도 꿋꿋할 것, 진실하면서도 공손할 것, 일을 잘 처리하면서도 삼갈 것, 잘 순응하면서도 굳셀 것, 곧으면서도 온화할 것, 대범하면서도 모남이 있을 것, 과단성이 있으면서도 독실할 것, 강하면서 의로울 것 등이다. 조선시대 후기의 정약용(丁若鏞)은 이 아홉 가지 덕목이 곧, 당시 인재를 선출하던 기준이라고 보았다.

3. 『서경』의 본문을 깊이 이해하려면 어떤 책을 읽어야 하나?

   주해본으로는 '십삼경주소' 가운데 『상서주소(尙書注疏)』에 들어 있는 『공안국전(孔安國傳)』(13권)을 읽어야 한다. 이것은 실은 공안국이 집필한 것이 아니지만 그렇게 알려져 왔으므로 '위공안국전(僞孔安國傳)'이라고 하여 '위(僞)'자를 붙여 말한다.

   근래에 들어와서는 갑골문·금문이나 기타 사료를 이용하여 『상서』를 논하는 연구가 활발하다. 굴만리(屈萬里)의 『상서석의(尙書釋義)』는 새로운 설을 많이 채록하고 있는데 이러한 책들을 참조하는 것이 좋다.

추천할 만한 텍스트

『현토완역((懸吐完譯) 서경집전(書經集傳)』(上·下), 성백효 옮김, 동양고전국역총서, 전통문화연구회, 1998.
『서경(書經)』, 차상원 역주, 명문당, 1979.
『서경(書經)』, 김학주 옮김, 명지대학교 출판부, 1985.

심경호(沈慶昊)

고려대학교 한문학과 교수.
1955년 충북 음성 출생이다. 서울대학교 국어국문학과 및 동 대학원을 졸업하고 일본 교토(京都) 대학 문학연구과 박사과정(중어중문학)을 수료했으며, 1989년 1월에「조선시대 한문학과 시경론」으로 교토 대학에서 문학박사 학위를 취득했다. 한국정신문화연구원 조교수, 강원대학교 인문대학 국어국문학과 조교수를 역임했다.
저서로『강화학파의 문학과 사상』(1-4),『조선시대 한문학과 시경론』,『김시습평전』,『한학연구입문』 등이 있다. 역서로는『주역철학사』,『불교와 유교』,『역주 원중랑집』,『한자, 백가지 이야기』등이 있다.

내가 죽고 네가 태사령(太史令)이 되거든
내가 기록하려고 했던 것들을 잊지 말거라.
…이제 우리 한(漢)나라가 다시 천하를 통일하고 전성기로 접어들었는데,
이렇게 의미 있는 시절에 훌륭한 군왕과 충신
그리고 열사와 의인들을 내가 태사령으로서 기록하지 못하고
죽게 되어 무척 괴롭다. 너는 반드시 기록하도록 하여라.
—사마천의 아버지 사마담(司馬談)의 유언 중에서

사마천 (B.C. 145~?)

사마천은 중국 섬서성 한성현 출생이다. 20세 이전에는 고향과 장안을 오가며 주경야독했고, 20세부터 아버지의 도움으로 몇 년에 걸쳐 중국 전역을 답사했다. 27세 되던 해, 한무제 비서실 소속의 낭중(郎中)이 되었으며, 38세에 아버지의 직책을 계승하여 태사령(太史令)이 되었다. 48세 때 '이릉 사건'에 연루되어 궁형을 당했으며 그 이듬해 한무제의 비서실장 중서령(中書令)에 발탁되어 대략 60세를 일기로 작고할 때까지 재직한 듯하다. 그가 아버지의 유고를 기초로 완성한 『사기』는 역사의 모습을 띠었다 뿐이지 실은 그 이전의 모든 학문을 아우르는 '백과전서'이다.

03

역사의 혼, 불멸의 역사서로 부활하다
사마천(司馬遷)의 『사기(史記)』

이인호 | 한양대학교 중국학부 교수

어떻게 『사기』를 접하게 되었나?

대학교 3학년 때 일이다. 당시 중문과에 입학하기 전에 특별히 한문 공부를 한 것도 아니어서 중국의 옛글을 강독할 때마다 스트레스를 받았다. 선생님이 강독을 하면 그럴 듯했으나 정작 혼자 하려면 해석이 제대로 안 되었기 때문이다. 답답한 나머지 선생님의 연구실로 찾아갔는데, 어린 제자의 이야기를 쭉 들으신 선생님께서는 대뜸 『사기(史記)』를 소개해 주셨다. "평이하고 재미가 있으니 열전부터 읽어 보게나."

그리하여 도서관에서 사마천의 『사기』 '열전'을 빌렸고, 첫 편을 펼쳤는 바 당연히 「백이열전」이었다. 그런데 첫 구절부터 막혔다. 한 글자, 한 글자는 옥편을 찾으면 알겠는데 이어서 해독하면 말이

안 되었다. 마음먹고 공부하겠다고 고서를 펼치긴 했으나 한동안 멍하니 바라만 보다가 책을 덮어 버렸던 기억이 새롭다.

『사기』라는 책이 얼마나 재미있고 훌륭하며, 사마천(司馬遷)이란 인물이 얼마나 대단하고 훌륭한지 그 당시에는 몰랐다. 중국의 옛글을 해독하는 능력을 키우고자 처음 접했고 접하자마자 첫 구절부터 해독이 안 되어 절망감에 빠졌을 뿐이다. 비록 절망감에 빠졌지만 그렇다고 포기하지는 않았다. 막히는 곳마다 현대 중국어 번역본을 참고하며 읽어내려 갔다. 포기하지 않고 계속 붙잡으니까 시간이 흐를수록 『사기』 원문이 한 줄, 두 줄 이해되기 시작했다. 해독이 되니까 신이 났고, 신이 나니까 더욱 읽게 되었다. 대학교를 졸업할 때까지 거의 2년을 『사기』에 빠져 보냈다고 해도 과언이 아니었다.

『사기』에 빠졌으므로 대학교 졸업논문도 물론 『사기』에 대하여 썼다. 무식하면 용감하다고 『사기』를 처음부터 끝까지 읽어 보지도 못한 주제에 관련 책을 몇 권 갖다 놓고 이리저리 짜깁기를 하여 논문이란 것을 썼다. 태어나 논문이란 걸 처음 쓰면서 느낀 점도 많았다. 그 느낌은 25년이 지난 지금에도 별로 변한 게 없다. 논문을 쓰면서 공부하는 것이고, 공부하면서 논문을 쓰는 것이다. 비록 형식적인 학부 졸업논문이었지만 그래도 논문이랍시고 쓰는 동안 공부가 참 많이 되었다. 논문을 쓰면서 비로소 『사기』가 어떤 책이고 사마천이 어떤 인물인지 조금 알게 되었던 것이다.

그 후 본격적인 공부를 위해 대만으로 건너갔으며 석사 및 박사 학위 논문도 『사기』로 하였다. 당초 중국의 옛글을 독파하기 위하여 연습용으로 접했던 사마천의 『사기』는 필자의 업이 되어 버린 것이다.

『사기』에 빠져든 이유는?

사마천과『사기』속에는 과연 특별한 그 무엇이 있기에 이토록 사람을 끌어들일까? 사마천이 궁형을 당했다는 소리는 예전부터 수없이 들어왔고 또한 궁형이란 남성의 생식기를 제거하는 형벌이라는 것도 알고 있었다. 사마천이 궁형을 받고도 기어코 살아남아『사기』를 완성했다는 자체에 적잖게 감동했다. 그런데 나중에 알게 되었지만, 사마천은 친구 때문에 궁형을 받게 되었다는 내용에 더욱 놀라지 않을 수 없었다. 친구에 대한 우정, 자신에 대한 기대, 그리고 젊은 시절에 설정했던 원대한 포부를 끝까지 견지했던 의지력, 이런 것들이 사마천의 인격적 매력으로 작용하면서『사기』에 끌리지 않을 수 없었다.『사기』내용을 전부 읽기도 전에 사마천의 이러한 인격과 품성이 필자를 감동시켰고 또한 필자를 몰입하게 만들었던 것이다.

그런데 정작 내용을 하나 둘씩 해독해 나가자,『사기』는 단순히 사마천의 개인적인 의지력의 차원에 그치는 책이 아니라는 것을 알 수 있었다. 사마천은 본기·세가·열전·서·표[1]의 다섯 개 틀로써 하늘의 뜻과 인간 의지 사이의 오묘한 관계를 연구하고,[2] 고금의 변화를 관통하여,[3] 자신만의 독특한 치국 시나리오를 제시하고자 했던 것이다.[4] 게다가『사기』를 읽으면서 인간의 도리나 처세의 태도는 물론이고 세상을 보는 안목과 학문을 하는 방법까지도 터득할 수 있었다.

『사기』 이전의 역사 기록은 단편적인 사실을 기록하거나 간략한

1) · 본기(本紀) : 12편의 '본기'를 설정하여 황제(黃帝)로부터 한무제 당시까지 12명의 제왕을 기준으로 중요한 사건을 연대별로 간명하게 정리했다. 편년체로 이루어진 공자의 『춘추』 형식을 개편하여 인물 위주로 재편한 것이다.
   · 세가(世家) : 30편의 '세가'를 설정하여 제후국을 정리하였다. 춘추시대 12개 제후국을 위시하여 전국시대 6개 제후국 그리고 한나라로 들어오면서 각지에 임명된 제후왕을 기록했다. 『춘추좌씨전』의 장점과 『국어』, 『전국책』의 장점을 취하여 12편의 '본기'를 지원하는 형식으로 꾸몄다.
   · 열전(列傳) : 70편의 '열전'을 설정하여 사마천시대까지 제왕 이외의 각 분야의 특출한 인재들을 총망라했다. 전형적인 인물을 선정하여 시대상을 보여주는 참신한 역사 기술 형태이다. 이러한 인물 위주의 역사 기술을 일컬어 기전체(紀傳體)라 부르는데 본기의 '기'와 열전의 '전'을 합친 말이다.
   · 표(表) : 10개 '표'를 만들었다. 표의 기본 역할은 각기 다르게 표시된 제후국의 연도를 종합하여 연대별로 가지런히 정리하는 데 있다. 그런데 사마천은 여기에 그치지 않고 표를 만들면서 본기나 세가 혹은 열전 등과 상호 보완 되도록 기획하였다. MS 오피스 중에 엑셀(Excel)을 사용해 봤다면 『사기』의 표(表)가 낯설지 않을 것이다. 엑셀의 박스와 『사기』의 표는 그 모양이 비슷하기 때문이다.
   · 서(書) : 8개 '서'를 마련하여 국가의 중요한 제도를 테마별로 정리하였다. 경제 문제는 「평준서」에서, 농업사회에서 필요 불가결한 치수 문제는 「하거서」에서 다루었으며, 예악 및 제전은 「예서」, 「악서」, 「봉선서」 등으로 안배했다. 『상서』의 형식에서 힌트를 얻었을 것이다.

2) 구천인지제(究天人之際) : 최선을 다 하되 어찌할 수 없는 경우는 하늘의 뜻으로 돌렸다. 하늘의 뜻과 인간의 의지 사이의 경계선을 따지지 않고서는 인간의 역사를 논할 수 없다. 그러므로 '하늘과 인간의 경계를 연구' 했다고 한 것이다.

3) 통고금지변(通古今之變) : 변한 게 없다면 굳이 역사를 기록할 필요가 없다. 다방면에 걸친 고금의 변화를 관통하여 국가의 흥망성쇠 및 개인의 성패 원인을 분석했으며 그 결론에 근거하여 인간 만사의 근본과 핵심을 파악하고자 하였다. 그러므로 '고금의 변화를 관통' 했다고 한 것이다.

4) 성일가지언(成一家之言) : 자신만의 독특한 사상이 있어야 한다. 사마천은 『사기』를 통해 '하늘과 인간의 경계를 연구' 하고, '고금의 변화를 관통' 하여 '치국의 시나리오'를 제시했다. 그만의 독특한 사상이다. 그러므로 '일가의 설을 이루었다' 고 한 것이다.

연대기적 서술에 불과했다. 사마천은 수많은 문헌과 기행을 통해 자신의 역사관을 투영한 인물 중심의 새로운 역사 기술 형태인 '기전체(紀傳體)'를 창조했으며, 이는 후세의 정통으로 굳어져 대대로 계승되었다. 사마천은 절대 권력 앞에서 바른 소리를 한 죄로 궁형에 처해진 비극적 인물이었으며, 그런 비극을 『사기』 저술로 승화시킨 불굴의 정신은 그 이후 암울한 시대에 많은 인물들의 정신적 지주가 되었다. 또한 객관적인 서술이 생명인 역사책에서 진실을 왜곡하지 않으면서도 진한 감정을 투영시킨 문학적 서술은 전기문학이나 소설로 읽어도 손색이 없다.

중국과 중국인을 이해하고 싶다면

중국인 치고 『사기』를 모르는 사람은 없다. 설령 문맹이라 하더라도 『사기』에 등장하는 허다한 인물이나 사건을 각종 민간 전설이나 문화·예술 및 TV 드라마를 통하여 훤하게 알고 있다. 그들의 꿈과 희망이 『사기』 속에 기탁되어 있지 않다면 현실적인 중국인들이 이렇게 끌릴 리가 있겠는가? 이런 각도에서 『사기』의 의미와 가치를 몇 가지로 나누어 볼 수 있다.

첫째, 『사기』를 통해 현실적인 중국인의 코드를 읽을 수 있다. 이익을 추구하는 인간의 본성에 대하여 사마천은 「화식(貨殖)열전」에서 이렇게 설파한다.

> 잘 살려고 하는 것은 배우지 않아도 깨우치게 되는, 인간의 타고난 본성이다. 병사들이 앞 다투어 성(城)을 공격하거나 적진으로 뛰어

들어 적장의 목을 베고 군기(軍旗)를 뺏으면서 날아드는 화살과 불덩이를 용감히 뚫는 이유는 푸짐한 상금을 받기 위해서다. 동네 건달들이 행인을 습격하여 암매장을 서슴지 않고 백성을 협박하여 온갖 악행을 저지르며, 남의 묘지를 파헤치고 위조지폐를 찍어 내거나 불법으로 남의 재산을 가로채는가 하면, 의리랍시고 친구를 위해 복수하고 으슥한 곳에서 남의 재물을 빼앗고 법을 무시하면서 부나방처럼 죽음도 불사하는 것도 실은 알고 보면 모두가 재물을 얻기 위해서다. 조(趙)나라와 정(鄭)나라 아가씨들이 분 바르고 치장한 채 가야금을 뜯으며 나풀거리는 소매 자락에다 맵시 있는 신을 신고 천리를 멀다 않고 달려가 늙은이, 젊은이를 가리지 않고 유혹하는 이유도 따지고 보면 한결같이 돈을 벌기 위해서다. … 의사나 기술자들이 전력을 다해 복무하는 것도 보수를 톡톡히 받기 위해서다. 관리들이 법조문을 농락하고 문서와 도장을 위조하면서 목 잘릴 위험을 망각하는 것도 사실 뇌물에 혹했기 때문이다. 농사짓고 장사하고 상품을 만들고 목축을 하는 것도 당연히 돈을 벌기 위해서다. 그러므로 재물이란 것은 능력만 있으면 하염없이 긁어모으려는 게 인간의 본성이지, 돈을 벌 수 있는데도 손 털고 남에게 순순히 양보하는 예는 결코 없다.

인간의 본성이 이러한데도 중국의 지배층이나 지식인들은 겉으로 고고한 척하면서 일반 백성들에게는 예의와 염치를 강조하였다. 이에 대해 사마천은, "백이와 숙제처럼[5] 고매한 인격을 견지하다가 가난해졌다면 혹시 모르겠다. 그렇지도 못한 사람이 부모와 처자식을 굶주리고, 때 맞춰 조상께 제사지낼 형편도 못되는 주제에 입으로만 윤리 도덕을 외친다면 정말 부끄러운 일이다"라고 비판한다.

『논어』에서도 "군자는 의로운 일에 밝으나 소인은 이익에 밝다"라고 하였다. 마치 일반 백성들만 태어나면서부터 돈에 환장한 양 나무라면서 지배층이나 지식인들은 이슬만 먹고사는 듯 고상한 체 했던 것이다. 그러나 사마천은 경제력이 인간의 지위를 결정한다며 이렇게 말한다.

> 일반 백성들 사이에서도 열 배 잘사는 사람을 대하면 비굴해지고, 백 배 잘사는 사람을 만나면 경외감이 들고, 천 배면 밑으로 들어가 일을 하고, 만 배면 그의 하인이 되는 것은 자연의 이치가 아니겠는가.

그러므로 사마천은 사람들이 정당한 수단으로 치부하는 것을 탓하지 않았다. 오히려 돈은 아무나 벌 수 있는 게 아니라고 했다.

> 알거지는 막노동을 해야 한다. 자본이 조금 있다면 머리를 굴려야 한다. 자본이 풍족하다면 무슨 사업을 해도 타이밍이 핵심이다. … 열심히 일하고 절약하는 것이 먹고사는 바른 길이다. 그러나 부자가 되려면 반드시 머리를 굴려야 한다. … 부자가 되는 길은 다양하며 물건의 임자는 정해져 있지 않다. 재물은 유능한 자에게 몰리며 무

---

5) 백이와 숙제는 상고시대 무균질 인격체의 상징적 인물이다.『사기』열전의 첫 편이 바로 이들을 기록했다.

능한 자는 쥐어 줘도 놓아 버린다.

또한 농업·수공업·상업·목축업 등은 백성들의 의식주를 해결해 주므로 직업의 귀천이 없이 모두 중요하며, 정부가 하라마라 지도하지 않아도 각자 알아서 잘 경영하므로 굳이 나서서 간섭할 필요가 없다고 주장했다.

이는 현실적인 중국인의 구미에 딱 맞는 이야기가 아니겠는가. 인간의 본성을 포함하여 현실적인 중국인의 심성을 사마천은 너무도 솔직하고 노골적으로 밝히고 있는 것이다. 이렇듯 중국의 다른 고전에서는 좀처럼 보기 힘든 중국인의 속살을 가장 많이 보여 주고 있는 책이 바로『사기』다. 따라서 중국과 중국인을 이해하고자 한다면 한 번 정도는 읽어 보는 것이 좋다.

둘째, 사마천의『사기』는 중국 문화를 풍부하고 다양하게 간직하고 있다. 등장 인물은 제왕을 제외하면 모두 어느 한 분야에서 특별히 뛰어난 사람들이다. 설령 코미디언에 해당하는「골계(滑稽)열전」의 인물이라 하더라도 절묘한 언사를 적시에 구사하여 난해한 정치 문제를 단숨에 해결하는 '해결사'로 나올 정도다. 신분 사회였던 당시의 사회적 분위기를 감안한다면, 하찮은 이들도 이럴진대 그 외의 뛰어난 인물들은 굳이 여러 말을 할 필요가 없다.

단지 '열전'만 가지고 이야기해도 중국 역사에서 거론하지 않을 수 없는 정치인과 경제인, 문화인을 비롯하여 장군, 참모, 외교관, 사상가 심지어 자객과 협객까지도 망라되어 있다. 또한 중국 전통의 충효를 실천한 인물 뿐 아니라 지조와 절개를 보여 준 인물도 허다하게 등장하며, 온갖 고초와 난관을 극복하고 마침내 설욕을 하거나 이상을 성취한 인물도 다채롭게 기록되어 있다. 따라서 각양각색의 인물 군상을 접하는 동안 그들이 수놓은 형형색색의 중국 문화를 실감나게 느낄 수 있는 것이다.

셋째, 사마천의 『사기』는 중국인의 통일 관념에 결정적인 영향을 끼쳤다. 중국이 고구려사를 자기 역사로 편입하려는 시도에 한국인들은 너나없이 분개하고 있다. 그러나 이 문제는 학술적인 이슈가 아니라 극히 정치적인 문제다. 중국은 56개 소수 민족이 공존하고 있는데, 티베트 같은 경우는 지금도 독립운동을 꾸준히 벌이고 있다. 그러므로 한국이 통일되고 그 영향으로 동북3성의 조선족이 한국 쪽으로 경도되면, 이는 다른 소수 민족들의 동요로 이어질 가능성이 있는 중대한 사안이다. 따라서 중국 정부는 고구려사를 자기 역사로 편입시켜, 동북3성에 밀집되어 있는 조선족의 과거도 결국 한족 역사의 일부라는 점을 명백히 하고 이어서 그들을 중화 민족에 동화시키려는 것이다.

이러한 일련의 시도는 결국 '내부 결속용'에 불과하다. 중국은 가뭄이나 홍수 등과 같은 자연 재해에 효과적으로 대처하기 위하여 이미 기원전에 통일 대제국을 건설하였다. 중국인들은 너나없이 통일 대제국을 정상적인 상태로 보고 소규모 국가의 난립 현상을 비정상으로 생각해 왔던 것이다.

그렇다면 중국인들의 통일 관념은 어떻게 형성된 것일까? 명백한 이민족까지도 통일 대제국의 일원으로 끌어들이려는 중국인들의 발상은 바로 사마천의 『사기』「오제본기(五帝本紀)」로부터 나온 것이라 할 수 있다. 사마천은 모든 이민족들의 조상이 결국 황제(黃帝)로 귀결된다고 기록하고 있기 때문이다. 후세의 통치자들이 자신의 「오제본기」를 그렇게까지 이용할 줄은 몰랐겠지만 그러나 결과적으로 사마천이 기록한 황제(黃帝)[6]는 중국 대륙 전체의 공통 시조로서 후세의 정치가들이 획책하는 중앙집권과 국가 분열 방지책에 이론적 근거를 제공한 셈이다. 따라서 고구려사 문제를 정치적으로 풀겠다면 다양한 경로와 수단이 있겠지만, 그러나 일단 학술적으로 접근하겠다면 『사기』「오제본기」의 허구성이나 문제점을 지적하는 것도 하나의 방법이다. 우리 역사를 지키기 위해서도 참고해야 할 책이 『사기』인 것이다. 하물며 『사기』 열전 속에는 한반도를 기록한 중국 최초의 정사 기록인 「조선열전」까지 있다.

인생이 외롭고 힘들다면

기원전 99년, 사마천의 나이 47세 되던 해에 그는 흉노족에게 투항한 친구 이릉을 위해 한무제 앞에서 몇 마디 변호를 했다가 군주를 우롱한 죄로 수감되었다. 『사기』를 완성하라는 아버지의 유언을 저버릴 수도 없고, 자신의 포부 또한 포기할 수 없다면 어떻게 해야 하겠는가? 당시의 법규에 따라 궁형을 자청하면 일단 목숨은 유지할 수 있었다. 사마천은 궁형을 당하고 이렇게 탄식했다. "내가 잘못한 탓이지, 내가 잘못한 탓이지. 육신은 훼손되고 이젠 무용지물

---

[6] 『사기』 본기의 첫 편 「오제본기」에 등장하는 다섯 명의 상고시대 제왕 중 첫째 인물이다.

이 되었구나." 그리고는 골방으로 들어가 생각에 잠겼다.

『시경』, 『서경』의 애매한 내용은 현실에서 이루지 못한 이상을 글 속에 담았기 때문이리라. 옛날 주나라 문왕이 유리에 갇혔을 때 『주역』을 풀이했고, 공자는 진나라와 채나라 사이에서 무진 고생을 한 결과, 『춘추(春秋)』라는 역사책을 쓰게 되었다. 굴원은 추방되어 「이소(離騷)」를 지었고, 좌구명은 실명하여 『국어(國語)』[7)]를 지었으며, 손빈은 무릎이 잘리는 형벌을 받은 뒤 병법을 지었다. 여불위는 남쪽 황무지 촉 지방으로 귀양 갔어도 그가 편찬한 『여람(呂覽)』[8)]은 세상에 전해졌고, 한비자는 이사의 모함으로 진나라에서 죽었지만 「세난(說難)」, 「고분(孤憤)」 등의 글은 아직도 인구에 회자된다. 『시경』 300편은 뜻있는 분들이 분발하여 쓴 글이리라. 문왕, 공자, 굴원, 좌구명, 손빈, 여불위, 한비자 등 선현들은 모두 가슴속에 쌓인 것들이 많았고 또한 자신의 이상을 실현할 길이 없었기에 지난날을 술회하며 미래를 기약했을 것이다.

절체절명의 위기에 처했을 때 고인들의 행적을 상기하며 미래를 기약했던 그 처절한 심정을 이해할 수 있겠는가? 사마천은 친구 임안에게 보낸 편지에서 궁형을 당한 이후의 생활을 이렇게 고백했다. "간장은 하루에도 아홉 번이나 꼬이고, 집에 있을 때는 멍하여 뭔가 잃어버린 듯, 길을 나서도 어디로 가야할지 막막했으며, 궁형

---

7) 춘추시대 제후국의 역사를 국가별로 기록한 책이다.

8) 『여씨춘추』라고도 한다. 진시황제 당시의 제2인자요 승상까지 지냈던 여불위가 천하의 지식인을 불러모아 만든 책이다.

을 상기할 때마다 식은땀이 흘러 옷을 흥건하게 적시지 않은 적이 없었습니다."

지금 외롭고 힘들고 우울한가? 아무렴 사마천만큼 외롭고 힘들고 우울하겠는가. 사마천을 이해하고 또한 『사기』의 인물 중에서도 그가 특별히 자신의 감정과 이상을 기탁했던 공자, 오자서, 범저, 인상여, 형가, 굴원, 항우, 한신, 계포 등의 기록을 읽어 보면, 당신이 현재 겪는 그 우울함과 괴로움, 외로움은 당신만의 것이 아니며 당신보다 수십 배, 수백 배 괴롭고 힘들었던 사람들이 세상을 어떻게 살아갔는지 알게 될 것이다.

사마천은 인상여를 평하며 "죽는 것이 어려우랴? 죽음에 처했을 때가 어려운 법"이라고 말했다. 그리고 오자서를 평하면서는, "오자서가 만일 아버지를 따라 함께 죽었다면 땅강아지나 개미의 목숨과 무슨 차이가 있었으랴. 사소한 의리를 버리고 큰 복수를 하여 이름을 후세에 남겼으니 너무도 감동적이다. 오자서가 길거리에서 구걸할 때 그 원수를 한시라도 잊은 적이 있었을까. 그러므로 참고 또 참아 천신만고 끝에 과업을 이루었으니 열혈남아가 아니고서 그 무엇이냐"고 말했다. 또한 계포에 대해서는 이렇게 평했다.

> 항우의 휘하에서도 계포는 용맹으로써 이름을 날렸으니 장사이다. 그런데도 구차하게 노예가 되다니 무슨 망신인가. 그러나 계포는 자신의 실력을 믿었기에 그렇게 모욕을 당하면서도 태연했다. 언젠가는 실력을 발휘할 날이 있을 것을 믿었기 때문이다. 결국 한제국의 명장이 되었다. 생각이 있는 자는 함부로 죽음을 이야기하지 않는다.

하찮은 인간들이나 감상에 젖어 자살하곤 하는데 그것은 용기가 아니라 막다른 골목에 몰려 뭘 더 해보려고 해도 진정한 실력이 없기 때문이다.

유심히 읽어 보면 사마천 자신의 이야기이기도 하다.

글을 잘 쓰고 싶으면
사마천은 사건을 조리 있게 기록하거나 인물을 생동적으로 묘사하는 것은 물론이고 감성적인 글발 역시 타의 추종을 불허한다. 명나라 때의 문학가 모곤(茅坤)[9]은 이렇게 평한 적이 있다.

> 사람들이 『사기』「유협(遊俠)열전」을 읽으면 곧 죽음을 가볍게 여기려고 하고, 「굴원가생열전」을 읽으면 곧 눈물이 쏟아지려 하고, 「장자열전」과 「노중련열전」을 읽으면 곧 세상을 등지고 은둔하려 하고, 「이장군열전」을 읽으면 당장이라도 전투에 나서려 하고, 「만석군열전」을 읽으면 허리가 절로 숙여지려 하고, 「위공자열전」 및 「평원군열전」을 읽으면 곧 인재를 양성하려고 한다.[10]

---

9) 명(明)나라 문학가로서 자는 순보(順甫), 호는 녹문(鹿門)으로 절강성(浙江省) 귀안(歸安) 사람으로 『사기』를 문학적으로 연구했다.

10) 유협은 협객 군상. 굴원가생은 전국시대 말기 초나라 굴원과 한나라 초기 가의. 장자는 전국 시대 말기의 도가 사상가. 노중련은 전국 시대 웅변가. 이장군은 한나라 초기 명장 이광(李廣). 만석군은 한나라 초기 석분(石奮). 위공자는 전국 시대 위나라의 귀공자. 평원군은 전국 시대 조나라의 귀공자다. 사마천은 이들을 매우 생동적으로 묘사했다.

사마천의 글발이 어느 정도인지 대략 짐작되는가? 『사기』의 인물처럼 행동하고 싶도록 사건을 절묘하게 기록하고 인물을 생동적으로 묘사했다는 뜻이다.

중국학을 연구하고자 한다면

『사기』이전의 역사 기록은 단편적인 사실을 기록하거나 간략한 연대기적 서술에 불과했다. 그런 상황에서 사마천은 수많은 문헌과 기행을 통해 자신의 역사관을 투영한 인물 중심의 새로운 역사 기술 형태인 '기전체'[11]를 창조했으며, 이는 후세의 정통으로 굳어져 대대로 계승되었다. 그런데 『사기』의 가치는 방대한 역사 기록이나 최초의 정사에 그치지 않는다. 진시황제의 분서갱유로 거의 공백상태가 되어버린 중국 고대사를 복원하는 데 중요한 계단 역할을 하고 있으며, 선진(先秦) 학술의 윤곽을 밝히는 데도 필수 도서로 취급된다. 또한 객관적인 서술이 생명인 역사책에서 진실을 왜곡하지 않으면서도 진한 감정을 투영시킨 문학적 서술은 전기문학이나 소설로 읽어도 손색이 없다.

그렇다면 사학과 문학 그리고 사상을 연구하는 데만 『사기』가 필요할까? 그렇지 않다. 『사기』에는 중국 전통의 정치, 경제, 군사, 법률, 천문, 지리, 의학 등의 내용까지 담겨 있다. 말하자면 사마천 이전의 모든 학술을 집대성했다고 봐도 무방하며 후세 학술 역시 거

---

11) '기전체'(紀傳體)란 본기의 '기'와 열전의 '전'을 합친 말이다. 본기나 열전은 인물 중심의 기록이므로 이런 체제를 일컬어 기전체라 한다.

기서부터 또 다시 분화하게 된다. 조금 과장되게 말한다면 사마천 이후의 그 어떤 학술도 『사기』를 비껴갈 수 없다. 그러므로 『사기』를 읽으면 중국학의 거대한 산맥을 조감할 수 있게 되는 것이다.

특히 중국학을 제대로 연구하려면 그 분야가 사학이나 문학, 사상이면 두말할 필요가 없고 정치든 경제든, 언어학이든 심지어 대중문화든 간에 현대 중국어인 백화문(白話文)만으로는 깊고 넓게 연구하기 힘들다. 반드시 고전 중국어인 문언문(文言文), 즉 고문(古文)의 해독능력을 배양해야만 고금을 누비며 원전을 자유자재로 요리할 수 있다. 그런데 『사기』의 문장은 선진시대의 문장보다는 평이한 편이므로 읽어가기가 비교적 수월하다. 따라서 『사기』를 공부하면서 고전 중국어를 습득해 놓으면 그 실력을 발판으로 선진시대의 학술을 공략하는 데 도움이 될뿐더러 그 이후의 원전을 독파하는 데도 한결 수월해질 것이다. 『논어』에도 "작업이 수월하려면 연장이 좋아야" 한다는 말이 있다. 『사기』는 맥가이버 칼과 같은 좋은 연장인 것이다.

『사기』는 고통받는 자에게 바치는 사마천의 헌화
이제 『사기』 이야기를 마감하며 한 마디만 덧붙이고자 한다. 『사기』를 읽으면 실패한 인생이 유난히 눈에 많이 띈다. 역사는 성공한 사람들의 이야기라는데 『사기』에는 왜 이렇게 실패한 인생이 많을까? 사마천은 세속적인 성공과 실패를 기준으로 인물을 선별한 것이 아니다. 설령 실패했다 하더라도 실패한 인생으로부터 역사적 의미를 발굴하여 그들이 현실에서 당한 고난과 고통을 후세의 명예로 위로

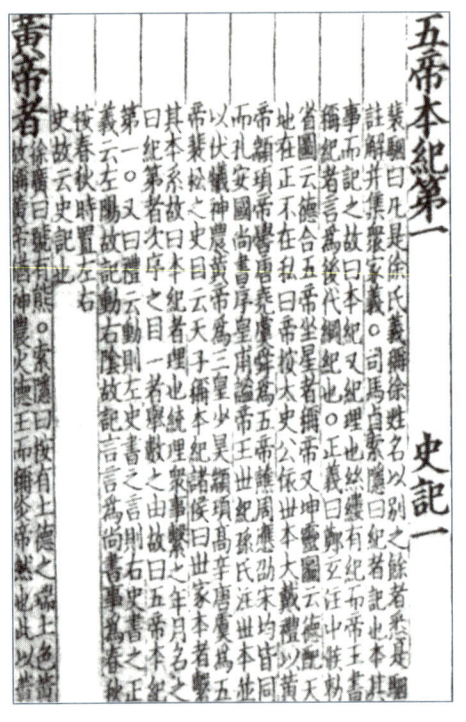

『사기(史記)』「오제본기(五帝本紀)」

하고자 했다.

물론 사마천 자신도 현실의 낙오자이자 실패한 인생이기도 했다. 그런 탓인지 실력 있고 진실 되고 의로운 사람들이 강자의 부당한 핍박을 받을 때마다, 때론 완곡하게 때론 직설적으로 강자를 강도 높게 비판하면서 약자에 대한 인류애적 동정심을 표현하곤 했다. 이런 마음과 태도는 사마천 이후의 역사책에서 찾아보기 힘들다. 사마천의 『사기』가 비록 2천여 년 전의 중국 책이지만 인류 전체의 고전으로 평가받는 이유도 바로 사마천의 이런 마음 씀씀이 때문이 아니겠는가. 『사기』는 고통받는 자에게 바치는 사마천의 헌화였다.

더 생각해볼 문제들

1. 『사기』의 내용과 관련하여, 사마천은 자신이 당한 궁형 때문에 한제국과 한무제를 비난했는가?

    사마천을 신랄하게 비판했던 반고(班固)도 『사기』는 실록(實錄)으로 인정했다. 실록이란 진실된 기록이란 뜻이다. 한제국과 한무제의 실정을 기록한 것은 사실을 기록한 것이지 비난한 것이 아니다.

2. 『사기』의 형식과 관련하여, 『사기』는 본기, 표, 서, 세가, 열전의 다섯 개 틀로 구성되어 있다. 사마천은 이 다섯 개 틀을 어떻게 상호 유기적으로 연결했는가?

    이 문제는 호견법(互見法)으로 설명해 보겠다. '호견'이란 같은 인물 혹은 같은 사건이 이곳에도 보이고 저곳에도 보인다는 뜻이다. 그러므로 '호견법'이란 같은 인물이나 같은 사건을 여러 곳에 분산시켜 기록하는 수법이다. 특히 한 인물이 여러 사건에 관련되었을 경우 인물 중심의 기전체 형식에서 중복되지 않게 서술하려면 적절하게 분산·배치하는 '호견법' 이외에 사실상 달리 마땅한 대안이 없기도 하다.

    예를 들면, 「주본기」에 이런 구절이 보인다. "기사재주공지편(其事在周公之篇)", 즉 그 사건은 「노주공세가」에 자세히 기록되어 있으니 참고하라는 뜻이다. 왜 이렇게 친절하게 표시해 주었을까? 주나라 역사를 쭉 기록하게 되면 주공(周公) 이야기가 나오지 않을 수 없다. 주공이 무척 중요한 인물이긴 하지만 다른 이야기도 많은데 마냥 주공 이야기만 길게 쓸 수는 없지 않겠는가. 게다가 주공은 주왕실이 제후국의 하나로 분가시킨 노(魯)나라의 시조이므로 자세한 내용은 「노주공세가」에 있으니까 그 쪽으로 가서 읽어 보란 뜻이다.

    또한 「진본기」에 "그 사건은 상군 이야기에 있다"고 표기했는데, 말하자면 상앙의 변법에 대해서는 상앙을 집중적으로 기록한 「상군열전」이 있으니까 그 쪽 내용을 참고하란 뜻이다. 그리고 「진본기」에 "그 이야기는 진시황본기에 있다"고 표기한 것은 진시황제의 일생은 따로 「진시황본기」에 상세하게 기록하였으므로 그 쪽 내용을 참고하란 뜻이다. 인물 중심의 역사 기록에서 이렇게 처리하는 것이 글의 흐름을 원활하게 해주고 내용의 중복을 피할 수 있을뿐더러 원고의 분량 또한 경제적으로 운영할 수 있다.

이런 기법은 『사기』에 광범위하게 적용되었다. 그러므로 한고조 유방을 이해하기 위해서는 「고조본기」만 읽어서는 안 된다. 「고조본기」에는 유방의 좋은 점 위주로만 기록되었기 때문이다. 그러므로 「항우본기」, 「소상국세가」, 「유후세가」, 「전담열전」, 「팽월열전」, 「경포열전」, 「장이진여열전」, 「번역등관열전」, 「장승상열전」, 「역생육가열전」, 「영행전」 등과 함께 「고조본기」를 읽어야만 비로소 복잡다단한 유방의 진면목이 입체적으로 드러나게 된다.

그런데 사마천은 단지 원활한 글쓰기, 깔끔한 내용, 경제적인 원고 분량만을 겨냥하여 '호견법'을 구사했던 것은 아니다. 포폄을 기탁한다거나 심지어 권선징악의 수단으로도 활용했기 때문이다. 또한 인물을 기록했던 본기나 세가 그리고 열전에서만 '호견법'을 구사했던 것이 아니라 표(表)나 서(書)에서도 구사하였다. 이런 호견법을 제대로 구사하려면 해당 인물과 해당 사건의 연관성 및 중요도를 섬세하게 따져 관련된 본기, 표, 서, 세가, 열전 등에 적절히 분배해야 한다. 작성하는 사람 입장에서도 결코 쉬운 일이 아니다. 그러나 독자 입장에서도 사건의 전모나 인물의 진면목을 제대로 파악하려면 어쩔 수 없이 『사기』의 관련된 글을 모두 찾아 읽어야 하므로 불편하다. 그러나 사마천이 왜 그렇게 분산시켜 배치했는지 살펴보면 볼수록 『사기』의 특징이 드러날뿐더러 사마천의 미묘한 감정이나 포폄이 교묘하게 들어 있다는 점을 깨닫게 된다. 이렇듯 『사기』의 본기, 표, 서, 세가, 열전은 유기적으로 연결되어 있으므로 이런 맥락을 파악하면 할수록 『사기』를 깊게 읽을 수 있다.

3. 『사기』의 성격과 관련하여, 『사기』를 역사책으로만 볼 것인가?

사마천은 역사 기록을 수단으로 생각했지 목적으로 생각하지 않았다. 『사기』의 원래 이름은 『태사공서(太史公書)』였다. 태사공은 사마천의 관직인 태사령(太史令)의 존칭이다. 중국의 학술 분류상 자신의 이름이나 직책을 사용하는 경우는 제자백가의 범주에 속한다. 후세 역사의 관점에서 『사기』를 읽으면 사마천의 참뜻을 제대로 파악하기 힘들다. 항우를 '본기'에 넣었다느니 공자를 '세가'에 안배했다느니 비판하는 것은 사실상 『사기』의 성격이 제자백가, 즉 개인적인 저술임을 간과한 논평이다.

추천할 만한 텍스트

『사기 본기』, 사마천 지음, 이인호 편역, 사회평론, 2004.
『사기』, 사마천 지음, 이인호 엮음, 살림출판사, 2004.
『사기 열전』, 사마천 지음, 김원중 옮김, 을유문화사, 2002.
『사기』, 사마천 지음, 정범진 외 옮김, 까치출판사, 1995.

이인호(李寅浩)

한양대학교 중국학부 교수.
1958년 전남 장성 출생이다. 고려대학교 시절 은사 이동향 선생의 추천으로 『사기』를 처음 접했다. 궁형을 당하고도 묵묵히 참으며 『사기』를 완성했던 사마천을 존경하여 사마천 연구에 일생을 바치기로 결심하고 졸업 후 타이완으로 건너가 국립 타이완 대학교와 국립 타이완 사범대학교에서 사마천과 『사기』 연구로 각각 석사 및 박사 학위를 받았다.
『인터넷 플러스 중국』(공저), 『중국 - 이것이 중국이다』(2002), 『나는 중국어도 인터넷으로 배운다』(2002), 『논어 30구』·『장자30구』(2003), 『사기본기』(2004), 『사기』(2004) 등의 저서와 관련 논문 30여 편이 있다.

어떤 사람은 당시에 "주(周)나라 왕실은 미약하고 삼진(三晉)은 강성하니 비록 허락하지 않으려 했더라도 그것이 가능하였겠는가?"라고 합니다. 이는 크게 그렇지 않습니다. … 천자에게 요청하지 않고 자립하였다면 패역(悖逆)한 신하가 되는 것이고, 천하에는 진실로 제(齊)나라의 환공(桓公)이나 진(晉)나라의 문공(文公) 같은 군주들이 있어서 반드시 예(禮)와 의(義)를 받들며 이들을 정벌했을 것입니다. … 천자의 명령을 받아서 제후(諸侯)로 된 것인데, 누가 이들을 토벌할 수 있겠습니까? 그러므로 이들 삼진(三晉)이 제후의 열(列)에 있게 된 것은 이들 세 사람이 예(禮)를 파괴한 것이 아니고 바로 천자가 스스로 이것을 파괴한 것입니다.

사마광 (1019~1086)

중국 북송시대의 역사가이자 정치가이다. 사마광은 섬주(陝州)의 하현(夏縣) 출신인 아버지 사마지(司馬池)가 광산(光山) — 지금의 하남성 — 에 근무할 때에 관사에서 태어났는데, 아버지는 천장각(天章閣) 대제(待制)를 지냈다. 사마광의 자(字)는 군실(君實)이라고 하고 속수(涑水)선생으로 불리었으며, 죽은 다음에는 온국공(溫國公)에 봉해졌다.

20세에 진사(進士) 갑과에 합격한 뒤에 여러 관직을 거치다가 35세 때에는 뒤에 정치적으로 대립하게 되는 강서(江西) 사람 왕안석과 같이 군목사판관(群牧使判官)을 지낸 일이 있다. 그 뒤로도 개봉부 추관, 지제고를 거쳤는데 이른바 복왕(濮王)논쟁을 거치면서 파직되었다. 그 후에도 보한림학사나 어사중승의 관직을 담당하였으나, 신종(神宗)이 개혁 정치를 진행함에 따라서 왕안석이 권력을 잡았고 사마광은 실세(失勢)하였다.

원래 사마광은 영종(英宗) 치평 2년(1065)에 영종으로부터 역대의 역사를 편년체로 편찬하라는 명령을 받고 전국(戰國)시대와 진(秦)나라 시기까지를 8권으로 편찬하여 『통지(通志)』라고 제목을 붙여서 헌상(獻上)하였는데, 영종 황제는 이것을 읽고 감동한 나머지 『자치통감(資治通鑑)』이라는 책의 이름을 직접 지어 주었다.

04

제왕을 위한 책
사마광(司馬光)의
『자치통감(資治通鑑)』

권중달 | 중앙대학교 사학과 교수

통치자에게 역사기록이 왜 필요한가?

청(淸)나라 말엽에 변법자강(變法自强)운동을 펼쳤던 량치차오(梁啓超)는 『자치통감(資治通鑑)』을 '제왕의 정치교과서'라고 딱 잘라 말한 일이 있다. 글자 그대로 본다면 『자치통감』은 '잘 다스려지는 세상을 이룩하기 위한 밑천이 되는 통시대적인 거울'이라고 해석할 수 있으므로 이같이 말한 것이다. 즉, 이 책은 다른 역사책과 마찬가지로 과거에 인간들이 살아온 흔적을 기록한 것이지만, 그것에 머물지 않고 '치세(治世)의 방법'까지 찾아 낼 수 있는 책이라는 말로 해석된다.

정말로 과거에 인간이 살아온 모습이 세월이 변한 지금에도 참고가 될 수 있는가의 문제는 사람에 따라서 견해를 달리할 수도 있다.

그렇지만 인간이 일찍부터 문자를 창제하고 자기의 경험을 기록하는 문화를 발달시켜 온 것을 본다면, 인간은 성공 혹은 실패의 기억을 되살려 줌으로써 이를 미래의 생활에 참고로 삼아 보려고 꾸준히 노력한 것을 알 수 있다.

과거 인간들이 경험한 성공담이나 실패담은 유사한 사건을 직면하게 되었을 때에 행동이나 처리의 방향을 가늠하는데 도움을 줄 수 있다는 것을 알고 있기 때문이었다. 보다 많은 성공담과 실패담을 알 수만 있다면 그만큼 실패를 줄일 수 있고 성공의 길을 쉽게 찾을 수 있을 것이다. 그래서 성공한 사람은 그 성공을 잃지 않기 위하여, 아직 성공하지 못한 사람은 성공의 길을 잡기 위하여 되도록이면 많은 과거 사람들의 흔적을 알고자 했다. 그리고 이것이 곧 역사책을 편찬한 이유일 것이다.

특히 지배자가 된 사람은 그 성공만큼 이를 지키고자 하는 열망이 강하여 과거 사건을 기록·정리하는 데 관심을 기울였으며 그래서 그 작업을 위한 재정적 뒷받침을 해 준 예가 많다. 이미 성공했다고 할 수 있는 제왕들이라도 과거에 세워졌던 많은 왕조가 또한 모두 멸망의 길을 걸었다는 사실을 알고는 두려움을 느꼈을 것이다. 멸망해 가는 제왕이 자기 딸을 부여안고 "네가 제왕의 집안에 태어나지 않았다면 얼마나 다행이었겠는가?" 하고 부르짖는 비참한 운명을 보았다면 더욱 심각한 두려움을 느낄 수도 있었을 것이다.

성공할 수도 있고 실패할 수도 있는 미래를 어떻게 대비할 것인가를 생각하게 되었을 때 주저 없이 과거의 사건 속에서 성공과 실패의 흔적을 전부 알아보고 싶었을 것이다. 그리하여 동아시아에서는 일찍부터 기록 문화가 발달하였고, 역사라는 이름으로 쓰인 책도 계속적으로 많이 나온 것이다. 여기에 소개하는 『자치통감』 역시 이러한 정신에 입각하여 11세기에 북송 황제의 적극적인 지원과 사마광(司馬光)이라는 위대한 역사가에 의하여 완성된 역사책이다.

산더미 같은 역사책을 언제 다 읽겠는가?

동아시아인들은 일찍부터 인간이 경험한 과거의 사실은 현재를 살아가는 사람들이 당면한 현실 문제를 해결하는 데 지혜를 제공하고 참고가 된다는 사실을 터득한 것 같다. 그러기 때문에 동아시아인들은 일찍이 문자를 발명하고, 끊임없이 자기들의 경험을 기록하여 왔다. 동아시아에 남겨진 기록물은 세계 어느 지역보다도 많다는 것에서 이를 알 수 있다.

동아시아에서 발견된 방대한 은대(殷代)의 갑골문(甲骨文)이나 주대(周代)의 금석문(金石文)들도 그러한 예에 속하지만, 기원전 5~6세기의 춘추시대에 이르면 이미 개인 능력으로는 그 많은 유용(有用)한 기록들을 다 볼 수 없을 정도로 많아졌던 것으로 보인다.

성인(聖人)으로 추앙받는 춘추시대의 대학자인 공자는 스스로 "육경(六經)을 산술(刪述)했다"고 했다. 6경(經)이란 유가(儒家)에서 숭앙하는 여섯 개의 경전으로 역(易), 서(書), 시(詩), 예(禮), 악(樂), 춘추(春秋)를 말하는 것이고, 산술은 새로이 창조한 것이 아니라 필요 없는 부분을 잘라 내어 서술(敍述)하였다는 뜻이다. 그렇게나 위대한 공자가 6경을 지은 것이 아니라 편집했다는 말이다.

　시(詩)를 예로 설명해 본다면 실제로 공자가 탄생하기 훨씬 이전부터 많은 사람들에 의하여 쓰인 시(詩)가 3천여 개나 있었던 것으로 보인다. 이 시를 다 읽는 것은 아주 유용하겠지만 그것은 많은 시간이 걸리는 어려움이 있었다. 따라서 보다 짧은 시간 안에 이들 가운데 내포되어 있는 의미를 놓치지 않을 수 있는 방법을 모색하게 되었던 것이다. 남겨진 기록의 의미를 알아차리면서도 시간을 절약할 수 있는 두 마리의 토끼를 다 잡을 수 있는 방법을 찾는다는 것은 결코 쉬운 일이 아니다. 그런데 공자는 이 3천여 편을 정리하여 3백 편을 선별하였는데, 이것만으로도 전체의 뜻을 파악할 수 있게 되었다. 그러므로 공자는 저작(著作)을 하지 않고 단지 산술(刪述)하였다고 하더라도 충분히 훌륭한 학자로 추앙될 수 있었던 것이다.

　그렇다고 산술(刪述)이란 것이 완전한 방법은 아니었다. 기존에 있던 자료를 취사선택할 때에는 작업하는 사람의 기준과 안목이 대단히 중요한 것이다. 공자같이 상당한 수양을 하였고 높은 안목을 가진 사람이 산술한 경우를 제외하고, 편협한 시각으로 자료의 선별작업을 한다면 이것은 독자들을 오도할 수 있는 여지가 생기는 것이다.

　이제 기록자의 생각이 많이 투영되지 않은 채 객관적으로 사실을 잘 정리만 해 주고, 사건에 대한 판단을 독자에게 돌려주어야 한다는 의견이 나타났다. 그 첫 번째의 사람이 사마천(司馬遷)이고, 그가 쓴 『사기(史記)』가 바로 있는 사실을 일목요연하게 잘 정리하되 객관적으로 기록하여 준 역사책이다.

이러한 역사 편찬의 방법은 아주 훌륭한 것으로 인정받게 되어 청나라 때까지 계승되었으며, 황제에 의하여 '올바른 역사'라는 흠정(欽定)을 받아 정사(正史)라고 일컫게까지 되었다. 모두 25종으로 된 『이십오사(二十五史)』가 그것이다.

이것들은 모두 정제된 기록이었다. 그렇지만 정제되었다고 하여도 시간이 지남에 따라 엄청난 분량이 쌓이게 되었다. 마치 은나라 시대 이후에 만들어진 기록이 춘추시대에 이르면 너무 많아서 감당하기 어렵게 된 경우가 재현되었다고도 할 것이다. 어떠한 방법으로든지 다시금 공자처럼 적게 읽고도 모든 내용을 파악할 수 있도록 재편집한 역사책을 만들어야 했다.

사마광이 『자치통감』을 완성한 후 송나라 신종(神宗)에게 올린 표문에는 이러한 문제의식이 잘 표현되어 있다.

> 늘 걱정하던 것은 사마천의 『사기』와 반고의 『한서』가 나온 이후로 역사책들이 번거로울 정도로 많다는 것이었습니다. 그러기에 아무런 벼슬 없이 포의(布衣)를 입고 사는 선비조차 이 많은 책을 두루 읽지 못하는 실정입니다. 그런데 하물며 인주(人主)께서는 하루에 만 가지의 일을 처리해야 하는데 어느 겨를에 두루 읽겠습니까?

사실 사마천이 『사기』를 편찬한 이후로 계속하여 정사가 출현하였고, 송나라 사마광(司馬光)이 살던 시대에 이르면 정사만 이미

17개가 나왔고, 그 분량은 1,651권이나 된다. 이렇게 많은 정사는 아무리 많은 금과옥조(金科玉條)가 들어 있다고 해도, 읽을 시간이 없는 사람들에게는 이미 시렁 위에 올려놓은 묵은 휴지더미나 다를 바가 없게 되었다.

『자치통감』의 저자 사마광은 전국시대부터 당나라 말기를 지나 오대(五代)가 끝나는 1,362년간 — 기원전 403년부터 서기 959년까지 — 의 긴 과정을 총 294권의 책으로 정리하였다. 그동안 나온 정사와 비교하여 보면 5분의 1밖에 안 되는 분량인 것이다. 그러면서도 중요한 내용은 빠뜨리지 않은 놀라운 저력을 발휘했다.

기록하는 방법에서 『사기』 등 기전체(紀傳體)[1]를 버리고, 시간의 흐름에 따라 기록하는 편년체(編年體)[2]의 방법을 사용하였기 때문이다. 즉 인물 중심으로 기록하여 같은 내용을 중복하여 기록할 수밖에 없는 기전체의 단점을 고쳐서 시간의 흐름에 따라 일어난 사건을 종합적으로 기록한 것이다.

이러한 방법은 역사를 마치 대하소설처럼 읽을 수 있도록 만들어

---

[1] 역사를 제기(帝紀)와 열전(列傳)을 중심으로 썼다고 하여 기전체라고 하였다. 제왕을 지낸 사람을 제기에 넣고, 그 외에 후대에 알릴 만하다고 판단되는 사람을 골라서 이를 다시 여러 개로 분류하여 개인 또는 한 부류의 역사를 기록하는 방법으로 쓰인 역사 서술이다. 물론 곁들여서 지(志)와 표(表)를 써서 역사의 전체 모습을 볼 수 있게 하였다.

[2] 역사를 시간의 흐름에 따라서 기록하는 방식이다. 여기서 중요한 것은 시간을 잡는 기준이다. 대체적으로 통일 왕조의 임금을 기준으로 하는데, 연호가 있으면 연호를 사용한다. 그런데 통일 왕조가 없이 분열된 시대일 경우에 어느 왕조를 중심으로 시간을 기록할 것이냐의 문제가 나오고, 여기에 정통성 문제가 제기된다.

서 독자들을 흡인하는 역할까지 하였다. 게다가 당송(唐宋)시대에 발달한 고문부흥(古文復興) 운동과 짝하여 잘 다듬어진 훌륭한 문장으로 씌어져 있어서 더욱 많은 사람들의 주목을 받았다.

누가 『자치통감』을 인정했나?

중국을 통일하고 1949년에 중화인민공화국을 창건한 마오쩌뚱(毛澤東)은 국민당 정부의 쟝제쓰(蔣介石)와 전투를 하면서 대장정이라는 긴 여정(旅程)을 거친 파란만장한 인물로 알려져 있다. 그 마오쩌뚱은 『자치통감』을 무려 17번이나 읽었다고 한다. 그는 이미 청소년 시절인 후난(湖南)성립 제일중학교 시절에 후루린(胡汝霖) 선생으로부터 이 책을 받아 읽고,「상앙(商鞅)이 나무를 옮겨 놓고 신의(信義)를 세운 것에 대하여 논함」[3]이라는 글을 써서 당시 후난(胡南) 제일중학에서 큰 반응을 일으켰다고도 전해진다.

그때부터 이 책을 항상 책상머리에 두고 구두점(句讀點)을 찍어 가면서 읽다가 중요한 대목이라 생각 되는 부분에는 선을 긋기도

---

3) 이 내용은 『자치통감』 권2에 실려 있다. 상앙이라는 사람은 법가(法家) 사상가로 위(衛)나라에서 진(秦)나라로 갔다. 그리고 진왕에게 유세하기를 정부가 정한 법률을 백성들이 확실히 믿어 줄 적에 국가의 정책은 백성들에게 시행될 수 있다고 하면서 정부가 믿음을 받는 방법을 제시하였다. 그것은 세 길 되는 장대를 남쪽 문에 갖다 놓고 "이것을 북쪽 문까지 옮기는 사람에게 50금(金)을 주겠다"고 방을 붙이라는 것이었다. 장대 하나를 남문에서 북문까지 옮기는데 50금(金)이라는 막대한 돈을 준다는 것은 일반인들에게는 믿기지 않는 것이었다. 그런데 어떤 사람이 시험적으로 옮겼더니 정부에서 정말로 그 돈을 주었고, 그 이후로 백성들은 정부의 말은 거짓이 없다고 믿게 되었다는 내용이다. 이 글을 읽고 논평한 것이 마오쩌뚱의 글이었다.

했다는데, 그렇게 한 것들을 정리하여 1956년에 중국의 고적(古籍)출판사에서는 출판하기도 했다. 그는 『자치통감』을 "아주 대단히 훌륭한 책"이라는 찬사를 아끼지 않으면서 장교들에게도 적극적으로 읽도록 권고했다고도 한다.

『자치통감』의 가치를 알았던 사람은 비단 마오쩌뚱만이 아니었고, 그 이전에도 벌써 이 책에 대하여 주목한 사람은 많았다. 이 책을 저작하라고 사마광에게 명령했던 북송시대의 영종(英宗)은 정작 이 책이 완성되는 것을 보지 못하고 죽었으므로 책에 대한 평가를 할 수 없었다. 그의 아들인 신종(神宗)이 완성된 이 책을 헌정(獻呈) 받았는데, 저자 말고는 『자치통감』을 처음으로 본 사람이라 할 수 있다. 그는 이 책을 받아 보고 감동한 나머지 서문을 직접 써서 내려 주었고 이 글은 『자치통감』의 맨 앞에 실려 있다. 이 글에서 신종이 생각한 것의 일단을 살필 수 있다.

> 세상을 잘 다스리어 태평성대를 이룬 군왕들의 사적 속에서 그들이 근심하며 아끼는 마음을 가졌으며 충성스럽고 유익한 교훈을 갖고 있었다는 것을 알게 하였다. … 거칠고 닳고 타락한 짓을 해서 뒤집혀 위험해진 사례를 읽을 때에는 앞에 가는 수레가 실수한 것으로 상황을 판단해 볼 수 있다. 또한 혼란을 일으킨 도적이나 간사한 사건을 읽을 때면 그 속에 서리를 밟는 것과 같은 계시(啓示)가 있었다.

신종이 평가한 것처럼 『자치통감』은 중국의 역대 왕조에서 벌어진 일을 기술하였고, 그 속에는 수많은 사건과 이에 대응하는 인간

의 희노애락, 성공과 실패, 음모와 정략, 정의와 불의, 충신과 간신
의 모습 등이 잘 드러나 있다. 아마도 인간이 보여 줄 수 있는 갖가
지 형태의 행동과 생각을 거의 포함하고 있다고 보아도 무방할 정
도이다. 그래서 시대를 초월한 보편성을 가지고 있다고 할 수 있고,
따라서 그 누구에게나 어느 시대에나 사람들에게 필요한 지혜를 전
해 주고 있다.

한 사람이 아무리 많은 경험을 쌓는다고 하여도 일생 동안 『자치
통감』에 실린 그 많은 사람만큼 접촉할 수는 없다. 이 책은 사람들
의 그러한 한계를 극복하게 해 주는 것이다. 그렇다면 이 책을 읽기
위하여 1~2년의 시간을 투자한다고 하더라도 꽤 가치 있는 일인
것을 신종은 안 셈이었다.

그 후에 이 책은 판각(板刻)되어 전국적으로 널리 퍼져서, 우리
나라에까지 전달되었을 정도로 어느 시대, 어느 지역을 막론하고
문자를 터득하고 나면 바로 이 책을 읽는 것이 관례가 되었다. 지식
인이면 당연히 읽어야 할 고전이 되었고, 이 책은 중국뿐만 아니라
아시아 여러 나라에서는 오늘날까지도 변함없는 고전이 되었다.

이 책을 두고 다시 요약한 책으로 강지(江贄)의 『통감절요』는 중
국뿐만 아니라 우리나라에서도 문자를 배우고 나서 바로 접하는 책
이 되었고, 주희(朱熹)의 『자치통감강목』은 주자학을 신봉하는 사
람이면 누구나 읽는 책이 되었다. 그리고 만주족 청나라가 명나라
를 침략하였을 때 의병을 일으켰다가 실패하고 청나라 군대를 피해
일생 동안 산 속에 숨어 지내야 했던 왕부지[4]는 『자치통감』을 읽고
『독통감론(讀通鑑論)』[5]이라는 역사 평론을 저술하여 '중화적 민족

주의'의 기치를 내세웠다.

『자치통감』의 효용은 우리나라에서도 마찬가지였다. 조선 왕조의 가장 훌륭한 군주라고 칭송받는 세종은 신하들에게 명을 내려, 사람들이 『자치통감』을 보다 쉽게 읽어볼 수 있도록 훈의(訓義)[6]를 달게 했는데 세종은 직접 밤늦게까지 이 책의 교정을 보다가 안질이 생겼을 정도로 심혈을 기울였다. 완성된 다음에는 이 책을 인쇄하여 전국에 배포하였는데 이것이 우리나라의 사정전(思政殿)본 『자치통감훈의』이다. 그리하여 학동들은 서당에서 이 책을 읽으면서 내성외왕(內聖外王)[7]의 이상을 키워 나갈 수 있었다. 그리고 인재를 선발하는 과거 시험의 과목에도 이 책은 포함되었다.

사마광은 왜 혁명론자인 왕안석과 대립했나?

이 책의 저자 사마광은 서기 960년에 건국된 북송시대의 인물이다.

---

4) 왕부지(1619~1692)는 양자강 유역 형양 사람이다. 1644년에 북경이 만주족의 청나라에 함락되자 의병을 일으켜서 이에 대항하다가 산 속에 숨어 들어서 계속적으로 청나라에 대한 반대의 글을 썼던 사상가이다. 그가 청나라를 피하여 숨어 들어가서 살던 곳이 마치 배와 같다하여 그를 선산(船山)선생이라 하고, 또 산 속에서 생강을 심어 먹었다고 하여 강재(薑齋)선생이라고 불리기도 한다.

5) 모두 30권으로 되어 있다. 이 책 이름을 해석한다면, "자치통감을 읽고 평론하다"라는 의미가 된다. 조국 명나라가 만주족인 청 왕조에게 멸망당하는 위기의 시대를 살았던 왕부지가 『자치통감』을 읽고 위기를 극복하는 방안을 역사 평론의 형식으로 쓴 책이다.

6) 어려운 단어나 용어의 뜻을 쉽게 풀어 쓰는 작업을 말한다.

7) 사람은 자기 마음으로는 성인이 되기를 힘쓰고, 대외적으로는 모든 사람이 잘 사는 왕도 정치가 실현되도록 노력하는 것을 말한다.

그가 태어난 것은 송나라가 건국된 지 60년쯤 되는 해였다. 그리고 그가 죽은 지 60년쯤 되는 해인 1126년에는 북송의 휘종(徽宗)과 흠종(欽宗)이 거란에 붙잡혀 가게 되고, 겨우 남쪽에서 남송이 세워지게 된다. 따라서 사마광은 북송시대의 한 중간을 살았던 사람이다.

사마광이 살았던 북송시대는 문운(文運)이 빛난 시기였다. 역사에서 사마광은 구법당의 영수로 알려져 있는데, 신법당의 영수(領袖)로 알려진 왕안석(王安石)은 그보다 2세 아래이고, 철학 분야에서 상수학(象數學)으로 역사철학을 확립한 소강절(邵康節)은 8세 위였으며, '태극도설(太極圖說)'을 지어서 성리학의 우주론을 설명한 주렴계(周廉溪)는 2세 위였다. 그 뒤를 이어 기론(氣論)을 세운 장횡거(張橫渠)는 2세 아래였으며, 이기론(理氣論)을 정리한 정명도(程明道)와 정이천(程伊川) 형제는 그보다 각각 11세와 12세 아래였다.

또한 정치 분야에서 황제를 잘 보필한 명신(名臣)으로 알려진 한기(韓琦)는 10세 위였고, 부필(富弼)은 14세 위였으며, 문언박(文彦博)은 16세 위였다. 그리고 구양수(歐陽修)가 11세 위였고, 당송팔대가의 한 사람인 증공(曾鞏)과는 동갑이었으며, 소식(蘇軾)은 17세 아래였다. 이와 같이 오늘날까지도 그 명성을 떨치는 사람들이 이 시기에 집중적으로 등장했던 것이다.

이 시기에 이렇게 많은 명사가 배출된 것은 당나라 말 이후, 약 150년간의 절도사들의 등장[8]과 혼란과 분열의 연속을 마감하고 "술잔에 군권(軍權)을 녹여 버린" 송나라 초의 문치(文治) 정책의 결과였다. 게다가 큰 전쟁이나 수재(水災), 한재(旱災)도 없어서 물질적인 풍요를 누릴 수 있었던 시대였기 때문이다.

그러나 이 무렵에는 새로운 문제도 싹트고 있었다. 그 동안 중국은 전통적으로 황하 유역 출신 인사들이 정치를 주도하여 왔으나, 그 양상이 달라졌다. 서북 지역에서 이민족(異民族) 왕조와 대치하는 상황이 지속되니 새로운 경제 구역을 개발할 필요가 있었고, 그래서 당시에 발달한 과학·기술을 이용하여 양자강 유역을 적극적으로 개발하게 되었다. 이 결과로 양자강 유역은 경제적으로는 중요한 생산 기지가 되었고, 인구도 증가하여 황하 지역에 사는 사람들의 수와 비등하게 된 것이 이 시기였다.

그 결과 과거 시험에서 양자강을 중심으로 한 동남 지역 출신 가운데 합격하는 사람이 점차 많아져서 그 숫자는 서북 지역 출신의 합격자와 비슷하게 되었다. 이것은 전통적인 우위 지역과 신흥 지역간의 세력 균형을 이루었다고 할 수도 있겠으나, 이러한 상황은 결국 정치적 헤게모니를 두고 두 지역간에 대립할 수 있는 소지를 만들어냈다.

이러한 대립 상황은 제일 먼저 외교와 국방 정책에서 나타났다. 사실 북송은 건국하면서부터 줄곧 북쪽에 있는 거란족의 요나라 그

---

8) 당나라 중기 이후에는 외족의 침입에 대비하여 번진(藩鎭)을 설치하고 그 책임자로 절도사를 두어 그 지역 안에서의 군사권뿐만 아니라 행정과 재정권까지 주며, 외족에 대비하게 하였다. 그 후에 이 절도사들은 독자적인 세력을 형성하게 되었고, 이를 막으려고 다시 절도사를 두어야 하는 상황이 진행되어 중앙의 황제권은 약화되었고, 그 과정을 거치면서 당나라는 멸망하고 오대(五代)로 이어지고 있다.

리고 서쪽에 있는 탕구트족이 세운 서하(西夏)와 대결하고 있었다. 이리하여 북송 정부는 한편으로는 군사의 숫자를 늘리면서 이를 막으려 했고, 다른 한편으로는 많은 재물을 주면서 회유하는 정책도 취하였다. 이 정책은 군비의 증가와 외족에 대한 세폐(歲幣)의 증가로 더 많은 재정이 필요했고, 이 재정적인 부담의 상당한 부분은 동남 지역에서 부담해야 했다.

이로 인하여 주도권을 잡지 못하였던 동남 지역 사람들은 불평이 늘어났다. 그런데 이 시기에 이르러 동남 지역 출신의 세력도 서북 지역의 세력과 비등해져서 전통적인 정책은 바꾸어야 한다는 주장을 할 수가 있게 되었다. 즉, 개혁론 또는 혁명론이 등장했는데, 그 대표는 왕안석(王安石)[9]이었다. 왕안석은 맹자의 사상을 근거로 들어 혁명론을 주장하였으며 새로운 법제(法制), 즉 신법(新法)의 수립을 통하여 이 목표를 달성하려 했던 것이다.

왕안석의 주장대로라면 과거부터 내려온 모든 제도와 법은 폐기하여야 했다. 그러자 그 동안 정치를 주도해 왔던 서북 지역 사람들은 당면한 국가의 문제가 반드시 전통적인 제도의 잘못에서 유래한 것이냐에 대하여 강한 의문을 제기하였다. 오히려 전통을 제대로 지키지 못하고 무너진데 그 원인이 있다고 생각하였다.

---

9) 왕안석(1021~1086)은 강서(江西) 임천(臨川) 출신으로 사마광보다 두 살 아래이고 죽은 해는 같다. 강남 지역의 과거 합격자가 증가하는 것과 짝하여 강남 지역을 대표한 새로운 정책을 제시하였고, 그것은 신법(新法)으로 나타났다. 신종시대에 재상으로 신법당을 이끌며 정치를 주도하였다가 신종이 죽고 철종이 등장하면서 파직되었다. 그는 『주관신의(周官新義)』, 『삼경신의(三經新義)』 등을 저술하였다.

왕안석(王安石)

　이러한 전통 세력의 대표자로 등장한 사람이 사마광이다. 그는 왕안석이 맹자의 혁명론을 내세웠던 것에 대하여 맹자의 스승인 공자의 이론을 내세워서 혁명론의 부당성을 주장하였다. 즉, 공자의 극기복례(克己復禮)를 내세워서 이미 무너져 버린 과거에 있었던 훌륭한 제도를 회복하는 것이 필요하다고 주장했던 것이다.

　이 두 세력을 대표한 왕안석과 사마광의 정치적 대결은 지역적 차이와 이론적 차이를 가진 비등한 세력간에 존재하는 것이었고, 이러한 상황 속에서 당시 북송 황제인 신종은 정치적인 입장을 정리해야 했다.

신종은 왜 『자치통감』의 저작을 지원했는가?
당시의 황제는 영종(英宗)의 뒤를 이은 신종(神宗)이었다. 물론 신종 또한 북송의 현안 문제를 분명히 인식하고 있었다. 정치적 역학 관계에서도 신흥 세력의 중심지인 동남 지역과 전통 세력의 중심지인 서북 지역 가운데 어느 쪽도 홀대할 수 없는 처지였다.

당면한 문제를 해결하는 데 있어서 개혁론은 부작용이 많이 있을 수 있지만 빠르게 해결할 수 있는 장점이 있었다. 반면에 전통의 회복을 통하여 당면 문제를 해결하려는 개선 정책은 효과는 더디게 나타날 수도 있지만 부작용은 최소한도로 줄일 수 있어서 안정적으로 국가를 이끌 수 있었다.

이처럼 절대적으로 우세한 주장이 없는 상황에서 황제인 신종의 선택은 어려웠다. 아울러 황제의 권위를 어떻게 더욱 높일 것이냐의 문제까지 고려해야만 했던 것이다. 신종은 우선 왕안석의 손을 들어 주어 그를 재상으로 임명하여 정치를 담당하게 하고, 사마광은 정치의 일선에서 물러나게 하였다.

왕안석은 정치를 담당하게 되자 급진적으로 법제의 개혁에 나서서 이른바 신법(新法)을 시행하였다. 그러나 역시 그 부작용 또한 만만치 않았다. 경제적 구조가 서로 다른 동남 지역과 서북 지역을 하나의 새로운 법제로 동일하게 적용하게 되니, 두 지역의 이해관계는 상반될 수밖에 없었다. 그 때문에 사마광을 비롯한 전통 세력들은 왕안석의 급진적 개혁을 강력하게 비판하고 나섰던 것이다.

신종이 취한 태도는 이 두 세력과 두 이론을 적당하게 이용하는 방법이었다. 그리하여 신종은 정치를 신법당에게 맡기고 그에 반하는 구법당에게는 견제 역할을 맡김으로써 신법당의 전횡을 막고, 그 위에 황제권의 절대화를 꾀한 것이다. 그 방법은 사마광에게 정치 일선에서는 물러나게 하는 대신 그의 소원대로 낙양에 가서 『자치통감』을 저술하게 하고, 모든 지원을 아끼지 않은 것이었다.

사마광도 왕안석의 급진적인 제도 개혁이 잘못이라는 것을 현실적으로 증명하는 길이 막힌 이상 역사 속에서 급진적 개혁이 실패한 예를 찾아내는 것으로 자기의 입장을 정리하고자 한 셈이다. 그는 구체적인 역사적 사실 속에서 급격한 제도의 변경이 오히려 혼란을 불러 왔던 예를 너무나 잘 알고 있었기 때문에 역사의 정리는 바로 자기 정치 이상을 증명하는 방법이었다.

그러므로 사마광은 정치에서 손을 뗀다고 했지만 그것은 현실정치에 참여하지 않는다는 뜻에 지나지 않으며, 오히려 역사 교육을 통하여 황제와 식자들에게 국가의 장래에 더 필요한 것을 가르쳐 주려는 고도의 정치 행위를 하려고 한 셈이다. 그래서 근 20년간을 말없이 『자치통감』의 저술에 온 정력을 기울였던 것이다.

사마광은 신종으로부터 『자치통감』을 쓰라는 명을 받고 자기의 이상을 이 한권의 역사책에 어떠한 방법으로 펼쳐 보여서 치세를 이룩하도록 할 것인지를 구상한 다음, 이 책의 저술에 매진하였다. 유서(劉恕), 유반(劉攽), 범조우(范祖禹) 등 세 사람의 도움을 받아서 모든 사료를 다 뒤지고 실을 내용을 정선하였다. 간단하게 줄이면서도 빠뜨리는 것이 없어야 한다는 상반된 요구를 충족시키는 어려운 작업이었다.

또 독자들이 그 책 속에서 지루하게 느끼지 않을 만큼 재미있게 풀어가면서 자기의 이야기를 할 수 있어야 했다. 그래서 그는 당시에 유행하는 고문부흥운동(古文復興運動)에 맞추어 아름다운 문장으로 집필해 나갔다. 또 시간의 흐름에 따라서 인물과 사건이 한데 어우러져 마치 대하소설처럼 흥미롭게 읽히는 방법을 택하였다.

결과적으로 대성공을 거두어서 1천 년을 두고도 계속 읽히고 있으며, 읽을 때면 독자가 손에서 책을 놓지 않을 정도로 불후의 명작이 되었다. 북송의 정치적 상황과 신종의 줄타기 정책으로 『자치통감』이 저술되었지만 결과적으로는 인류에게 위대한 유산을 남기게 된 것이다.

사마광이 강조한 정신은 무엇인가?
사마광이 19년간 심혈을 기울여 쓴 『자치통감』은 전국(戰國)시대부터 당나라 말까지의 장장 1,362년간의 역사를 편년체로 쓴 것이다. 이 안에서 무엇을 말하려고 했는지 좀더 살펴볼 필요가 있다. 물론 이 책의 서명(書名)을 보면 '황제에게 정치를 잘 할 수 있는 방법'을 제시하였을 것이라고 짐작된다.

사마광이 생각하는 치세(治世)의 이론을 제시하는 방법은 여러 가지였다. 원천적으로 말한다면 그가 수많은 사건 속에서 『자치통감』에 실릴 내용을 선별하는 작업부터 이미 그의 생각이 투영되었을 것으로 볼 수 있다. 그러나 만약에 그의 생각을 강조하기 위하여 특정한 부분을 편협하게 뽑아 책을 만들었다면 독자들로부터 객관적이지 못한 책이라는 평가를 받게 되고 그럴 경우 무가치한 책이 될 것이었다.

그러므로 독자들에게 가까이 다가가기 위하여서는 누가 보아도 객관적으로 기술하여야 하는 것이 역사책을 저술하는 기본적인 태도일 것이다. 사실 아무런 설명 없이 객관적으로 사건을 기술한 것만을 읽어도 독자는 자연스럽게 치세의 이론, 개인 수양의 방법을 터득할 수 있다. 사마광은 역사적 사건을 객관적으로 기록만 하여도 자기의 생각을 전할 수 있다고 생각했을지도 모른다.

그러나 사건 뒤에 숨은 깊은 이유를 설명해 주어야 할 때도 있다. 이러한 경우에 그는 객관적 사실에 대해 간단히 이유를 설명하고 있다. 그 다음으로 좀더 적극적으로 벌어진 사건의 원인을 밝히는 부분으로 '애초에'라는 말로 시작한 부분이 있다.

편년체로 쓰인 이 책에서는, 어떤 사건이 일어났고 어떤 조치를 취하였다는 객관적 사실만 기록해 가지고는 그 조치의 잘잘못이나 사건의 원인을 모르게 된다. 이를 보충하기 위하여 현재 조치된 사건과 연관 있는 예전에 있었던 사건의 연원을 기록해 주어서 독자들이 알 수 있도록 한 것이다.

더 나아가 사건을 서술하면서, 중간에 사건이나 정책을 결정한 이유를 간단히 삽입하는 것만으로는 그 조치를 취한 사람이나 혹은 정책이 옳은지 그른지를 판단하기 어려운 경우도 있다. 이때는, "신 사마광이 말씀드립니다"라든지, 서술한 사건에 대한 다른 역사가의 평론을 덧붙여서 독자들로 하여금 자기의 견해를 간접적으로 밝혔다.

　이러한 몇 가지의 방법을 통하여 사마광은 독자에게 역사를 어떻게 이해해야 하고, 또 어디에 가치를 두어야 하는지를 알아보도록 하였다. 여기에서 그 몇 가지를 추려 보자.

　첫째로 최고의 지도자는 정치의 잘잘못에 대한 책임이 있다는 것이다. 『자치통감』의 첫머리에는 주(周)나라의 위열왕이 기원전 403년에 대부(大夫) 한건(韓虔)과 위사(魏斯) 그리고 조적(趙籍)을 제후로 승격시킨 사실을 기록하고 있다. 주지하는 바대로 보통 이들 세 사람은 힘을 가지고 천자인 위열왕을 압박하여 자기들을 대부에서 제후로 승격시키게 했던 나쁜 사람들로 알려져 있다. 이들은 주(周)나라의 법도를 어기고 하극상(下剋上)을 한 무도(無道)한 사람이라는 것이다.

　그러나 사마광은 이들보다 더 나쁜 것은 위열왕이라고 평가하였다. 왜냐하면 위열왕은 힘이 없더라도 끝까지 법도를 지켜야 했다는 것이다. 위열왕이 이들에 대하여 제왕으로서의 올바른 평가를 해서 요구를 들어주지 않았다고 하여, 이들이 군사를 동원해서 하극상을 한다면 온 천하가 그들을 공격할 수 있는 상황이 벌어질 수도 있었다는 것이다. 그러나 천자인 위열왕이 이들을 제후로 임명한 것은 그들의 무도한 짓을 합법화한 것이고, 정의로운 사람들이 옳은 행동을 할 수 있는 길을 막아 버린 것이었다. 그러므로 더 큰 책임은 위열왕에게 있다는 것이다.

　둘째로 작은 이익보다는 신의를 지키는 이익이 더 크다는 것이다. 정치란 결국 백성에게 이롭게 하는 것을 목표로 하는 것이지만, 보다 큰 이익이 되는 정책을 취하여야 하며, 가장 큰 이익이라는 것은 대의명분이나 신의라는 것이다.

예컨대, 당나라와 토번은 원래 우호관계를 맺은 일이 있는데, 무종 때에 이덕유는 토번이 약해진 틈을 타서 약속을 어기더라도 토번에 속한 유주(維州)를 뺏어야 한다고 주장하였다. 그러나 당시 재상인 우승유는 작은 손해를 보더라도 이웃나라와의 약속을 지켜야 한다고 주장하였다. 사마광은 이 두 사람의 행동을 평가하면서 신의를 지켜야 한다고 주장한 우승유의 입장을 지지하였다.

셋째로는 법을 고치는 것이 능사가 아니므로 사람을 제대로 쓰라는 것이다. 사마광은 현재의 문제를 해결하기 위하여 제도의 개혁보다는 전통적인 제도의 근본 정신을 되살려야 된다고 주장하였다. 예컨대 한대에 경방(京房)과 유소(劉邵)가 과거에 내려오는 관리 평가 방법으로는 좋은 관리를 구별할 수 없으니 이 방법을 고치자고 한 일이 있었다. 이에 대하여 사마광은 "경방이나 유소가 고대의 방법을 한나라시대에 시행하지 못한 것은 근본 정신에 입각하지 않고 지엽적인 것만을 붙들고 있기 때문이다"고 하였다.

이와 관련하여 전국시대에 강한 힘을 가졌으나 결국 처절하게 실패한 지백(智伯)의 이야기를 쓰면서 지백의 실패는 바로 그가 재승덕(才勝德)[10]한 인물이었기 때문이라고 결론 내렸다. 결국 우수한

---

10) 사람은 각기 재주와 덕을 가지고 있는데, 가진 재주가 가진 덕보다 많은 경우를 말한다.

인재란 재주와 덕을 겸비한 인물이라는 것이다.

  넷째로는 역사에서 정통(正統)을 결정하기가 대단히 어렵지만 대세로 볼 수밖에 없다는 것이다. 정통(正統)이라는 것은 왕조의 계승 관계에서 대단히 중요한 것으로 인식되어 왔다. 그래서 새로이 왕조를 만들었거나, 혹은 제왕을 계승한 사람은 자기가 정통성을 갖고 있다는 이유를 내세우게 된다. 경우에 따라서는 혈통을 내세우고 혹은 자연의 섭리를 내세우기도 하며, 또는 힘을 내세우거나 영토의 넓이를 내세운다.

  그러나 이러한 것 가운데 한 가지 이유만으로 역사에서 정통성이 있다고 하기는 대단히 어렵다는 것이다. 결국은 역사의 도도한 흐름이라는 대세가 정통성의 문제를 결정하는 것이지, 혈통적 계승 관계만을 주장하는 것은 맞지 않다는 것이다.

  이 외에도 재주 있는 사람보다는 덕 있는 사람이 정치를 해야 하고, 법치가 아닌 인치(人治), 즉 법을 운영하는 사람이 제대로 되어야 한다고 주장하였다. 그러한 점에서 정치는 도덕성을 지닌 사람이 담당해야 할 것으로 본 것이다. 지도자란 사람을 제대로 알아볼 수 있는 안목을 가져야 한다는 것이다.

지금도 『자치통감』은 의미가 있는가?

오늘날은 변화가 아주 빠르다. 자고 나면 세상이 달라져서 한시도 마음을 놓고 살 수가 없다. 그래서 사람들은 아주 바쁘게 움직이면서 세상이 이렇게 빠르게 변하니 변화에 적응하지 않으면 안 된다고 하면서 오직 눈앞에 변화하는 모습을 좇아가기에 여념이 없다.

그러나 변화한다고 하는 것은 오늘날에만 특별히 새로 나타난 것이 아니라 실제로 과거 어느 시대에도 늘 있었다. 어느 한 순간에 모든 것이 한꺼번에 변해 버리고, 그 상태가 얼마간 지속되다가 다시 급격하게 변하는 것이 아니라 실제로는 눈에 보이지 않게 꾸준히 변하고 있다가 그 변화가 많이 쌓여서 어느 날 두드러져 나타나는 것뿐이다.

세상이나 역사가 꾸준히 조금씩 변하고 그것이 축적되어 변화를 실감할 만큼 되면 그제야 어느 한순간 혹은 단기간에 모든 것이 확 변한 것이라고 생각하는 사람들이 있다. 이들은 세상은 별안간에 바뀌는 것이라고 생각하기 때문에 대체로 혁명론이나 개혁론을 주장한다. 따라서 어떤 큰 힘을 가지면 세상을 확 바꿀 수 있다는 환상에 빠져서 혁명을 꿈꾸는 것이다.

사마광이 살던 시대에도 왕안석 등 신법당의 사람들은 그런 생각을 하였는지도 모른다. 그래서 그들은 "법을 고쳐라", "혁명을 해야 한다"고 주장하며 "그렇게 되면 모든 어려운 문제들이 하루아침에 해결될 수 있다"고 믿었던 것이다. 왕안석이 재상에 오른 이후 신법당은 계속하여 정권을 잡고 신법을 추진하였다. 그러나 그 결과는 어떠한가? 획기적으로 달라진 것은 없었다. 오히려 거대한 역사의 흐름에서 보면 그것은 작은 거품이었을 뿐이다.

사마광은 "인위적으로 변화시키려 노력하지 않아도 세상은 변화하고 있으며, 빨리 변혁시키려 한다고 하여 그렇게 빨리 돌아가지도 않는다. 역사는 뚜벅뚜벅 제 속도를 내며 가고 있다"고 본 것이다. 그래서 "한 순간도 쉼 없이 조금씩 변화하는 역사의 방향을 제대로 잡아 주는 작업만이 필요하다"고 생각한 것이다.

그렇기 때문에 이 변화의 원리를 역사책을 통하여 전하려고 정치 일선에서 물러나자 바로 『자치통감』을 쓴 것이다. 이 책을 통하여 그는 독자들에게 몇 가지의 메시지를 전하고 있는 것이다.

① 조급하게 변화시킬 생각을 하지 말고 원래의 제도를 만든 근본 정신에 입각하여 일을 추진하라.

② 정치인은 재주와 덕을 겸비한 사람이 제일 좋겠지만 그렇지 못하다면 재주 있는 사람보다는 덕 있는 사람을 우대해야 방향이 제대로 선다.

③ 작은 이익에 연연하지 말고, 신의를 지키는 큰 이익을 추구하라.

이처럼 전체적으로는 보수적 경향을 갖는 메시지였다. 오늘날에도 여전히 급진적 개혁을 주장하는 사람과 신중론과 보수론을 지키는 사람들이 함께 있다. 하지만 개혁하고, 서두르는 사람들이 큰 목소리를 내고 있다. 점진적 개선을 주장하면 마치 시대에 낙후된 생각같이 여기는 경우도 있다.

그러나 조급하게 변화를 추진한다면 그 부작용이 너무 많이 나타나게 된다. 예컨대 무분별한 개발이 조급한 개혁론에 의한 정책이라면 이에 따른 공해의 증가는 그 부작용이다. 빠르지는 않지만 신중하게 다각도로 검토하는 보수적 경향이 가미되어야 한다는 것을 우리는 안다.

근세기에 나타난 공산주의 혁명도 마치 혁명을 거친 다음에는 유토피아가 건설될 것으로 생각하였으나, 그 100년이 못 되어 많은

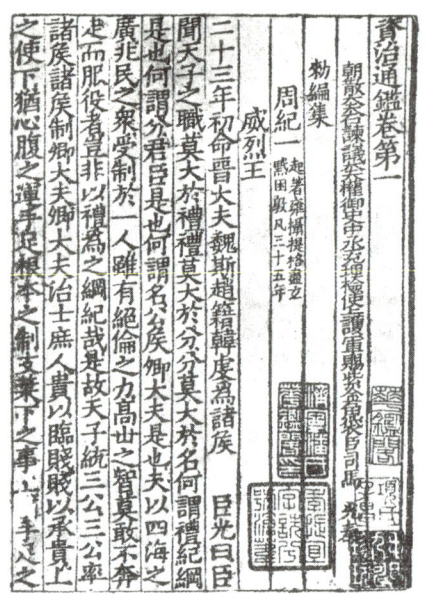

자치통감

부작용만 남기고 막을 내려가고 있다. 이것도 조급한 개혁론, 혁명론의 부작용이다. 사마광이 『자치통감』에서 주장한 것은 그러한 점에서 이 시대에 오히려 한 번 더 음미할 가치가 있는 것이다.

더 생각해볼 문제들

1. 북송 시대에 사마광과 왕안석은 각기 서북 지역과 동남 지역을 대표한다고 하였는데, 이들이 각 지역 사람들을 이끌어간 것인가? 아니면 각 지역의 요구를 이들이 대변한 것인가?

   한 사상가의 철학이나 주장은 그 개인의 사상이고 주장인 부분이 있지만 실제로는 역사 환경의 영향을 받는 것이다. 예컨대 공자가 예의를 주장하여 아무리 못난 임금이라도 임금의 명령은 존중되어야 한다는 입장을 갖고 있다면, 맹자는 혁명(革命)을 주장하여 못난 임금의 명령을 듣지 않아도 된다는 입장을 취하였다. 같은 유가(儒家)이면서 이렇게 생각이 정반대인 이유는, 공자는 춘추시대에 살았고 맹자는 전국(戰國)시대에 살았으며, 이들은 각기 그들이 살던 시대의 정신을 자기 사상에 반영한 것으로 보고 있다. 이처럼 사마광과 왕안석도 각기 자기 지역의 환경에 영향을 받아서 이러한 사상이 나온 것으로 보아야 할 것이다.

2. 왕안석과 사마광은 각기 맹자와 공자를 존중하였고, 공자와 맹자는 모두 유가인데 어떻게 이들의 사상은 그렇게 큰 차이가 나는가?

   공자가 살던 춘추시대에는 전통적으로 내려오던 주(周)나라의 질서가 다 무너진 상태는 아니었다. 그래서 노력한다면 주나라 질서의 회복도 기대할 수 있는 시대였다. 그러나 맹자가 살던 전국시대는 전통적으로 내려오던 주(周)나라의 질서는 완전히 무너져서 새로운 질서를 만드는 작업이 필요한 시대였다. 그러므로 혁명론을 주장하게 된 것이다.
   사마광과 왕안석은, 송나라 초기의 전통적인 질서가 완전히 무너졌다고 볼 것인지, 아닌지에 따라 각자 의견이 나뉜 것이라 볼 수 있다. 즉, 왕안석은 과거의 제도가 다 무너진 것이라고 보았고, 사마광은 아직은 송나라 초기의 제도가 회복될 수 있을 것이라고 판단하였던 것이다.

3. 사마광은 위(魏)나라 정통의 입장에서『자치통감』을 썼는데, 주희는『자치

『통감강목』에서 촉(蜀)나라를 정통으로 보고 있다. 이 차이는 무엇인가?

사마광이 살던 시대는 비록 요나라에게 압박을 당하고 있기는 하였지만 송나라는 중원 지역을 다 차지하고 있었다. 지역적으로나 경제적으로나 북송은 정통 왕조임을 부정할 세력은 아무도 없었다. 그러므로 삼국 시대의 정통 왕조를 정하면서 촉한의 유비가 정말 유방이나, 유수의 혈통을 이어 받은 확실한 증거를 찾지 못한 것을 고려하여 촉나라 정통론에 동조하지 아니하고, 객관적 입장에서 정통 문제를 다룰 수 있었다.

그러나 주희는 남송시대의 사람이다. 남송은 여진족의 금나라에게 중원 지역을 빼앗기고 양자강 유역에 머물러 있었다. 이러한 상황에서 국제적으로 종주국이 어느 나라인가라고 할 적에 반드시 남송이라고 선뜻 대답하기 어려운 상황이었다. 그렇다고 종주국의 명성을 포기할 수도 없는 상황이라 결국은 혈통론에 의거한 촉나라 정통론을 주장하였다. 즉 촉한의 유비는 한나라의 유방과 유수 등 유씨 왕조를 계승할 수 있는 혈통상의 정통성을 갖는다고 주장한 것이다.

추천할 만한 텍스트

『자치통감』(진시황의 중국 통일과 멸망), 사마광 지음, 권중달 옮김, 세화, 2000.
『자치통감』(한나라 전기①, ②, ③), 사마광 지음, 권중달 옮김, 푸른역사, 2002.

권중달(權重達)

중앙대학교 사학과 교수.
중앙대학교 사학과를 졸업하고 1979년에 타이완의 국립정치대학에서 「자치통감이 중국과 한국의 학술에 미친 영향」이라는 논문으로 박사 학위를 받았다. 그 후에 주로 중국의 사상사와 사학사에 관련된 연구를 진행하여 이와 관련된 다수의 논문을 발표하였다.
저서로는 『중국근세사상사연구』, 『욱일승천하는 중국의 힘, '자치통감'에 있다』가 있으며, 『자치통감』과 관련하여서는 『자치통감』(진시황의 중국 통일과 멸망), 『자치통감』(한나라 전기①, ②, ③)이 있다. 그리고 번역서로는 『중국문화대혁명 전후의 역사인식』, 『역사학연구방법론』, 『허드슨 강변에서 중국사를 이야기하다』, 『중국사의 새로운 이해』 등 다수가 있다. 2002년부터 2005년까지 한국학술진흥재단의 후원을 받아 '자치통감 역주' 사업을 주도하였고, 명청사학회 회장, 한국중앙사학회 회장을 지냈으며, 현재 한국사학사학회 회장 및 민족발전연구원 원장을 맡고 있다.

그들은 진실에 도달하려는 노력을 거의 기울이지 않으며,
비판적인 안목도 날카롭지 않은 것이 보통이다.
역사적인 정보들 가운데 오류와 근거 없는 추정은
서로 긴밀하게 얽혀 있으며, 흔히 발견되는 요소이다.
전통에 대한 맹목적인 신뢰는 인간이 생래적으로 물려받은 속성이다.
…그러나 우매함의 목초지는 인류에게 오히려 해가 될 뿐이다.
어느 누구도 진리의 권위와 맞서 싸울 수는 없으며,
거짓의 사악함에 대해서는 깨우치는 사유로써 싸워야만 한다.
보고하는 사람은 단지 받아 적어서 그대로 전달할 뿐이기 때문에,
은폐된 진리를 가려내기 위해서는 비판적인 통찰력이 필요하며,
이와 같은 비판적인 통찰력이 적용되어
진리가 찬란하게 드러나기 위해서는 지식이 요구된다.

이븐 할둔 (1332~1406)

이슬람권이 낳은 최고의 지성이자 역사가인 이븐 할둔은 1332년 북아프리카 중부에 위치한 튀니스에서 출생하여 1406년 이집트의 카이로에서 사망했다. 대대로 학자의 집안에서 태어난 그는 어려서부터 부친의 영향을 받아 학자들과 폭넓은 교유를 가지면서 장차 대학자로 성장할 수 있는 기초 소양을 쌓을 수 있었다.

그는 자신의 역사적·철학적 비전을 현실정치에 적용하기 위해 여러 지역을 전전하였으나 자신의 포부를 실현시키지 못한 채 번번히 좌절을 맛보아야만 했다. 이러한 좌절 속에서도 1375년, 북아프리카의 이븐 살라마라는 곳에 칩거하는 동안 자신의 독특한 시각으로 세계사의 흐름을 정리한 『성찰의 서』라는 책을 집필하게 되는데, 이 책의 서론을 이루는 부분이 후일 『역사서설(*Muqaddimah*)』로 알려져 후대의 많은 학자들에게 지대한 영향을 미치게 된 것이다.

05

문명 성쇠의 비밀을 밝혀낸 이슬람의 고전
이븐 할둔의 『역사서설(歷史序說)』

김호동 | 서울대학교 동양사학과 교수

이슬람권 불후의 고전

오늘날의 많은 학자들은 "투키디데스가 역사학을 창시한 사람이라면, 이븐 할둔(Ibn Khaldun)은 역사학을 하나의 과학적 학문으로 정립한 사람"이라는 평가를 내리고 있다. 사실 이븐 할둔의 글을 조금이라도 접할 수 있는 기회를 가진 사람이라면 이러한 평가가 결코 지나친 과장이나 겉치레 찬사가 아님을 쉽게 알 수 있을 것이다. 필자 역시 그의 글을 처음 읽었을 때 엄청난 충격과 감동에 휩싸였던 기억을 지금도 잊을 수 없다.

『역사서설』을 지은 할둔은 정치적 격랑이 소용돌이치던 14세기 북아프리카의 여러 곳을 전전하며 사회적인 부침과 개인적인 희비를 온몸으로 겪어 냈던 한 사람의 천재적인 사상가이자 역사가였다. 따라서 이 책은 14세기 이슬람 세계가 낳은 최고의 지성이 역사적 성찰과 종교적 영감에 따라 단숨에 완성해 낸 인류의 고전이라고 할 수 있다.

그러나 오랫동안 우리나라에서 그의 이름은 교과서적인 암기의 대상이었을 뿐, 그가 남긴 위대한 유산의 혜택을 올바로 누린다는 것은 사실상 불가능했다. 왜냐하면 고전이라고 하면 으레 유럽이나 중국에서나 만들어진 것으로 생각했던 지극히 '오리엔탈리즘'[1] 적인 편견, 다시 말해 지적인 지평을 그 너머의 세계로 확대시키려는 진지한 노력과 관심이 결여되어 있었던 것이다. 그리고 설령 그러한 관심이 있었다고 하더라도 그것을 충족시켜 줄 만한 학술적 능력이 우리에게는 준비되어 있지 않았다.

이븐 할둔의 생애와 활동

이븐 할둔은 1332년 5월 27일 북아프리카 중부의 튀니스에서 출생했다. 그의 조상은 원래 아라비아 반도 남부 해안에 거주했는데, 우마이야 왕조(661~750)가 북아프리카와 스페인으로 맹렬하게 팽창할 때 정복군의 일원으로 참여하여 스페인의 세비야라는 곳에 정착했다. 그러다가 13세기 중반 스페인의 기독교도들이 다시 무슬림(Muslim)[2] 세력을 밀어내는 소위 '재정복(Reconquista)'의

---

1) 비서구 사회를 역사적 발전의 도정에서 지체되고 일탈된 '오리엔트'로 간주하는 서구 중심의 역사관·세계관을 가리키는 말이다.
2) 문자 그대로의 뜻은 '(신에게) 투항한 사람'이라는 뜻으로 이슬람교도를 칭한다.

시대에 그의 일족은 북아프리카로 내려와 튀니스에 정착하게 되었던 것이다.

당시 북아프리카는 크게 세 개의 무슬림 국가들에 의해 분할되어 있었는데, 가장 서쪽인 페즈를 중심으로 하는 모로코 지방에는 마린 왕조(1248~1548), 그보다 동쪽에 튀니스를 중심으로 하는 이프리키야 반도에는 하프스 왕조(1229~1574), 그리고 가장 동쪽에 카이로를 중심으로 하는 이집트 지방에는 맘루크 왕조(1250~1517)가 각각 통치하고 있었다.

하프스 왕조 치하의 튀니스에서 이븐 할둔은 학자였던 부친의 영향을 받아 어렸을 때부터 학문적 소양에 필요한 기초 교육을 받았다. 그의 『자서전』에는 이 무렵 그가 이슬람의 경전인 『코란』과 예언자 무함마드의 언행을 기록한 『하디스』를 읽고 암송하면서, 아랍어 문법, 종교법, 신비주의 등에 관한 교육도 받았다고 기록되어 있다.

그러다가 15세 되던 해인 1347년 마린 왕조의 군주 아불 하산(Abul Hasan)이 튀니스를 점령한 사건이 벌어졌고, 아불 하산과 동행했던 다수의 저명한 학자들이 튀니스에 거주하며 활동하게 되었다. 특히 이븐 할둔의 집에 기거했던 아빌리(Abili)는 학구열에 가득찬 청년 이븐 할둔에게 수학과 논리학, 철학 등 다방면에 걸쳐 깊은 영향을 남겼다. 그러나 불과 2년 뒤 내외적인 어려움에 봉착한 아불 하산은 튀니스를 떠나 페즈로 돌아갔고, 이에 따라 이븐 할둔과 친했던 학자들도 모두 떠나버렸다.

게다가 그가 17세가 되던 해에는 당시 맹렬한 기세로 유럽과 중동 각지에 확산되었던 흑사병으로 말미암아 부모마저 타계하고 말았다. 그가 1354년 마린 왕조의 새로운 군주 아부 이난(Abu Inan)의 초청을 받아들여 북아프리카 문화의 중심지인 페즈로 향하게 된 것도 고통스런 기억의 장소를 떠나 새로운 활동의 무대를 찾으려고 했기 때문이었다.

이븐 할둔은 페즈의 궁정에서 공문서를 작성하는 서기로 일하게 되었지만 가문의 명성에 어울리지 않는다고 생각했기 때문에 차라리 그곳에 모여든 유명한 학자들과의 교류에 더 많은 만족감을 느꼈다. 그러나 여전히 정치적인 야심을 갖고 있던 할둔은 알제리 부근에 있는 부지에(Bugier)라는 곳의 왕자 아부 압둘라(Abu Abdulla)와 깊은 관계를 맺었다가, 그를 왕위에 앉히려는 음모 사건에 연루되어 2년간의 옥고를 치루기도 했다.

하지만 아부 이난이 사망한 뒤 새로운 군주를 옹립하는 데에 공을 세운 그는 1359년 국새장관(國璽長官)이라는 고위직을 맡기에 이르렀다. 그럼에도 불구하고 당시 북아프리카의 왕조들에게 전형적인 현상이었던 잦은 군주의 교체와 궁중 암투의 회오리는 그의 지위를 항상 불안하게 만들었다. 그리하여 그는 결국 1362년 스페인의 그라나다에 있던 무슬림 세력의 최후의 보루인 나스르 왕조(1238~1492)로 망명을 택하게 되었다.

조상들의 옛 고향 스페인으로 다시 돌아오게 된 이븐 할둔은 군주의 신임을 받으며 국정에 대한 자문을 하거나 외교 사절에 임명되기도 하였다. 당시 세비야에 체류하던 카스티유 국왕은 사절단의 일원으로 온 그에게 조상의 영지를 돌려줄 테니 자기를 위해서 일해 달라는 요청을 했으나 그는 정중하게 사양했다.

　이븐 할둔은 당시 그라나다를 통치하던 약관의 군주 무함마드 5세를 통해 그의 정치적 이상인 철인정치(哲人政治)의 길을 펼쳐 보려고 애를 썼으나, 궁정 안에서 그의 위상이 높아질수록 그에 대한 경계와 질시도 그만큼 거세어졌다. 특히 그와 깊은 지적인 교유를 나누었던 탁월한 학자이자 노회한 재상 이븐 알 하팁(Ibn al-Khatib)과의 관계는 날이 갈수록 소원해져 갔다. 하팁은 드러내놓고 적의를 표현하지는 않았으나, 이븐 할둔은 압박과 위험을 느끼지 않을 수 없었다.

　이런 상황 속에서 그에게 새로운 가능성을 열어 준 것은 과거 페즈에서 친하게 지냈던 부지에의 왕자 아부 압둘라의 초청이었다. 부지에의 통치권을 장악한 아부 압둘라가 그에게 궁정 집사의 직책을 제의했던 것이다. 이븐 할둔은 이를 받아들여 1365년 부지에로 향했다. 그러나 군주와의 관계를 통해서 이상적인 정치를 실현하려던 그의 희망은 1366년 아부 압둘라의 전사로 말미암아 이번에도 단명으로 그치고 말았다.

　그래도 미련을 버리지 못한 그는 이후 9년간 극도로 불안하고 혼란한 정치적 상황 속의 북아프리카 여러 곳을 전전하면서 자신의 꿈을 펴보려고 했지만 번번히 좌절을 맛볼 수밖에 없었다. 게다가 깊은 교분을 맺고 있던 이븐 알 하팁마저 페즈에서 교수형에 처해졌다는 소식을 접하고 나서는 현실정치에 완전히 등을 돌리고 학문과 교육에 전념해야겠다는 결심을 굳히게 되었다.

　1375년 그는 마침내 이븐 살라마(Ibn Salamah)라는 성채에서

가족과 함께 은신했고, 그곳에서 세계사의 저술에 착수했다. 후일 그는, "그러한 은거가 가져다준 영감을 통해서 놀라운 방식으로 『역사서설』을 완성했다. 그 작업이 완료될 때까지 단어와 생각들은 마치 우유가 통 속에 부어지듯이 내 머리 속으로 쏟아져 들어왔다"고 회고하였다. 그러나 그 곳에서는 활용할 수 있는 문헌들이 극히 한정되어 있었기 때문에, 세계사 저술을 완벽하게 마무리짓기 위해 그는 대도시로 나가지 않으면 안 되었다. 이렇게 해서 그는 1378년 마침내 고향 튀니스로 돌아갔고, 거기서 필생의 대작인 세계사를 완성했던 것이다.

1383년 이븐 할둔은 다시 이집트로 이주하여 맘루크 왕조의 수도인 카이로로 들어가 군주에게 자신의 저서를 헌정했다. 이미 학자로서 명성이 이슬람권에 널리 퍼져 있던 그는 대법관에 임용되어 비교적 안정된 생활을 누리게 되었으나 시련은 쉽게 끝나지 않았다. 튀니스에 발이 묶여 있던 그의 가족을 송환토록 하는 조치를 취하는 데에는 겨우 성공했지만, 그들을 태운 배가 알렉산드리아 앞바다에서 조난을 당해 모두 목숨을 잃어 버렸다. 뿐만 아니라 그의 출세와 명성을 시기하여 일어난 음모와 비방에 시달리며 대법관의 자리에서도 물러났다.

또한 1401년에는 정복자 티무르(Timur)가 다마스쿠스를 포위한 사건이 발생하자 당시 시내에 머무르고 있던 이븐 할둔은 협상단의 대표로 티무르와의 회견에 나서야만 했고, 이 자리에서 그는 도시민의 안전을 위해 투항할 수밖에 없었는데 이것이 반대파들에게 비난의 빌미를 만들어 주기도 했다. 그러나 술탄은 상황의 불가피성을 인정하고 그를 재신임하여 대법관에 임명하였다. 이로써 그는 1406년 초 여섯 번째이자 마지막으로 대법관의 직임을 부여받았으나, 그로부터 몇 주일 뒤인 3월 16일, 73세의 나이로 숨을 거두고 말았다.

『역사서설』의 구성과 내용

『역사서설』은 원래 하나의 독립적인 책이 아니라 이븐 할둔이 저술한 세계사의 서론에 해당하는 부분이다. 이 세계사의 제목은 중세 이슬람권 서적들의 이름이 그러하듯이 대단히 길다. 그것을 번역해보면 '성찰의 책. 아랍인과 페르시아인, 베르베르인 그리고 그들과 동시대에 존재했던 탁월한 군주들에 관한 초기 및 그 후대 역사의 집성'이 되는데, 그 제목을 줄여서 보통 『성찰의 책』이라고 부르기도 한다.

  이 저술은 그가 1375년부터 1379년까지 이븐 살라마라는 성채에 은신하며 집필한 것으로 모두 3부로 이루어져 있다. 제1부는 문명과 사회의 근본적인 특징을 다루었고, 제2부는 천지창조에서 집필 당시까지 아랍인들의 역사를 중심으로 다른 여러 민족들의 역사를 서술하였으며, 제3부는 북아프리카 서부의 베르베르인들의 역사를 설명하였다. 그런데 여러 민족과 지역의 역사를 통시대적으로 서술한 편년체의 세계사인 제2부와 제3부와는 달리, 문명의 본질을 다룬 제1부는 독립적인 성격을 가졌기 때문에 학자들은 『성찰의 책』 전체의 「서문」과 「서론」 그리고 제1부를 합쳐서 아랍어로 '서설(序說)'을 뜻하는 '무까디마'(Muqaddimah)라고 부르게 되었는데, 이것이 소위 우리가 말하는 『역사서설』이다.

이븐 할둔은 『성찰의 책』을 저술할 때 처음부터 「서설」을 길게 쓰려고 했던 것은 아니다. 그러나 역사의 표면에 드러난 사건들을 연대기적으로 기술하는 것만으로는 세계사의 전개 과정, 즉 왕조의 흥망과 문명의 성쇠를 올바로 이해할 수 없다는 사실을 깨닫게 되면서 그 기술 방식을 바꾸었다. 역사적 변화의 진정한 의미를 이해하기 위해서는 그 원인이 무엇인지를 알아야 하고, 그 원인을 파악하기 위해서는 그러한 원인을 배태시키는 사회와 문명의 본질에 대한 성찰이 선행되어야 한다고 확신했던 것이다.

그는 기존의 학문들, 즉 정치학·법학·신학 등 그 어느 것에서도 이와 같은 의문에 대해 적절한 해답을 얻을 수 없었다. 따라서 그 이전까지는 존재하지 않았던 '새로운 학문'이 필요하다고 생각했으며 그것을 '문명의 학문'이라고 불렀다. 그리하여 이 새로운 학문의 목적과 내용, 범위를 서술하는 과정에서 원래는 간략한 도입부에 그쳐야 할 「서설」이 길어져서 문명의 학문에 대한 방대하고 심도 깊은 논의가 그의 책 전체의 1부를 구성하게 되었던 것이다. 따라서 후대의 사람들은 후속된 제2부 및 제3부와는 별도로 『역사서설』이라는 이름으로 부르게 된 것이다.

이 『역사서설』은 크게 다음과 같은 6개의 부분으로 이루어져 있다.

1. 인간의 문명 일반
2. 전야(田野) 문명, 야만 민족과 부족에 대한 설명
3. 왕조, 왕권, 칼리프 제도, 정부 관직들에 대한 설명

4. 도회(都會) 문명과 거기에서 생기는 조건들
5. 이윤과 기술 등 다양한 생계 수단에 대한 설명
6. 다양한 학문 분야와 교육 방법

이 구성을 가만히 살펴보면 정연한 논리적 구조에 의해서 배열된 것임을 알 수 있다. 먼저 제1장에서는 인간이 집단을 이루어 생활하면서 사회를 구성하고 문명을 이룩하게 되는 당위적 조건과 전제들을 설명하고, 이어 제2장에서는 문명의 다양한 단계들 가운데 가장 원초적인 야만 민족의 상태와 그들이 형성해 놓은 전야 문명의 특징을 서술하고 있다.

'전야(田野)'란 아랍어에서 '황야', '사막', '초원' 등을 뜻하는 'badawi'를 옮긴 것으로 『역사서설』에서 매우 중요한 개념이다. 즉, 이븐 할둔은 인류의 문명을 전야 문명과 도회 문명으로 구분하고, 전자를 보다 근원적이며 후자의 토대를 이루는 것이라고 이해했다. 전야에 거주하는 주민들, 즉 유목민들은 소박·검소·강인함의 미덕을 지니고 있으며, 구성원들 사이에 존재하는 강력한 '연대의식'을 통해서 도시를 정복하고 국가권력을 만들어 낸다. 그러나 일단 국가의 지배층이 된 유목민들은 세월이 흐르고 세대가 교체되면서 본래의 강인한 품성을 상실하고 도시민의 '습관'이 몸에 배어 나약해지게 된다. '습관'은 제2의 천성으로 그들의 품성을 변화시키고 마침내 전야에 거주하는 또 다른 유목민들의 공격을 받아 왕조를 상실하게 된다. 그리고 새로운 왕조를 건설한 집단은 그 앞의 집단과 동일한 과정을 거쳐 다시 몰락의 길을 걷는다는 것이다.

제3장에서는 전야 문명을 영위했던 민족들이 그들만의 고유한

'연대의식'을 통해서 왕권을 획득하고 왕조를 건설해 가는 과정을 설명하고, 제4장에서는 왕조의 지원하에 발달하는 도회 문명의 성쇠 과정을 이야기한다. 제5장과 제6장은 도회 안에서 이루어지는 각종의 생산 활동에 대한 경제적인 분석과 함께 각종 학문의 내용과 특징에 대한 설명으로 이루어져 있다. 따라서 이 여섯 부분을 오늘날 우리 식으로 다른 이름을 붙인다면 제1장은 총론, 제2장은 문명론, 제3장은 국가론, 제4장은 도시론, 제5장은 경제론, 제6장은 지식사회학론이라고 할 수 있을 것이다.

평가와 유산

『역사서설』은 원래 이븐 할둔이 계획했던 『성찰의 책』이라는 세계사의 서설로서 집필된 것이었다. 그러나 이 책을 쓰면서 역사적 사건들의 내면에 가로놓인 인과 관계를 정확하게 인식하기 위해서는 인간의 사회와 문명에 대한 본질적인 이해가 필요하다는 사실을 깨닫고 이를 위해 그가 집대성한 '새로운 학문', 즉 하나의 심오한 문명론으로 확대되기에 이르렀다.

   서구의 근대적 학문이 체계를 잡아가면서 하나씩 형성되었던 정치학·사회학·경제학·철학·신학·교육학·인류학과 같은 학문 분야들에 대해, 이미 수백 년 전 이슬람권의 한 학자가 이렇게 체계적으로 논의한 바 있었다는 사실에 우리는 경악과 찬탄을 금할 수 없다.

   『역사의 연구』를 저술한 아놀드 토인비는 일찍이 이븐 할둔과 그의 『역사서설』에 대해서 다음과 같은 평가를 내린 적이 있다.

이븐 할둔은 자신이 선택한 지적인 활동의 분야에서 어떠한 선배로부터 영감을 받지 않은 듯하며, 자신의 동료들 사이에서도 어깨를 같이 할 만한 인물을 찾지 못했고, 어떠한 후배들에게도 영감의 불꽃을 일으키지 못했다. 그렇지만 그는 세계사에 첨부한『역사서설』속에서 독자적인 역사철학을 생각하고 형상화했는데, 그것은 이제껏 어느 곳, 어느 때, 어느 누구에 의해서 논의된 것보다 가장 위대한 작업임에는 의심할 여지가 없다.

우리는 이 인용문에서『역사서설』의 출현을 가능케 했던 이슬람권의 학문적 전통과 깊이를 송두리째 무시하는 듯한 토인비의 무단적인 편견에는 찬동할 수 없지만, 이븐 할둔의 천재성에 대한 그의 찬사는 인정하고도 남음이 있다. 오늘날 사회학이나 인류학, 역사학을 대표하는 외국의 여러 학자들이『역사서설』의 내용을 기꺼이 인용하면서 스스로를 '할둔주의자(Khaldunian)'로 자처하는 이유도 바로 이 저술의 체계적이고 치밀한 면면을 인정할 수밖에 없다는 데서 찾아볼 수 있다.

이처럼『역사서설』은 비단 이슬람권의 고전일 뿐만 아니라 인류 공통의 유산이기도 하다. 문화적 다양성이 강조되는 오늘의 시점에서 우리 동아시아의 문화적 전통과는 유리되어 있던 이슬람 세계의 진정한 고전인『역사서설』을 꼼꼼하게 음미해 보아야 할 것이다. 무엇보다도 문명의 탄생·성장·쇠퇴·몰락에 이르는 과정에 대한 이븐 할둔의 설명은 그가 살았던 14세기 이슬람 세계에만 적용되는 것이 아니라, 현재 우리들의 사회와 문명에 대해서도 시사하는 바가 많기 때문이다. 특히 사회를 변화시키고 발전시키는 동력으로서의 '연대의식'이 얼마나 중요한가에 대한 그의 지적은 이념·지역·세대 등의 갈등으로 혼란을 겪는 우리들로서는 잊지 말아야 할 경고이기도 하다.

더 생각해볼 문제들

1. 『역사서설』이 지닌 지성사적 의의는 무엇인가?

    이븐 할둔은 역사 발전의 보편적 법칙을 찾아 내려고 하였고 그러한 자신의 추구가 기존의 학문들, 즉 신학·철학·정치학 등으로는 해결될 수 없음을 깨달았다. 그래서 창안한 것이 그가 말하는 소위 '신학문'인데, 이는 역사 현상의 이면에서 그 역사를 움직이는 근본적인 힘의 실체를 밝히는 학문을 말하는 것이었다. 말하자면 역사철학과 역사를 고도의 차원에서 결합해 낸 학문이라고 할 수 있다.

2. 『역사서설』에 담긴 가장 중요한 개념들은 무엇인가?

    이븐 할둔에 의하면 인류의 문명은 '전야 문명'과 '도회 문명'으로 나뉘는데, 전자의 주체가 되는 '전야민'들은 원시적이며 역동적인 '연대의식(asabiya)'을 토대로 강한 결속력을 갖추고 도시를 정복하여 도회 문명의 주인공이 되고 그것을 더욱 발전시킨다. 그러나 그들은 오랜 도회 생활에 의해 점차 변질되면서 본래의 생명력인 연대의식을 상실한 채 또 다른 전야민들에게 굴복하고 만다. 이븐 할둔은 이러한 순환 과정이 왕조와 문명의 성쇠를 설명하는 관건이 된다고 설파했다.

추천할 만한 텍스트
『역사서설: 아랍, 이슬람, 문명』, 이븐 할둔 지음, 김호동 옮김, 까치출판사, 2003.

김호동(金浩東)
서울대학교 동양사학과 교수.
서울대학교 동양사학과를 졸업하고, 미국 하버드 대학교에서 박사 학위(내륙아시아 및 알타이학)를 취득하였다.
주요 논저로는『근대 중앙아시아의 혁명과 좌절』(1989),『황하에서 천산까지』(1999),『유라시아 천년을 가다』(2002, 공저),『동방기독교와 동서문명』(2002) 등이 있고 역서로는『유목사회의 구조』(1990),『칭기스칸』(1992),『유라시아 유목제국사』(1998),『마르코 폴로의 동방견문록』(2000),『이슬람 1400년』(2001),『부족지』(2002),『칭기스칸기』(2003) 등이 있다.

흠명천황 13년 10월 백제의 성명왕 — 혹은 성왕이라고도 한다 — 이,
서부 달솔 희씨 노리사치계를 보내어 석가불 금동상 1구와 깃발,
경전 여러 권을 보냈다. 그리고 따로 글을 올려 이렇게 말했다.
"이 법은 많은 법 중에서 가장 뛰어난 것입니다.
주공과 공자도 알 수 없을 정도로 이해하기 어렵고
또한 입문하기 어려운 것이지만, 끝없는 행복과 과보를 가져다 주며,
사람들을 더없는 깨달음의 경지로 이끌어 줍니다.
이 묘한 보물과도 같은 가르침은 뜻하는 대로
이루어 주는 여의주와 같은 것으로, 원하는 것은 모두 이룰 수 있고,
자유롭지 않는 것이 없습니다."

『일본서기』의 저자

『일본서기』는 한 명의 저자가 편찬한 책이 아니라 여러 사람들이 함께 편찬한 책이고 또한 기획 단계로부터 완성 단계에 이르기까지 상당히 복잡한 과정을 거쳤다. 최종적으로는 720년에 사인친왕(舍人親王)이라는 사람이 완성하여 천황에게 바친 것으로 되어 있지만, 실질적인 편찬자는 일본인을 비롯하여 중국인들도 포함되어 있었다고 한다.

06

'왜(倭)'의 역사가 아닌
'일본국(日本國)'의 역사를 쓰다
『일본서기(日本書紀)』

이근우 | 부경대학교 사학과 교수 겸 박물관장

『일본서기(日本書紀)』의 사료적인 성격을 생각할 때 중요한 점은 720년에 완성되었다는 사실이다. 『일본서기』는 고대인들이 고대의 역사를 정리한 것이다. 이에 대해서 『삼국사기(三國史記)』는 1145년, 즉 중세에 들어서 고대의 역사를 최종적으로 정리한 것이라고 할 수 있다. 그렇기 때문에 『삼국사기』를 편찬하는 과정에서 김부식 등은 고대인들의 사고방식은 불합리한 것이거나 비이성적인 것으로 간주하고, 그러한 내용들을 자신이 합리적이라고 생각하는 언어로 바꾸어 놓은 경우가 적지 않다. 그러므로 오히려 『일본서기』의 내용을 통해서 고대인들의 사유에 보다 접근할 수 있다.

『일본서기』와 『삼국사기』를 비교해 보면, 『일본서기』는 역대 왕을 중심으로 한 이른바 '본기(本紀)'만 있고, 여러 인물들의 전기를 기록한 부분이나, 특정한 주제를 중심으로 정리한 '지(志)'가 없다. 예를 들어 김유신, 연개소문 같은 인물들을 중심으로 한 열전(列傳) 그리고 지리지(地理志), 직관지(職官志)와 같이 특정한 주제를 중심으로 한 지(志)를 세우지 않은 것이 『일본서기』의 특징이라고 할 수 있다.

한편 『일본서기』는 일본국이라는 새로운 나라 이름을 짓고 또 그 지배자의 이름을 천황(天皇)이라고 정하여 스스로 일본국을 중국과 대등한 제국(帝國)으로 인식한 한편, 고구려와 백제, 신라와 같은 나라들을 일본국에 조공하는 제후의 나라로 간주하였다. 따라서 『일본서기』를 보면, 한반도의 삼국이 일본국에 종속된 국가로 묘사된 부분들을 도처에서 찾을 수 있다. 그렇다고 해서, 『일본서기』의 전체 내용을 허구로 간주할 수는 없다. 백제가 여러 가지 선진 문물을 일본 열도에 전한 사실이나, 가야의 여러 나라가 멸망해 가는 과정에서 있었던 일들에 대해서 『일본서기』는 상세하게 기록하고 있기 때문이다. 복어에 독이 있다고 해서 우리가 복어를 버리지는 않는 것처럼, 『일본서기』의 부정적인 측면이나 일본 중심적인 편향성을 고려하는 동시에, 그 속에 기록되어 있는 내용들 가운데 우리의 고대사 연구에 필요한 자료들은 적극적으로 연구해야 한다. 이제 『일본서기』의 기사가 갖는 의미를 좀더 구체적으로 살펴보도록 하자.

위서(僞書)로 비난받아 온 『일본서기』

『일본서기』는 720년에 편찬된 일본 최초의 사서이며, 이 세상의 생성 및 일본의 건국 신화를 담고 있는 신대(神代)에서 시작하여, 697년 지통천황(持統天皇)이 사망한 해까지의 역사를 연대순으로 기록한 통사(通史)이다. 7세기 이전의 일본 역사를 기록한 사서이므로 『고사기(古事記)』와 더불어 일본 고대사 연구의 핵심적인 사료라고 할 수 있다.

그러나 『일본서기』에 대한 우리 학계의 인식은 그것이 단지 일본의 역사책이라는 데서 끝나지 않는다. 그 책에는 한반도와 관련된 많은 기록이 있으며 그 중에는 이른바 '임나일본부설(任那日本府說)'의 근거가 되는 내용도 들어 있기 때문이다. 임나일본부설이란, 야마토(大和) 왕권이 4세기 중반부터 6세기 중반까지 한반도 남부를 지배하였다는 내용으로서 일본 학계의 해묵은 주장이다. 그런 까닭에 일각에서는 이 책을 후대에 조작된 사서라 하여 비판하기도 하고, 터무니없는 내용을 담은 이야기책으로 간주하기도 한다. 따라서 『일본서기』 자체에 대한 연구는 물론이고, 그 속에 인용되어 있는 한반도 관련 기사에 대한 연구도 극히 한정될 수밖에 없었다.

이러한 상황은 우리나라에 『일본서기』의 학술적인 번역서가 존재하지 않는다는 점에서 알 수 있다. 문제가 되는 텍스트의 번역이야말로 본격적인 연구의 출발점이라고 할 수 있지만. 아직까지 누구도 학술적인 번역을 내놓지 않은 것이다. 이처럼 우리나라에서는 몹시 냉대받는 책이지만, 그러나 일본에서는 고대사를 연구하는 데 빼놓을 수 없는 가장 중요한 사료로 대접받고 있다. 유명한 역사책이면서도 우리나라에서는 중국의 『사기』나 『한서』처럼 고전으로 인정받지 못하고 있는 셈이다.

『일본서기(日本書紀)』

　일반적으로 고전은 인간의 삶이나 인간성에 대한 깊은 통찰을 담고 있어서 우리에게 감명을 준다. 하지만 사서에 기록되어 있는 내용은 인간의 과거사를 특정한 의도에 따라 편집하고 정리한 것이어서 역사적 사실이 아닌 경우도 있다. 그러므로 그냥 읽는 것으로 끝날 수는 없고 다른 사료와 비교하거나 내용의 일관성 및 정합성을 따져 본 연후에, 그것이 과연 역사적인 사실인가를 판단하는 절차를 거쳐야 한다.

성왕은 어떻게 죽었을까?

흔히 우리가 생각하는 것처럼 『일본서기』는 과연 황당무계하기만 한 사서일까? 몇 가지 예를 통해서 『일본서기』의 사료적인 성격을 짐작해 보고자 한다. 『삼국사기』의 「신라본기」 진흥왕 15년(554) 조에는 다음과 같은 기사가 있다.

> 가을 7월에 명활성을 수리하여 쌓았다. 백제왕 명농(明禮) — 성왕을 가리킨다 — 이 가량(加良)과 함께 관산성 — 현재의 옥천 — 을 공격해 왔다. 군주(軍主) 각간 우덕과 이찬 탐지 등이 맞서 싸웠으나 전세가 불리하였다. 신주(新州)의 군주 김무력이 군사를 이끌고 나아가 교전함에, 비장 삼년산군의 고우도도(高于都刀)라는 사람이 급히 쳐서 백제왕을 죽였다. 이에 모든 군사가 승세를 타고 크게 이겨, 좌평 네 명과 군사 2만 9천6백 명의 목을 베니, 한 마리 말도 돌아가지 못했다.

이 기사와 대응하여, 『삼국사기』의 「백제본기」에는 다음과 같이 기록하고 있다.

> 가을 7월에 왕은 신라를 습격하고자 하여 친히 보병과 기병 50명을 거느리고 밤에 구천에 이르렀다. 신라의 복병이 일어나자 더불어 싸웠으나 복병에게 해침을 당하여 죽었다. 시호를 성(聖)이라고 하였다.

이 두 기사의 내용은 같은 해의 일이며 동시에 성왕의 죽음을 이야기하고 있지만, 구체적인 스토리에서는 적잖은 차이가 있다. 아래의 표에서 볼 수 있는 것처럼 「신라본기」에서는 백제군과 가라군이 합세하여 관산성을 공격하였고 거기에 주둔하고 있던 신라군은 위기에 빠졌다. 이를 구원하기 위하여 우리가 잘 아는 김유신 장군의 조부이자 현재의 서울 부근 군사권을 통할하던 군주였던 김무력까지 관산성 전투에 참여하는 등 신라의 위기 상황이 선명하게 드러나 있다.

그런데 「백제본기」의 내용은 사뭇 다르다. 신라를 습격하기 위하여 성왕이 동원한 병력은 보병과 기병을 합해서 50명에 불과했다는 것이다. 아무리 무예가 출중하다고 하더라도 50명의 병력으로 관산성을 위기에 빠뜨릴 수 있었을까? 또 그처럼 보잘것없는 병력으로 신라를 습격하고자 한 성왕은 제정신이라고 할 수 있을까? 두 가지 기사를 비교해 보면, 성왕의 죽음이 공통적인 내용으로 들어 있기는 하지만 동일한 사건을 기록한 것으로 보기는 어렵다.

	신라본기	백제본기	비교
연대(554)	진흥왕 15년	성왕 32년	일치
병력	백제군+가라군	보기(步騎) 50명	불일치
장소	관산성(옥천)	구천(狗川)	불일치
전세	신라가 불리했음	신라의 복병을 만남	불일치
성왕 살해자	고우도도(高于都刀)	난병	
결과	좌평 4명, 3만 명 전사	성왕의 죽음만 기록	불일치

성왕은 전쟁을 하러 간 것이 아니었다

그런데 서로 모순적으로 보이는 두 가지 기사를 이해할 수 있는 단서를 제공하는 것은 다름 아닌 『일본서기』이다. 우연찮게도 성왕의 죽음에 대해서 자세히 기록하고 있기 때문이다. 다음은 흠명(欽明) 15년(554) 겨울 12월의 기사이다.

여창(餘昌)이 신라를 치고자 꾀하였다. 기로(耆老)들이 간하기를, "화가 미칠까 두렵습니다"고 하였다. 여창이 말하기를, "늙었도다. 어찌 겁이 많은가? 나는 대국(大國)을 섬기고 있으니, 무슨 두려움이 있겠는가?" 하고 드디어 신라국에 들어가 구타모라 요새를 세웠다. 그 아버지 명왕은 여창이 오랫동안 진영에서 고생하고 또 오랜 기간 잠과 음식을 폐하고 있을 것을 우려했다. 아버지의 자애는 성글기 쉽고, 자식의 효성은 이루어지기 힘들다고 생각했던 것이다. 이에 몸소 전장에 가서 위로하고자 하였다.

신라는 명왕이 친히 온다는 것을 듣고, 나라 안의 병사를 모두 내어 길을 끊고 쳤다. 이때 신라는 좌지촌의 말을 먹이는 노예 고도(苦都)에 말하기를, "너는 천한 노예이고, 명왕은 유명한 군주다. 이제 천한 노예로 하여금 유명한 군주를 죽이게 하고 그 사실을 후세에 전하여 사람들의 기억에서 잊혀지지 않도록 하겠다"고 하였다. 드디어 고도는 명왕을 붙잡고, 두 번 절하고 말하기를 "청컨대 왕의 목을 치겠습니다"고 하였다. 명왕이 대답하여 말하기를, "왕의 머리는 노예의 손으로 자를 수 없다"고 하였다. 고도는 말하기를, "우리나라의 법에 의하면 맹세한 바를 어기면 비록 국왕이라고 하더라도, 마땅히 노예의 손으로 죽일 수 있습니다"고 하였다.

이 기사의 전후에도 관산성 전투에 대한 내용이 연결되어 있어서, 당시 전투의 정황을 소상히 알 수 있다. 즉 관산성 전투를 주도한 것은 성왕이 아니라 성왕의 태자인 여창이었다. 여창이 3만 명에 이르는 백제군과 가라군을 이끌었고 심지어는 왜의 병력까지도 참여한 것으로 보인다. 그리하여 이 전투는 백제군에게 유리하여 김무력까지 원군을 이끌고 와야 하는 상황에 이르렀던 것이다.

그런데 이러한 상황을 결정적으로 뒤바꾸어 놓은 것은 어처구니없게도 성왕의 부성애였다. 오랫동안 전쟁터에서 고생하고 있는 아들을 위로하기 위하여 50명이라는 소수의 호위병만을 거느리고 아들이 있는 관산성을 향해 출발한 것이다.

관산성 전투의 형국을 반전시키고자 신경을 곤두세우고 있던 신라군으로서는 이러한 성왕의 출현이야말로 다시없는 기회로 생각되었을 것이다. 성왕은 신라의 매복에 걸려 신라의 천한 노예의 손에 목이 잘려 죽었다.『삼국사기』의 고우도도와『일본서기』의 고도가 바로 성왕의 목을 자른 사람의 이름이다. 과연 그의 이름은 오늘날까지도 전해지게 되었다.

『일본서기』의 기사 덕택에 비로소「신라본기」와「백제본기」사이에서 나타나는 불일치 및 어색함이 일거에 해소될 수 있었다. 이처럼 백제사와 가야사에 관한『일본서기』의 기록은 일본 중심적인 것이기는 하지만, 대단히 자세한 내용을 담고 있다는 사실은 인정하지 않을 수 없다. 그렇다고 해서『일본서기』의 기록이 모두 사실인 것은 아니다. 백제와 관련된 기사의 경우에도 그러하다.

왕인은 『논어』와 『천자문』을 전하였는가?

왕인이 일본 열도에 『논어』와 『천자문』을 전하였다는 이야기는 잘 알려져 있다. 그러나 이러한 내용은 우리의 사서에 기록되어 있는 것이 아니라, 다름 아닌 『일본서기』와 『고사기』 등 일본 측의 사료에만 보인다. 그런데 『일본서기』에 왕인에 대한 기록이 있다고 해서, 그것이 의문의 여지가 없는 역사적인 사실이라고 할 수 있을까?

왕인에 대한 기록 역시도 다른, 확정되어 있는 사실들과 정합적인 관계에 있는지 확인한 연후라야 비로소 역사적 사실로 인정할 수 있을 것이다. 왕인에 대한 『일본서기』의 기록은 다음과 같다.

> 응신(應神) 15년(404?) 가을 8월 임술삭 정묘에 백제왕이 아직기(阿直岐)를 보내 양마 2필을 바쳤다. 그것을 카루(輕)의 사카노우에(坂上)에 있는 마구간에서 기르게 하고 아직기로 하여금 사육을 관장케 하였다. 그 말을 기른 곳을 우마야사카(廐坂)라고 한다. 아직기는 또한 능히 경서를 읽었다. 그래서 태자 우지노와키이라쯔코(兎道郎稚子)의 스승으로 삼았다. 천황은 아직기에게 "그대보다도 나은 박사가 또 있는가" 하고 물었다. 그는, "왕인(王仁)이라는 자가 있는데, 이 사람이 뛰어납니다"고 대답했다. 이때 카미쯔노케누노키미(上毛野君)의 조상인 아라타와케(荒田別)와 칸나키와케(巫別)를 백제에 보내어 왕인을 불렀다. 아직기는 아직기사(阿直岐史)의 시조이다. 16년(405년?) 봄 2월에 왕인이 도래하자 그를 태자 우지노와키이라

쯔코의 스승으로 삼았다. 태자는 여러 전적을 왕인에게서 배웠다. 통달하지 않은 책이 없었다. 왕인은 후미노오비토(書首) 등의 시조이다.

저명한 왕인에 관한 기사다. 그런데 이 기사에 대해서는 또 다른 전승이 있다. 바로 『고사기(古事記)』의 기록이다. 『고사기』는 『일본서기』보다 8년 전에 완성된 문헌이며 왜국 왕실의 계보와 설화들을 중심으로 일본 고대사를 엮은 책이다.

다음은 『고사기』 중권 가운데 응신(應神)에 대한 기록이다.

또한 백제국주 조고왕(照古王) ─ 근초고왕을 가리킨다 ─ 이 수말 한 마리와 암말 한 마리를 아지길사(阿知吉師)에게 붙여 공상(貢上)하였다. 또한 횡도(橫刀)와 큰 거울을 보냈다 ─ 이 아지길사라는 자는 아찌노후비토(阿直史) 등의 시조이다 ─. 또한 백제국에 명령을 내려 만약 현인(賢人)이 있으면 공상하라고 하였다. 그러므로 명을 받아 사람을 공상하였는데, 이름이 화이길사(和邇吉師)라고 하였다. 『논어』 10권과 『천자문』 1권 등 모두 11권을 이 사람을 통해 바쳤다 ─ 이 화이길사라는 사람은 후미노오비토(文首) 등의 시조이다 ─.

이 두 사료에서도 차이점이 나타나고 있다. 먼저 『고사기』에서는 아지길사(阿知吉師)를 얻은 뒤에 백제에 더 나은 인물을 바치라고 하여 화이길사(和邇吉師)를 얻게 되었다고 기록했으나, 『일본서기』

에서는 아직기에게 물어 왕인을 알게 되었다고 기록해 놓았다. 그보다도 더 중요한 차이는, 『고사기』에는 『논어』 10권과 『천자문』 1권 등 도합 11권의 서적을 명시하고 있지만 『일본서기』에서는 왕인이 태자의 스승이 되었으며 경전에 통달하지 않은 바가 없다고만 하여 책이름에 대해서는 전혀 언급하지 않았다는 점이다.

그리고 또 한 가지 주목해야 할 것은, 『논어』와 『천자문』은 왕인 개인이 전한 것이 아니라, 백제 왕의 의지에 따른 것으로 해석할 수 있다는 점이다. 다음으로 『고사기』에는 아지길사나 화이길사가 태자의 스승이 되었다고 하는 내용은 전하지 않는다. 그러므로 그것은 『일본서기』를 편찬할 때 새롭게 부가된 것으로 보인다.

그렇다면 두 사료에 나타나는 이러한 차이점들을 어떻게 이해해야 할 것인가? 먼저 사료의 성립 연대를 보면 『고사기』는 712년이고 『일본서기』는 720년이다. 그리고 『고사기』는 당시 왜국 왕실의 하급 관리였던 히에다노아레(稗田阿禮)의 암송을 바탕으로 한 것이고 문체도 일본어와 한문 혼용체라고 할 수 있다. 반면에 『일본서기』는 그보다 다소 늦게 성립되었으며 순한문체로 중국계 인물이 최종적인 윤문 과정에서 깊이 개입하였을 것이라는 주장이 최근에 제기된 바 있다.

흔히 우리가 왕인에 대해, 그가 일본에 『논어』와 『천자문』을 전하고 동시에 태자의 스승이 되었다고 이야기하지만, 그것은 『고사기』와 『일본서기』의 내용을 무비판적으로 종합한 데 불과한 것으로서 반드시 사실이라고 볼 수 없다. 사료를 통해서 과거의 사실을 복원하기 위해서는, 먼저 어떤 사료가 담고 있는 내용 중에서 어떤 것이 사실이고 어떤 것은 허구적인 내용인지를 따져야 한다.

『천자문』은 언제 만들어졌나?

왕인이 일본에 전해주었다고 하는『천자문』에 대해서 좀더 알아보자. 중국에는 역사적으로 여러 가지『천자문』이 존재해 왔다. 그 중에서 현재까지 잘 알려진 대표적인 천자문으로는 주홍사[1]의『천자문』과 소자범(蕭子範)의『천자문』을 들 수 있다. 만약 왕인이 전래한 것이 최초의『천자문』이고 그것이 현전하는 것이라면 남조(南朝) 시대 양(梁)나라의 무제 때 만들어진 주홍사의『천자문』이라고 생각할 수밖에 없다. 그리고 주홍사는 521년에 사망했으므로『천자문』의 찬술은 그 이전에 이루어졌을 것이다.

그런데『일본서기』에서 왕인이 천자문을 전래하였다는 시기는 4

---

1) 주홍사(470~521)는 중국 남조 양 무제 때 관리를 지낸 인물이다. 양 무제의 명으로 서로 다른 글자 1,000자를 사용하여 4자 250구 형태의 문장을 지었는데, 이를 천자문이라고 한다. 주홍사의 천자문에 앞서 삼국 위나라 때 종요라는 사람이 천자문을 지었고, 주홍사가 이를 운에 맞추어 재배열한 것이라는 주장도 있다.

2) 하안(?193~249)은 중국 삼국 시대의 위(魏)나라 사람이다. 한(漢)나라와 위(魏)나라의 공안국(孔安國)·마융(馬融)·정현(鄭玄)·진군(陳群)·왕숙(王肅) 등 여러 학자의『논어』주석서 중에서 좋은 내용을 모으고 다시 독자적인 견해를 덧붙여 만든 책이『논어집주』이다. 논어의 해석에 있어서 노장(老莊) 사상을 도입하였고, 방언이나 속어로 해석한 점이 특징적이다. 뿐만 아니라, 한·위나라 시대의 주석을 충실하게 채록하였다는 점에서 귀중한 자료이다.

3) 황간(488~545)은 중국 남조의 양나라 사람이다. 하안이 지은『논어집주』에 다시 주석을 단 책인『논어의소』를 편찬하였다. 자구의 해석보다는 문장의 논리를 따진 점에 특징이 있으며, 노장 사상과 불교 사상을 바탕에 깔고 있다.『논어의소』또한 양 무제 때 편찬되었다는 사실에 주목할 필요가 있다.

세기 말에서 5세기 초에 해당하므로 『천자문』이 만들어진 시기와 무려 100년 이상의 차이가 난다. 즉, 왕인은 아직 만들어지지도 않은 『천자문』을 일본에 전래했다는 이야기가 되는 것이다.

한편, 왕인은 『논어』 10권도 전했다고 했는데, 그것은 현재 전하는 『논어』의 권수보다 많으므로 본문만이 아니라 주석서도 포함한 것임을 알 수 있다. 그러한 주석서 중에서 저명한 것으로는 위(魏)나라 때의 하안(何晏)[2]이 쓴 『논어집해』와 남조 시대 양나라의 황간(皇侃)[3]이 쓴 『논어의소』 등을 들 수 있다.

이 가운데 『논어집해』가 먼저 나왔고, 『논어의소』는 하안의 주석서를 대상으로, 황간이 다시 소(疏)를 붙인 책이다. 그 중 『논어의소』는 남송(南宋) 무렵에는 중국에서는 없어져 버렸는데, 어느 시기인가 일본으로 전래된 책이 청(淸)나라 때에 중국으로 역유입(逆流入)되었다고 하며, 『논어』 연구에 귀중한 자료로 평가받고 있다. 또 송(宋)나라 때 형병(邢昺)이 왕명을 받고 지은 『논어정의(論語正義)』에 중요한 참고서가 되었다고도 한다.

이처럼 『논어』 텍스트와 그 주석에 있어서는 정현의 『논어』 텍스트, 이를 바탕으로 한 하안의 『논어집해』, 다시 『논어집해』를 바탕으로 한 황간의 『논어의소』 그리고 다시 이를 바탕으로 한 『논어정의』로 큰 흐름을 정리할 수 있다. 중국에서는 없어졌으나, 일본에 황간의 『논어의소』가 전해졌던 점을 중시한다면, 왕인이 전한 것으로 볼 수 있는 『논어』 주석서로는 『논어집해』와 『논어의소』가 유력하다.

그런데 하안의 『논어집해』는 일본 측의 사료에 나타나는 왕인의 활동 시기로 따져도 이미 100년 이전에 만들어진 주석서다. 이에 비해서 황간의 『논어의소』는 편찬 직후부터 널리 보급되었던 것으로 알려져 있다. 그리고 그것이 완성된 시기가 주흥사의 『천자문』이 편찬된 시기와 비슷하다는 점도 눈길을 끈다. 양나라의 무제가 즉위한 기간은 남북조의 혼란한 상황 속에서도 이채를 발하는 시기로서 소명태자의 『문선』, 주흥사의 『천자문』, 황간의 『논어의소』 등 후대까지 널리 읽혀진 문헌들이 다수 편찬되었다. 무제 스스로가 각종 전적에 해박하였으며, 신하들의 학문적인 의문에 답할 정도로 학식을 갖춘 군주였다.

이 시기에 만들어진 두 문헌이 편찬된 지 얼마 되지 않아서 중국의 새로운 문화적인 성과로서 왕인을 통해 일본에 전래되었다고 보는 편이, 보다 적극적인 해석이 될 것이다. 결국 황간의 『논어의소』와 주흥사의 『천자문』이 중국에서 편찬된 직후 곧 일본 열도에 전해졌다고 한다면, 왕인의 역할이 극대화될 수 있는 것이다. 우연찮게도 두 문헌은 모두 6세기 전반에 완성된 것이다.

그렇다면 왕인이 활동한 시기도 실제는 6세기 전반으로 보아야 할 것이다. 『고사기』의 기록대로 왕인이 『논어』와 『천자문』을 전해준 것은 사실이라고 하더라도, 그 후손들이 자기 가계가 유서 깊다는 사실을 강조하기 위해서, 왕인의 활동 시기를 100년 이상 앞으로 끌어올린 것이다. 그런데 『일본서기』를 편찬하는 과정에서 『천자문』의 편찬 사정을 잘 알고 있는 중국인들이 관여하면서, 4세기 말에서 5세기 초에 왕인이 『천자문』을 전했다는 내용에 이의를 제기하였던 것으로 보인다. 그래서 왕인의 활동 시기는 그대로 두는 대신, 오히려 역사적 사실이라고 할 수 있는 『논어』와 『천자문』을 전래하였다는 내용은 없애 버리고, 그냥 경전에 능했다고만 기록한 것으로 보인다.

결국 『일본서기』라는 사료도 그 자체로서 완전한 위서이거나 반대로 완전한 사료도 아니다. 다른 사서의 기록과 정밀하게 비교하는 가운데 역사적인 사실을 추출해 내야 할 일반적인 성격의 사료 중 하나일 뿐인 것이다. 일본 중심의 편향된 인식이 심한 것은 사실이지만, 다른 나라의 사서들 또한 그런 결점으로부터 자유로울 수 없다는 면이 있다.

그밖에도 백제의 성왕이 불교를 전하였다거나 왕인이 유교 경전에 관한 지식을 전하고 태자의 스승이 되었다는 내용 그리고 백제가 단양이 등의 오경박사와 절을 짓는 기술자들을 파견한 이야기들은 모두 『일본서기』에만 기록되어 있는 내용이다. 이러한 내용들은 무비판적으로 역사적인 사실로 수용하면서, 다른 내용들은 모두 허구적인 것으로 간주하는 것은 이중적인 태도라고 하지 않을 수 없다. 『일본서기』의 편향성에 주의하면서 한반도 관련 기사들을 검토한다면, 절대적으로 부족한 우리의 고대사 연구에 긴요한 사료로 활용할 수 있을 것이다.

더 생각해볼 문제들

1. 성왕의 죽음에 대한 『일본서기』와 『삼국사기』의 내용을 비교하였을 때, 어떤 사실을 확인할 수 있는가?

   『삼국사기』의 「신라본기」는 신라의 입장에서, 「백제본기」는 백제의 입장에서, 그리고 『일본서기』는 일본 측 입장에서 각각 기록되었음을 알 수 있다. 신라는 백제와의 정면 대결을 통해서 성왕을 사로잡아 죽인 것으로 기록하는데 초점이 맞추어져 있다. 이에 대해서 백제는 성왕이 불과 50명의 병사를 이끌고 간 사실을 분명하게 기록하고 있다. 『일본서기』에서는 성왕의 죽음과 아울러 왜의 병력이 관산성 전투에서 크게 활약하였음을 기록하고 있다. 이처럼 사서들은 그 기록하는 주체의 시각과 이해를 반영하고 있다. 사료를 통해서 어떤 사실을 복원하고자 할 때, 반드시 이러한 사료의 한계성과 문제점을 염두에 두어야 한다.

2. 왕인이 『천자문』과 『논어』를 전한 시기가 실제로 주흥사의 『천자문』과 황간의 『논어의소』가 편찬된 시기보다 150년가량 앞당겨져 기록된 사실을 어떻게 생각해야 할까?

   왕인은 왜에서 문필을 관장하는 가문의 시조가 되었다. 현재의 우리들도 자신의 가문이 오랜 역사를 가지고 있음을 자랑하는 경우가 있는 것과 마찬가지로, 고대인들도 자신들의 가문이 오랜 전통을 가지고 자랑하고자 하였다. 그래서 자신들의 시조인 왕인이 오래 전부터 일본 열도에서 와서 활약한 것으로 기록하였던 것이다. 이처럼 가문의 시조에 대한 전승은 전설적인 내용이 되거나 과장된 내용이 포함될 수 있다.

3. 『천자문』과 『논어의소』가 편찬되고 오경박사들이 활동한 시기는 언제인가?

   중국 남조의 양 무제 때이다. 양 무제는 박학다식한 군주이자, 불교에도 심취한 인물이었다. 그는 신하들의 학문적인 의문에 대답할 수 있을 만큼 높은 식견을 가지고 있었다. 백제의 부여에는 정림사라는 절이 있는데, 이 또한 양나라 수도에 있던 절 이름과 같다. 실제로 일본에 파견된 오경박사들은 백제인이 아니라 양나라에서 파견된 인물들이었을 가능성이 크다. 유교적인 지식과 불교를 발신하는 기지로서 양나라가 있었음을 생각하면, 당시 동아시아의 정세가 보다 선명하게 이해된다.

추천할 만한 텍스트
『일본서기입문』, 야마다히데오 지음, 이근우 옮김, 민족문화사, 1988.

이근우(李根雨)
부경대학교 사학과 부교수 겸 박물관장.
서울대학교 동양사학과를 졸업하고 한국학대학원 사학과에서 석사, 박사 과정을 졸업했으며 경도대학교 일본사교실 박사 과정을 수료했다.
한국고대사와 일본고대사, 고대한일관계사를 전공으로 하고 있다. 저서로는 『전근대한일관계사』, 『전통사회의 이해』가 있고 역서로 『일본사회의 역사/상』, 『침묵의 종교 유교』 등이 있다.

II 정치의 기술에 대한 충고

01 상앙, 『상군서(商君書)』

02 순황, 『순자(荀子)』

03 유안, 『회남자(淮南子)』

04 환관, 『염철론(鹽鐵論)』

05 오긍, 『정관정요(貞觀政要)』

성인이 나라를 다스릴 때는 안으로 들어서면 백성들로 하여금 농사일에 전념토록
만들고, 밖으로 나가면 백성들로 하여금 전쟁을 통한 이익을 계산토록 만듭니다.
농사는 백성들이 힘들어하는 일이고, 전쟁은 백성들이 위험하게 여기는 일입니다.
힘든 일에 도전하고 위험한 일에 뛰어드는 것은 이해타산 때문입니다.
백성들은 살아서는 이익을 계산하고 죽어서는 이름이 남기를 고대합니다.
그러니 그 명예와 이익이 어디서 생기는지에 대해 깊이 관찰하지 않을 수 없습니다.
이익이 농지에서 나온다면 백성들은 온 힘을 다해 농사를 지을 것이고,
명예가 전쟁에서 나온다면 백성들은 죽음을 각오하고 덤빌 것입니다.
안으로 백성들에게 온 힘을 다해 농사에 전념토록 한다면
농토가 황폐해지는 일은 없을 것입니다.
밖으로 백성들이 죽음을 각오하고 덤빈다면 전투에서 승리하게 될 것입니다.

상앙 (B.C. ? ~ B.C. 338)

위(衛)나라 공족 출신이라 위앙 또는 공손앙이라고도 불린다. 후에 상(商)이란 땅을 봉지로 받았으므로 상앙 혹은 상군(商君)이라 부르게 되었다. 기원전 390년경에 태어났다. 그는 어려서부터 일종의 정치행정학인 형명(形名)학을 평생의 동지인 시교라는 사람에게서 배웠다.

위(魏)나라에 와서는 법가 정치개혁가인 이회와 오기의 영향을 깊이 받았다. 여기서 공족을 관장하는 중서자(中庶子) 벼슬을 하다 20대 중반 진나라로 망명하였다. 부국강병의 술책으로 진효공을 설득하는 데 성공하여 좌서장을 거쳐 총리 격인 대량조(大良造)로 승진하여 정치개혁의 총설계자가 되었다. 두 차례의 변법을 성공시켜 약소국 진나라를 일약 강대국으로 만들어냈다. 군사적으로도 전술전략과 병법에 능통하였던 상앙은 연전연승하여 후일 진나라에 의한 천하통일의 기초를 다졌으며, 자신도 그 공으로 상 지역 15개 읍을 봉지로 받아 제후 반열에 올랐다. 그러나 개혁을 위한 엄격하고도 공적인 법집행이 태자와 보수집단의 거센 반발을 불러 진효공이 죽자마자 역모의 모함에 걸려 사지가 찢기고 가족이 참살당하는 비참한 최후를 맞았다.

01

난세의 부국강병론
상앙(商鞅)의 『상군서(商君書)』

장현근 | 용인대학교 중국학과 교수

중국 정치의 한 뿌리

중국을 움직여 온 힘의 원천은 오랜 정치적 경륜에 있다. 중국이 거대한 땅과 많은 인구를 통제하면서도 정치적 통일성을 유지하고, 문화 역량을 키울 수 있었던 이유 가운데 하나는 고도로 이념화된 정치 체제, 즉 권력의 중앙 집중 때문이다.

중국 역사상 처음으로 분열을 극복하여 정치적 통일을 이루고 법가의 정치 이념으로 권력의 중앙 집중을 이룬 나라는 진(秦)나라인데, 그 터전은 진시황보다 백여 년 전의 정치인이자 사상가인 상앙(商鞅)이 마련한 것이었다. 그는 중국 통일의 기초를 다졌는데 후대에 편집된 『상군서(商君書)』에는 그의 사상과 정책이 고스란히 담겨 있다.

진나라 이후 2천 년 동안 중국 정치를 움직여 온 힘은 사실 공자·맹자의 유가 사상이 아니다. 진·한 시대를 거치며 유가 사상으로 겉포장을 삼고 내면은 법가 사상으로 구성된 고도의 정치 이념이 중국을 끌고 왔다. 겉으론 인자한 성인의 정치를 표방하지만 속으론 강력한 군권에 기초한 법치 국가를 유지해 온 것이 중국 정치의 진상이다. 현대 중국 공산당의 정치도 예외가 아니다. 초기 법가 사상의 진면목을 담고 있는 『상군서』는 그래서 여전히 중요한 가치가 있다.

상앙과 『상군서』

춘추전국(春秋戰國)시대는 치열한 생존 경쟁이 벌어졌던 대변동의 시기여서 여러 나라 군주들의 최대 관심사는 부국강병과 군권의 공고화에 있었다. 이러한 법가적 정치 개혁의 경쟁장에서 진나라는 상앙의 변법(變法)[1]으로 가장 성공적인 정치 개혁을 단행하였다.

당시 부국강병의 핵심은 인구 유입이었다. 인구가 많아지면 세원이 늘고 노동력이 증가하며 군비 증강에도 유리하기 때문이다. 인의와 도덕을 외치는 공자와 맹자, 무위와 자연을 주장하는 노자와 장자의 사상도 그들의 정치적 주장을 살펴보면 사실상 인구 유입을 통한 정치 개혁이 논의의 중요한 목표 가운데 하나였다. 『상군서』의 내용 또한 대부분 이런 목적으로 씌어졌다.

---

1) 제도 개혁을 통해 부국강병을 달성하겠다는 법가적 정책을 '변법'이라고 했다. 기존의 권력 핵심을 유지하므로 혁명이나 쿠데타와는 다르고 사회 개혁을 수반하는 개량주의에 가까운 것이다.

상앙의 행적에 대해선 『사기』 「상군열전」에 매우 자세히 언급되어 있다. 젊은 기재로 인정받던 상앙은 진나라를 부강하게 만들어 주면 땅을 나누어 주겠다는 진효공(秦孝公)[2]의 현자초빙에 관한 명령을 듣고 위(魏)에서 진으로 망명했다. 총신 경감을 통해 진효공을 알현한 상앙은 왕도 정치 등을 얘기했으나 효공은 꾸벅꾸벅 졸뿐이었다. 질책을 당한 경감을 간신히 졸라 네 번째 만난 상앙이 부국강병의 술책에 관해 얘기하자 효공은 "얘기를 나누면서 방석 밖으로 무릎이 나오는 것도 몰랐으며, 며칠을 얘기하고도 싫증을 내지 않았다"고 한다. 상앙은 크게 발탁되어 효공이 죽을 때까지 일심동체로 정치 개혁을 추진하였다.

진효공의 적극적인 지지를 받아 초고속 승진을 거듭한 상앙이 시행한 두 차례의 변법은 대성공을 거두었다. 진나라는 강국으로 성장하였으며, 야만적 풍속이 일신되었고, 길거리에 떨어진 물건을 주워 가는 사람이 없어질 정도로 법이 잘 시행되었다. 상호 고발과 감시, 연좌제가 자리잡고 농사와 전쟁에 방해되는 일체의 지식 추구와 상업 등이 배척되었다. 각종 전투에 연전연승하며 진나라의 위업인 천하통일의 기초를 다졌다. 정부 사업으로 춘추전국시대 문헌을 총 정리했던 한(漢)나라의 유향(劉向)은 그의 『신서(新序)』에서 상앙을 "온몸을 바쳐 딴 생각을 품지 않았으며, 오직 공으로 처리할 뿐 사적인 일은 돌아보지 않았던" 인물로 표현하고 있다. 그러

---

[2] 진효공(B.C. 361~338 재위)의 이름은 거량(渠梁)이며, 상앙과 뜻을 맞추고 함양(咸陽)으로 천도하여 변법 실행으로 진나라 천하통일의 기초를 다진 군주이다.

나 이 개혁가는 개혁 대상이었던 귀족들의 반격으로 참형을 당하고 만다. 새로 등극한 혜문왕(惠文王)은 그를 참살함으로써 태자시절 두 번에 걸쳐 치욕스런 형벌을 받았던 원한을 갚았지만, 상앙의 개혁 입법과 사상은 진시황에 이르기까지 하나도 버려지지 않고 고스란히 계승되었다.

『상군서』는 상앙 본인의 저작과 그를 추종하는 진나라 법가 정치가들이 공동으로 만들어낸 여러 시대를 아우르는 작품이다. 오늘날 전해지는 『상군서』는 모두 26편이다.[3] 그 중 두 편은 제목만 있고 내용이 없으므로 사실 24편만 존재하는 셈이다. 전체적으로 각양각색의 정치와 경제 문제를 다루고 있으며 군주 전제주의를 옹호하는 정치학 교과서이다.

상앙보다 백년 뒤의 법가 사상가 한비자(韓非子)는 "요즘 집집마다 관중(管仲)과 상앙의 법을 가지고 있다"고 하였으며 그보다 백년 뒤의 사마천은 『상군서』의 구체적 편명까지 언급하고 있다. 『상군』으로 불리다가 『상군서』라고 처음 이름 붙인 사람은 제갈공명이다. 당나라 때는 책을 재정리하며 『상자(商子)』로 불렸는데, 청나라 말기에 다시 『상군서』란 이름이 회복되었다.

『상군서』의 주요 사상 10제

『상군서』는 한자로 2만 천여 자로 이루어진, 크지 않은 책이다. 길지는 않지만 풍부한 함축적 의미를 지니고 있으며 한 편 한 편이 한 분야의 내용을 담은 작은 책자와 같으므로 사실은 24권으로 구성된 총서인 셈이다. 법치와 부국강병이란 하나의 논리로 일관하고 있지만 다루고 있는 내용은 매우 다양하다. 그것을 크게 요약하면 다음 10가지 주제로 나누어 볼 수 있다.

---

3) 현존 중국어본, 한글본, 일어본, 영어본 등『상군서』의 편제는 대체로 다음과 같다.
    (1) 변법의 필요성을 역설한「갱법(更法)」
    (2) 황무지 개간을 주장한「간령(墾令)」
    (3) 백성들을 농경과 전투에 종사시켜야 한다는「농전(農戰)」
    (4) 국익에 해로운 것들을 엄벌해야 한다는「거강(去彊)」
    (5) 백성들의 성정을 이용하자는「설민(說民)」
    (6) 토지와 인구 분배를 다룬「산지(算地)」
    (7) 군주에게 변화를 촉구하는「개색(開塞)」
    (8) 인민들을 농전에 귀의케 하라는「일언(壹言)」
    (9) 법령 제정을 다룬「착법(錯法)」
    (10) 전쟁과 정치의 관계를 얘기한「전법(戰法)」
    (11) 용병을 다룬「입본(立本)」
    (12) 방어전을 다룬「병수(兵守)」
    (13) 형벌의 중요성을 다룬「근령(靳令)」
    (14) 권력 행사 수단의 장악을 강조한「수권(修權)」
    (15) 인구 유입을 주장한「내민(徠民)」
    (16) 「형약(刑約)」은 내용 없음
    (17) 상·형벌·교화의 효과를 논한「상형(賞刑)」
    (18) 시대 변화에 입각한 정책기획인「화책(畵策)」
    (19) 호적·군작 관련 법령집인「경내(境內)」
    (20) 백성들의 자기주장을 약화시키라는「약민(弱民)」
    (21) 제목, 내용 없음
    (22) 어렵고 고통스러워도 오직 농전하라는「외내(外內)」
    (23) 군신간의 역할 구분을 다룬「군신(君臣)」
    (24) 관민 상호감시와 상벌통제를 다룬「금사(禁使)」
    (25) 법의 중요성을 다룬「신법(愼法)」
    (26) 명분을 확정해야 한다는「정분(定分)」

1) 변고(變古)[4]

역사는 반복되는 것이 아니라 끝없이 변화·발전하며 옛 것은 반드시 바뀌는 것이므로 정치·사회의 각종 제도 또한 새로운 추세에 맞추어 바뀌어야 한다는 내용이다. "과거 3대는 각자 다른 예법으로 왕자가 되었으며, 춘추시대 5명의 패자는 각자 다른 법으로 패업을 이루었다." "옛 것을 본받으면 시대에 뒤떨어지고 오늘의 것만 추종하면 시세에 막히게 된다." 고대의 성인들이 남겨 놓은 제도가 완벽하므로 그대로 따르기만 하면 된다는 보수 집단의 주장에 대한 반격이 아닐 수 없다. 새로운 시대에는 새로운 법이 있어야 하며, 현재의 법도 상황이 바뀌면 또 바뀌어야 한다는 철저한 변화론이다.

2) 세변도이(世變道異)

세상이 바뀌면 행해야 할 도리도 달라져야 한다. 고대에는 사적인 친밀감, 중세에는 현인의 숭상이 가능했겠지만 인구가 많아지고 사회가 복잡해진 시대에는 법과 관료와 군주를 통해 통치할 수밖에 없으며, 인의니 예악 따위는 과감히 버려야 한다는 것이다. "예의와 음악은 방탕을 부르는 징조이고, 자애로움·어짊 따위는 잘못을 일으키는 근본이다." "고대를 본받고자 하면 도덕에 기초하여 다스려야 하고, 오늘날을 본받고자 하면 형벌을 앞세우는 법치를 행해야

---

4) 시대가 바뀌면 제도도 바뀌어야 한다는 법가의 역사관으로서 복고주의와 순환사관을 거부하는 입장이다. 『상군서』에서는 상고시대에서 당시까지의 사회 현상 및 관념의 변천에 따른 제도의 변혁을 촉구하였다.

한다." 과거에는 사회를 지배하는 원리가 인의·도덕이었다면 새로운 사회를 지배하는 원리는 강력한 법치뿐이라는 주장이다.

3) 인성자리(人性自利)

좋아하고 싫어하는 바를 잘 이용해 백성들을 다스려야 한다는 내용이다. "백성들은 순전히 이익을 얻을 수 있는 방향으로 행위를 할 뿐이다." 즉, 사람은 누구나 상을 좋아하고 벌을 싫어하기 때문에 군주가 그 상벌 권한을 철저히 장악하여 삶·배부름·편안함·즐거움·출세·작록·부귀로 상을 주고, 죽음·배고픔·힘듦·괴로움·수치 모욕·형벌·빈천으로 벌을 주면 백성들을 농사와 전쟁에 집중시킬 수 있다는 것이다. 인간의 이기적 성향을 철저히 이용하여 국가 목적을 달성해야 한다는 주장이다. 채찍으로 농사에 매진토록 하고, 적의 수급을 베어 오면 상을 많이 주어 인간의 부국과 강병의 목적을 이루자는 말이다.

4) 농전(農戰)[5]

이익을 얻을 수 있는 길은 오직 농사와 전쟁뿐이므로 훌륭한 정치가는 백성들이 농사와 전쟁에 종사했을 때 이익이 생김을 잘 계산해서 알도록 이끌어야 한다는 내용이다. "이익이 땅에서 나올 때 백성들

---

[5] 농전은 경전(耕戰)이라고도 부르는 『상군서』의 독특한 개념으로서 농업 생산에 종사하면서 전쟁을 같이 수행한다는 의미를 가지고 있다. 노동과 전투를 하나로 묶는 군국주의적 사유 방식이다.

은 있는 힘을 다해 농사를 지을 것이며, 명예가 전장에서 나올 때 백성들은 죽기 살기로 싸울 것이다." 그리하여 백성들이 살면서 먹으면서 오로지 농사와 전쟁만을 노래하게 될 때 부국강병은 완성된다고 했다. 땅은 넓고 인구는 적은 진나라 환경에서 농사와 전쟁을 일원화시킬 수밖에 없었다. 대내적인 농업 장려로 경제 기반을 확립하고, 사회적 역량을 오로지 대외 전쟁에 집중시켜 강대국이 된다는 전략적 용어이다.

5) 명분공사(明分公私)
공과 사를 명백히 구분하여 공적 이익을 개척하고, 사적으로 재물을 얻는 모든 경로를 막아야 한다는 주장이다. "법은 국가의 저울이다." 따라서 통제의 방법은 오로지 법뿐이고 군주든 신하든 백성들이든 법률의 공적 표준을 벗어나면 안 된다는 내용이다. "공과 사를 구분하지 못하는 것이야말로 국가 쇠망의 원인이다." 특히 군주는 철저히 공적인 판단을 하여야 하고, "사적인 노력이 표창되어서는 안 되며, 사적인 경로로 군주에게 청원하지 못하게 해야 하는 것이다." 부국과 강병은 국가적 목표에 부합되는 공적인 일이며, 그렇지 못한 것은 어떤 경우든 사적인 것이라는 주장이다.

6) 존군(尊君)
복잡하게 이해 관계가 충돌하는 정치 세계에서 이를 정리해 줄 유일한 표준은 군주이다. 군주가 존중받아야 명령이 이행되며, 부국강병을 위해선 백성들을 하나로 묶어야 한다. 즉, 군주는 최고 입법

권과 행정권을 장악하며 힘과 세로써 천하 백성들의 존중을 받아야 한다는 것이다. "힘은 강함을 낳고, 강함은 위엄을 낳으며, 위엄은 덕을 낳는다. 따라서 덕은 힘에서 생긴다." 군주 권력의 핵심은 전 국민적인 존중을 끌어 내는 데 있으며, 그것은 강력한 법률적 통제를 통해 달성된다는 주장이다. "권세는 군주가 혼자 통제하는 것이다. 군주가 이것을 잃으면 위태로워진다."

7) 약민(弱民)[6]

"백성들이 법을 통제하면 그 나라는 혼란하다. 법이 백성들을 통제하면 그 군대는 강해진다." 이것은 부국강병이란 국가적 목표를 달성하기 위해선 힘들어하고 두려워하는 백성들을 법으로 철저히 압박해야 한다는 내용이다. 그리고 "백성들이 싫어하는 바를 이용해 정치를 하라"는 말은 국가 정책에 왈가왈부하는 백성들을 혹독하게 징벌하고, 농사 외에 갖가지 재주로 먹고사는 백성들의 재능발휘를 막고 무지몽매하게 만들어 전 국민이 오직 부국강병에만 매진토록 하라는 주장이다.

8) 중형(重刑)

형벌을 무겁게 하면 가벼운 범죄도 생기지 않는 법이므로 상을 받는 것도 이익이지만 벌을 받지 않는 것이 더 큰 이익이라는 생각을

---

[6] 백성들이 전쟁과 농사 이외에 다른 재능을 발휘하지 못하도록 철저히 막고 농전 외의 아무것도 생각하지 못하도록 막아야 한다는 주장.

백성들에게 심어 주어야 한다는 것이다. "형벌이란 그릇된 행위들을 금지하기 위함이다. 상은 금지의 효과를 더 낼 수 있도록 돕기 위함이다." 오직 혹독한 형벌만이 범죄를 막을 수 있다는 주장이다. 또한 농사와 전쟁은 백성들이 싫어하는 바인데, 적당히 넘어가거나 가볍게 처리하면 아무도 참여하지 않게 되므로 반드시 무겁게 처벌해야 한다고 했다. "가벼운 죄에 무거운 형벌을 행하면 가벼운 범죄도 생기지 않는다." 중형을 하는 이유 중 하나는 백성들을 옭아매려는 것이 아니라는 말이다. 그로 인해 아무 범죄도 없어진다면 궁극적으로 형벌도 없어져 백성들이 스스로 알아서 살아가는 상태에 이른다는 것이다.

9) 국해(國害)[7]

지식만 추구하는 나라는 망할 날이 멀지 않다는 것이다. 학문적 논의나 인의·도덕 등은 부국강병에 도움이 안 되며 싸움 좋아하는 호걸, 장사로 이익 보는 사람, 지식을 팔러 다니는 사람, 남 신세를 지고 사는 사람, 집안에만 있는 남자, 기예로 먹고사는 예능인 등은 국가의 해충이라는 것이다. "농사와 전쟁에 열심히 참여하는 백성이 천 명이고 『시경』이나 『서경』 혹은 말에 능한 사람이 한 명 있다면 천 명이 모두 농업과 전쟁의 일에 태만하게 된다." 농사와 전쟁

---

7) 국가에 해를 끼치는 존재라는 의미로 『상군서』에서는 주로 전쟁과 생산에 종사하지 않는 싸움꾼이나 장사치 및 예능인 그리고 『시경』·『서경』 따위를 읽고 도덕이나 지식을 추구하는 사람 등을 이렇게 일컬었다.

이외의 모든 일은 부국강병이란 국가 목적에 위배되는 행위이므로 철저히 압박하여 제거해야 한다는 주장이다.

10) 이리위사(以吏爲師)[8]
법으로 통일시키고 법관을 스승으로 삼아서 모든 행동의 표준은 법으로 간단명료하게 정리하고, 상벌·관직·신분의 기준을 법으로 정함으로써 국민의 의식을 법 하나로 통일시켜야 한다는 내용이다. 법관은 "천하의 스승이 되어 만 백성으로 하여금 법 저촉으로 인해 위험에 빠지는 일이 없도록 해야 한다." 그리하여 백성들을 가르치거나 상벌을 줄 일이 더 이상 없이 누구나 스스로 알아서 재앙을 피하고 복을 취하는 이상적인 상태에 이를 수 있다는 주장이다. 법을 다루는 관리를 스승으로 삼고, 부국강병과 관련 없는 일체의 지식이나 지식 전수자는 쓸모가 없으니 없애라는 말이다.

『상군서』의 문제점과 현대적 의의
『상군서』는 당시와 후대의 정치 개혁가들에게 금과옥조였으며, 농사와 전쟁을 위한 그의 정치 개혁은 큰 성공을 거두었다. 당시 집집마다 상앙이 만든 법률을 가지고 있어 법에 저촉되지 않으려 노력하였다. 범법자에 대한 밀고 제도와 연좌 제도는 후대에 가구 단위

---

[8] 학문적 지식을 모두 없애고 실용 지식만 남겨야 하며, 실용 지식과 법률 조항에 능숙한 법관을 스승으로 삼아야 한다는 법가의 공통된 주장이다. 국민의 의식을 법 하나로 통일시키려는 전체주의적 사유인 것이다.

로 묶어 백성들을 통제하려는 보갑(保甲) 제도 등의 기원이 되었다. 한 명의 남자를 중심으로 가족 제도를 개혁한 것은 대가족 중심의 종법적 사회 구조를 변화시켰다. 동아시아 문명의 중요한 틀 가운데 하나인 호적 제도를 창시한 사람은 상앙이다. 『상군서』의 20등급 작급(爵級) 제도[9]는 대부분 한나라 때 그대로 이용되었다. 봉건을 폐지하고 군주가 직할 통치하는 군현 제도를 확립시킨 것은 중국 정치의 특질인 군주 전제 제도의 기틀을 마련한 것이다. 또한 상앙이 통일시킨 도량형은 급속도로 중원 각 나라로 번져 중국 전체의 경제 질서에 큰 변화를 일으켰다.

그러나 상앙의 정책과 『상군서』의 사상이 시대적 환경의 산물이며 현실적 적실성을 가졌다고 하여 모든 사유와 행동이 정당하다고 말할 수는 없다. 우리는 다음과 같은 의문을 그에게 제기할 수 있다.

첫째, 상앙은 철두철미한 반전통주의자다. 과거의 예를 들어가며 탁월한 지도자는 항상 그 시대에 맞는 법으로 정치적 성공을 거두었다고 주장한다. 세상이 바뀌었으니 가는 길도 달라져야 한다는 주장에 동의할 수 있다. 그러나 일체의 전통을 수구보수로 싸잡아, 버려야 할 유산으로 취급하는 상앙의 반전통주의는 뿌리에 대한 자

---

9) 상앙의 20등작제(二十等爵制)는 진나라에 있었던 기존의 작위별 등급 제도를 수정한 것이다. 당시 중원 각국은 보통 제후 아래 경·대부·사의 직급을 두었는데, 상앙의 작제는 20등으로 오늘날에 적용하여도 손색이 없을 만큼 매우 체계화되어 있다. 1~4급은 사, 5~9급은 대부, 10~18급은 경, 18~19급은 제후에 해당한다.

기부정이다. 전통을 지키려는 까닭은 옛날로 되돌아가자는 것이 아니다. 미래를 열어 가는 데 선인들의 지혜를 참고하자는 얘기다. 새로운 법치를 위해 근거를 찾고 장차 드러날 문제점을 미리 알고 해결 방법을 모색하는 데 전통은 여전히 유효하다.

둘째, 사람이 이기적이라는 그의 얘기는 일리가 있다. 그러나 이기심을 부추겨 목적을 달성하겠다는 주장은 무리가 있다. 사람은 힘든 일을 싫어하는 성질이 있으므로 더 힘든 벌을 주면 이기적 선택을 하여 힘든 일을 하게 될 것이라는 주장은 모순이다. 이기적 선택이란 선택의 여지가 있을 때 자신에게 이익이 되는 방향으로 선택한다는 얘기다. 전혀 선택의 여지를 두지 않은 채 죽기 싫으면 일하라는 강요를 인성과 관련시키는 것은 무리이다.

셋째, 상앙은 스스로 행복을 창조해 가는 인간의 이성 능력을 인정하지 않았다. 부국강병을 달성하기 위해 사람들에게 고통만을 강요했다. 이는 백성들에게 희망을 주는 정치가 아니다. 고통을 이겨내면 달콤한 열매가 기다린다는 말은 매우 그럴듯하다. 실제로 많은 사람들은 이런 희망으로 살아간다. 그런데 이 희망은 그런 사례를 경험으로 알고 있거나 현실의 아픔을 냉정하게 보고자 하는 인간의 이성 능력을 인정할 경우에만 가능하다.

넷째, 국내에 단 하나의 사상 기준만 있어야 하고 나머지 지식은 필요 없다는 상앙의 반지성주의는 문제가 있다. 인간 사회의 갈등에 대해 타협·조정·양보·수용 등 극복 노력을 기울이지 않고, 오히려 사람의 행동과 생각의 다름을 아예 무시해 버린 것이다. 독재는 일시적 단결이라는 통치 효과를 가져오나, 이성적 판단을 결여한 광기에 기초한 것이기 때문에 잠에서 깨어나면 문제는 더 악화되어 있다.

다섯째, 법과 군주에 대한 상앙의 한없는 존중은 상대적으로 신하와 백성들에 대한 비하를 전제하고 있다. 보다 나은 사회를 군주가 설정하고 국가의 기본 정책이나 정치 노선을 군주 한 사람이 결정한다면 그것이 공적인 것일까? 문명을 움직이는 동력이 다수 인간들의 상상력과 문화에 대한 이상이며, 사람에겐 자신의 문제를 스스로 해결할 수 있는 이성적 능력이 있다는 것을 조금이라도 신뢰하였다면,『상군서』의 생명력이 그렇게 약하지 않았을 것이다.

『상군서』의 한계에도 불구하고 우리는 그 속에서 많은 것을 얻을 수 있다. 현실과 맞대응하면서 개혁을 모색한 상앙의 고민은 우리에게 무엇을 이상으로 삼아야 하는지에 대한 지혜를 제공해 준다. 과거에 대한 미련을 과감히 버린 상앙의 삶과 의지는 개혁을 외치는 현대 정치 지도자들이 가져야 할 모범적 태도로 보인다. 그가 추구한 독재 정치의 한계를 보면서 한 국가 또는 정치 지도자가 기본 정책이나 정치 노선의 결정을 위해 얼마나 많은 공론의 장과 지성의 비판을 필요로 하는가를 알 수 있다.『상군서』가 독재를 넘어서 군주까지를 통제할 수 있는 어떤 제도나 법률을 구상하였다면 중국 정치사는 완전히 바뀌었을 것이다.『상군서』를 통해 우리는 당대의 성공을 미래의 동력으로 승화시키는 제도화의 필요성을 느낄 수 있다.

『상군서』와 반문화

이론에 밝은 사람은 많다. 실천을 잘하는 사람도 많다. 그러나 이론과 실천을 겸할 수 있는 사람은 많지 않다. 상앙은 이 둘을 겸한 중국 역사상 보기 드문 사상가이자 위대한 정치가이다. 우리는 『상군서』 독해를 통해 국가적 목적을 달성하기 위해 어떤 정치 개혁이 필요한지 많은 아이디어를 얻을 수 있다.

『상군서』를 읽고 있으면 공과 사를 구분하는 능력과 법에 대한 신념이 생긴다. 국가 전체의 발전을 위해 무엇이 중요한지, 부국강병을 위해 지도자가 취해야 할 태도가 무엇인지도 알 수 있다. 단결이 얼마나 중요한지도 알 수 있으며, 백성들에 대한 채찍이 가져다주는 정치적 효과를 이해할 수도 있다. 『상군서』는 부국강병을 추구하는 정치가들에겐 정면교사의 역할을 해준다.

반면 『상군서』를 읽고 있으면 인간 사회에서 문화가 얼마나 중요한지 깨닫게 된다. 법만을 추구하는 데 대한 두려움도 생긴다. 부국강병을 실현하기 위해 얼마나 많은 희생이 따라야 하는지를 알 수도 있다. 인간은 무한하면서도 다양한 상상력을 가지고 문화를 창조하는 존재이다. 오직 국가가 지향하는 목적을 달성하기 위해 획일적 단결을 강조한다면 이는 인간의 문화 창조 능력을 말살하는 행위이다. 채찍을 통해 정치적 목적을 달성하려는 행위는 일시적 성공을 거둘 수 있으나, 결국은 정치에 대한 국민적 회의를 불러일으켜 정치를 부정하는 데 이르기 때문에 장기적으로는 실패한다. 그래서 『상군서』는 장기적이고 창조적인 문화적 성취를 꿈꾸는 사람들에겐 반면교사의 역할을 해준다.

더 생각해볼 문제들

1. 상벌이 가져오는 정치적 효과는 무엇일까?

   엄한 형벌은 사람들을 공포로 떨게 하여 일시적인 단결을 불러온다. 그래서 상앙의 개혁처럼 빠른 시간에 명령에 복종하게 만들어 목적을 달성시키는 효과가 있다. 그러나 사람의 마음을 얻는 것이 아니어서 궁극적으로 권력에 대한 불신을 키운다. 끝없는 채찍질은 반발을 불러일으키기 십상이며 형벌에 면역이 되면 형벌의 효과는 반감하여 더 이상의 정치적 효과를 볼 수 없다.

2. 사람은 언제나 이익을 얻는 쪽으로 행동하는가?

   상앙의 말대로 이성적 계산 능력으로만 따지면 그럴 수 있다. 그러나 인간은 이성과 정감을 교직하며 살아간다. 문화를 창조하는 인간의 모든 능력을 계산으로 따질 수 없고, 사람은 때로 과감한 희생으로 무한한 쾌감을 얻기도 한다.

3. 왕권이 강화되면 정치가 더 안정되는가?

   국가가 지향하는 목적과 국민들의 정치 의식이 어떠냐에 따라 다르다. 상앙처럼 강력한 형벌 정책을 통해 부국강병을 추구하고자 하면 왕권 강화가 훨씬 빠르고 효과도 크다. 그러나 정치는 사람들에게 보다 나은 삶을 마련해 주기 위한 고민의 산물이다. 국가적 부강을 이루어도 그 구성원들인 국민들이 고통스러워한다면 정치의 안정을 이룰 수 없다. 거기다 폭군이라도 출현하면 강화된 왕권 때문에 더 많은 억압과 충돌이 생겨 궁극적으로 정치 불안을 가져온다.

추천할 만한 텍스트
『상군서』, 상앙 지음, 남기현 해역, 자유문고, 2004.
『상군서: 동양의 마키아벨리즘』, 상앙 지음, 장현근 옮김, 살림, 2005.

장현근(張鉉根)
용인대학교 중국학과 교수.
중국 문화대학교에서 『상군서』 연구로 석사 학위, 『순자』 연구로 박사 학위를 취득하였으며, 계간 『전통과 현대』 편집위원을 맡고 있다.
저서 및 역서로는 『상군서: 동양의 마키아벨리즘』, 『중국정치사상사』 외 10여 종이 있고, 논문으로는 「중국정치사상에서 '법'의 의미」, 「순자 사상 중의 군·신·민 관계」(중국어)외 30여 편이 있다.

인간의 본성은 악하다. … 인간의 본성을 보라. 날 때부터 이익을 좋아하는데 그대로 두면 싸움만 생기고 사양이란 없다. 날 때부터 질투심과 시기심이 있는데 그대로 두면 서로를 해칠 뿐 진실과 믿음이란 없다. 날 때부터 온갖 감각의 욕구에 빠져드는데 그대로 두면 음란함만 생길 뿐 예의도 염치도 없다. 그러니 사람을 그대로 풀어 놓고 본성대로 내버려 두면 어찌되겠는가? 필경 싸움이 심해져 사회적 계급구분이 무너질 것이다. 예의고 이치고 모두 어그러져 끝내 폭동으로 치달을 것이다. 군주가 있고 스승이 있고, 법률 제도가 만들어져 이 모든 것을 예의의 원칙으로 이끌었을 때 비로소 사양과 믿음과 예의가 만들어져 사회 질서는 안정된다.

순황 (B.C. 336?~B.C. 238?)

이름은 황(況), 자 겸 존칭은 경(卿)이며, 손경(孫卿)이라고도 불렸다. 전국시대 후기 조나라의 속국인 순(郇)에서 태어났다. 공자의 제자인 자하와 중궁 등의 학통을 이어 유가 경전으로 공부한 이 천재 소년은 제나라에 유학하였다.

제자백가의 모든 학문을 섭렵한 순자는 53세 무렵부터 71세 무렵까지 당시 최고의 아카데미인 제나라 직하학궁(稷下學宮)의 최고 수장인 좨주(祭主)를 세 번 역임했다. 진나라, 조나라 등을 돌며 왕도정치를 역설하였으나 받아들여지지 않았다. 초나라 춘신군의 청으로 난릉령(蘭陵令)이 되었으며, 은퇴 후 10만여 자의 저술을 남기고 거기서 생을 마감했다.

순자는 제자백가의 학설을 섭렵한 치열한 학문적 노력으로 스스로를 유가의 위대한 계승자로 자처하였으나, 그의 직계 제자 한비자와 이사는 법가로 흘러 스승과 다른 길을 걸었다. 한나라 이후 유가의 경학은 대부분 순자를 계승하였다. 순자에 관한 기록은 『사기』 「맹자순경열전」, 유향(劉向)의 『손경신서(孫卿新書)』 「서록(敍錄)」 등에 보인다.

02

성왕이 다스리는 나라
순황(荀況)의 『순자(荀子)』

장현근 | 용인대학교 중국학과 교수

『순자』와 실천 유학

사회에 대해 건강한 관심을 갖도록, 그리고 복잡다단한 인간 관계를 도덕적으로 해결하여 보다 나은 삶을 누릴 수 있도록 원만한 사람을 키워 내는 것이 유가 사상의 큰 목적이다. 그래서 유가 사상은 정치철학이자 사회철학이며, 교육철학이자 인생철학이기도 하다. 유가의 경전인 『시경』이나 『서경』, 『주역』 등이 확립된 시기를 주(周)나라 초로 본다면, 유가 사상은 5~6백 년의 온축을 거쳐 마침내 공자에 의해 처음으로 집대성되었다고 할 수 있다.

그로부터 3백여 년 동안 어떤 외부 사상의 유입도 없이 중국 내에서 자생한 제자백가의 사상은 인류 역사상 가장 빛나는 학문적 성취 중 하나다. 우주의 작동 원리에서 인간 내면의 심성 문제에 이르기까지 무한한 상상력과 치밀한 탐구로 수많은 학파와 사상가들이 출몰하였다.

『순자』는 정통 유가를 자임한 순황(荀況)이 제자백가의 사상을 비판적으로 계승하여 초기 유가 사상을 두 번째로 집대성한 탁월한 학문적 업적을 담은 책이다. 전통 시대 중국을 지배해 온 정치적 이념으로서 유교 사상은 순자의 영향이 매우 컸다. 순자는 이렇게 얘기한다.

> 듣지 않음은 듣느니만 못하다. 듣는 것은 보느니만 못하다. 보는 것은 아느니만 못하다. 아는 것은 행하느니만 못하다. 학문은 그것을 행하게 되었을 때 그친다.

『순자』를 읽으면 관념적 도덕이 아니라 실천적 도덕을 생각하게 된다. 또한 갈등하는 현대 사회에서 지식인의 역할이 무엇인지 그리고 냉혹한 법치와 자본의 지배를 넘어서 인류를 위한 새로운 이념적 대안은 무엇인지를 생각하게 된다.

『순자』와 그 시대

순자는 정치적으로 부국강병과 실리를 숭상하던 전국 시대 말기에 왕도(王道)에 대해 목청을 높였으며, 예의로 질서를 잡아가는 예치(禮治) 국가를 세우라고 권고하였다. 그리고 경제적으로는 복잡한 세금과 요역을 과감히 줄이고 투기 세력을 억제하여 농업 중심의 경제 질서를 안정시키자고 주장하였다. 사회적으로는 신분의 대변동 시대에 오히려 신분 질서의 확립을 강조하는 한편, 도덕적·학문적 성취를 통한 신분 변동은 긍정하였다.

당시 중국 천하의 통일이 눈앞에 닥친 시대 분위기와 맞물려 제자백가의 다양한 주장들이 통합되는 경향이 두드러졌다. 각 학파의 사상가들은 다른 학파의 사상을 비판적으로 수용하였으며, 그들의 저작 또한 백과사전과 같은 성향을 띠게 되었다.『순자』는 이러한 경향을 대표하는 작품이다.

순자의 시대는 정치적으로 전국칠웅이 첨예하게 대립하였고 사상적으로 제자백가의 다양한 경쟁이 절정에 이르렀으며, 사회적으로 계급이 동요하고 신분 변동이 극심했다. 그래서 국가간의 합종연횡이 난무하고 부국강병을 추구한 법가 사상이 우세한 환경이었지만 순자는 최고의 학자로서 스스로를 위대한 유가 사상가로 자임하였다. 유가 내부로 볼 때 당시는 공자를 추종하는 세력들 사이에 분파 현상이 치열하고, 특히 맹자(孟子)에 의해 공자 사상의 정치적 의미가 더욱 풍부해진 시기였다.

정부 사업으로 춘추전국시대 서적을 총정리했던 한나라 유향(劉向)은 순자가 남겼다는 수만 자의 문헌과 '손경의 책'이란 이름으로 돌아다닌 322편의 글 가운데 중복된 290편을 빼고 32편으로 확정하여 재정리하였다. 그리고『손경신서(孫卿新書)』라 이름을 붙인 다음「서록(敍錄)」을 달았다. 순자 본인의 초기 저작들은 그의 생전에 이미 널리 유행했었으며, 현존『순자』의 상당 부분은 그 초기 작품들로 생각된다. 나머지는 그의 제자들의 기록과 후인들이 순자의 이름을 빌어 지은 글 혹은 다른 작품들이 뒤섞여 있다. 하지만『순자』의 모든 내용은 본인의 친필 저작 여부와 무관하게 일관된 사상 체계를 갖추고 있어 순자의 기본 사상을 연구하는 데 문제가 되지는 않는다.

현재 전해지는 『순자』 20권은 당나라 양량(楊倞)[1]이 두 차례 정리하고 재편집하여 주석을 덧붙인 것이다. 『순자』는 대부분 각 편의 핵심 주제를 편명으로 삼고 있다. 그 30여 편명에서 알 수 있듯이 이 책은 하늘과 인간의 일, 정치·경제와 논리학에 이르기까지 백과사전식의 종합적인 학문을 다루고 있다.

당나라 말기 한유(韓愈)가 "맹자는 순정하고도 지순하지만, 순자는 대체로 순정하되 조금 하자가 있다"고 평한 이래 송나라 이후의 성리학에서는 한결같이 순자 사상을 부정하고 멀리하였다. 그러나 그들의 공격은 주로 『순자』의 「성악(性惡)」[2]편과 「비십이자(非十二子)」편에 집중되었을 뿐, 『순자』 전체를 진지하게 연구하거나 주석한 사람은 없었다. 순자가 재조명된 것은 청나라에 이르러서이다. 많은 유학자들이 양량 주석의 잘못된 부분을 바로잡고, 위서 여부를 고증하였으며, 해독이 어려운 글자에 상세한 해설을 덧붙였다. 이들을 종합하여 『순자』에 관한 가장 상세하고 완전한 주석서 『순자집해(荀子集解)』를 낸 사람은 왕선겸(王先謙)[3]이다.

---

1) 양(倞)은 '경'이라고도 읽으나 당나라시대 음가는 '량'이다. 양량은 당나라 홍농(弘農) 사람으로 현존하는 『순자』의 최초 주석자이며 생몰 연대는 미상이다.

2) 사회적 존재로서 인간의 본성은 악하다는 순자의 주장이다. 성(性)의 실질은 정(情)이고 작용은 욕(欲)이며, 그 욕망이 만든 무질서의 결과가 악이라는 의미이다.

『순자』의 핵심 관념

순자는 현세의 군주를 지극히 존중해야 한다고 말한다. 그는 현실 군주를 위대한 성왕으로 만들어 도덕적인 나라를 만드는 것이 목표였다. 그 방법은 신분에 기초한 예의를 통해 사회 질서를 확립하는 것이었다. 그 사고의 바탕에는 인위적인 노력으로 하늘을 제어하고 악한 본성을 교화하며, 각종 폐단을 해소해야 한다는 사유가 깔려 있다.

1) 천생인성(天生人成), 성악(性惡), 정명(正名)

순자는 사람의 사회성을 중시하였으며, 국가 권력을 개인의 자유보다 우선시하였다. 그는 사회 질서의 안정을 위한 예(禮)의 두 가지 기능을 중심으로 사유하였다. 하나는 신분 등급·도덕적 성취 등 각종 질서를 분명하게 구분시켜 주는 인위적 기능 즉 명분(明分)이며, 다른 하나는 인류로 하여금 원만하고 만족스러운 집단 생활을 할 수 있도록 해 주는 기능 즉 사군(使群) 기능이다. 순자 사유의 바탕은 이 두 문제를 중심으로 엮어져 있다.

순자의 우주관과 인생관은 한마디로 자연 세계가 인문 세계에 의해 주재된다는 천생인성(天生人成)[4]이다.

---

3) 왕선겸(1842~1917)은 호남성 장사(長沙) 사람으로 국자감(國子監) 좨주 등을 역임했으며, 신학문에 반대하고 유신파를 도살시키기도 했으나, 1911년 혁명 후 낙향하여 고문헌의 주석 및 편집에 전념했다.

4) 만물을 낳는 것은 하늘이지만 그것을 성취시키는 것은 사람이라는 순자의 인문주의적 우주관·인생관이다.

천지의 기운으로 세상만물이 생겨났으니 이들을 조화롭게 꾸미고 성취시키는 것은 사람, 즉 성인의 일이다.

하늘의 도와 인간 행위의 조화로 이 세계가 이루어졌으며, 예의라는 인간의 힘이 개입되었을 때 하늘은 제 역할을 다 할 수 있다는 사고다. 순자는 하늘과 인간을 완전히 나누어 생각하면서 하늘을 그저 불변하는 자연체로만 파악한다. 인간 세상의 치란(治亂)은 하늘 때문이 아니라 인위에서 비롯되는 것이므로 사람 스스로가 모든 책임을 져야 한다는 것이다. 그 초점은 인위, 즉 예를 강조하는 데 있었다.

순자는 사람의 본성을 악하다고 생각했다. 인간이 본질적·이성적으로 악하다는 의미가 아니라 타고난 본능 혹은 동물적 욕망의 결과가 악하다는 것이다. 다시 말해 탄생 후 사회적 존재가 되면서 인간의 악한 성질이 발현된다는 의미다. 그 발현 양태는 경쟁과 다툼이며 결과는 사회적 혼란이다. 순자가 성악설을 제기한 목적은 인위적인 교육과 감화를 통해 인간의 악한 성질을 바꾸어 선한 행위를 하도록 이끌려는 것, 즉 화성기위(化性起僞)[5]였다. 따라서 순자 성악설의 요지는 인위적 예의를 강조하는 데 있다.

순자의 인식론은 소극적인 적폐의 해소, 즉 해폐(解蔽)[6]와 적극

---

[5] 인위적인 교육과 감화를 통해 인간의 악한 성질을 바꾸어 선한 행위를 하도록 이끌겠다는 사유를 말한다.

[6] 한쪽으로 치우치는 주관적 인식의 폐단을 해소한다는 순자의 지식 방법론이다.

적으로 명분을 바로 세워 공공 인식에 도달한다는 정명(正名)으로 대표된다. 인간에게 본질적으로 내재하는 맑고 깨끗한 마음이 가려져 있을 때 한 쪽으로 치우치는 폐단이 생겨나므로 인위의 결정인 예를 통해 쌓여가는 폐단을 해소하는 것이 올바른 인식에 도달하는 길이라고 주장한다. 명분을 바르게 세움으로써 공공 인식에 도달할 수 있으며, 인위의 결정체인 예의로 사회 혼란을 야기하는 인식의 헷갈림을 바로잡아 주어야 한다는 것이다.

2) 성왕(聖王)

사람의 사회성을 강조하고 집단의 질서를 중시했던 순자는 그 질서를 관장하는 중추로서 군주에게 큰 기대를 걸었다. 선을 향해 가는 모든 인위적 행위의 표준인 예의를 만들고 주도하고 실천하는 사람이 성왕(聖王)이다. 현실 군주는 이 성왕을 목표로 삼아야 한다. 천하를 다스리는 막중한 책임뿐만 아니라 도덕적 판단의 최고의 준칙이 되어야 하는 만큼 군주의 지위와 역할은 높이 존중되어야 한다는 것이다.

이상적인 군주인 성왕은 인류의 극치이고 이상적 인격의 최고 형태이다. 성왕은 우선 인격적으로 완전하고 지혜가 출중해야 한다. 예의와 그것의 역사적 원칙인 통류(統類)[7]를 꿰뚫고 있어야 하며,

---

7) 순자는 역사를 관통하는 근본적인 원칙이 있고, 이 원칙에 입각해서 예의가 만들어졌다고 생각하였다. 따라서 이 원칙만 이해하면 현실에서 발생하는 모든 문제들에 대한 대응책을 유추해 낼 수 있다고 보았던 것이다. 즉, 현실 문제에 유추 적용할 수 있는 예의의 역사적 원칙이 곧 '통류'다.

철저히 규범을 준수하여 왕도(王道)를 실현해야 한다. 인간의 끊임없는 적극적 행위를 통해 선을 쌓아가니 모든 인민의 가치 판단의 준거가 된다. 이러한 성인은 예의를 힘써 배우고 실천하여 역사에 관통하는 원칙을 깨달으면 누구나 될 수 있다. 즉, "길거리의 어떤 사람도 우(禹)임금처럼 성왕이 될 수 있다"는 것이다.

순자는 군주 정치라는 현실적 한계 때문에 기왕에 세(勢)를 얻어 군주가 된 사람의 정치적 영향력을 인정하고, 왕도엔 못 미치지만 믿음을 강조하며 법과 인민에 대한 사랑을 실천하는 패도(覇道) 또한 긍정한다. 어떤 상태든지 인위적 노력만 기울일 수 있으면 예치 사회가 가능하다고 본 것이다.『순자』의 상당 부분은 현명한 관료의 임용, 외재적 규범 확립, 복지 정책 등 이를 위한 구체적인 정책 대안들을 다루고 있다.

3) 예치(禮治)

순자는 외재적 사회 규범을 통해 질서 있는 사회를 복원코자 하였다. 순자는 예의야말로 도덕적으로 완벽한 질서를 구가할 수 있는 매우 구체적이고도 실행 가능한 규범이며, 역사적으로 성왕의 나라에는 예의의 대원칙인 통류가 관통하고 있다고 생각하였다. 그래서 시·서를 통한 내부적 성인 공부, 즉 내성(內聖)의 길보다는 예의를 드높이는 외부적 왕도의 실천 즉 외왕(外王)의 길을 더 중시하였다.

순자는 역사적으로 관통하는 예의 원칙이 지금의 정치 권력에 반영되어 모든 인민들이 그로써 예의 구체적 행위를 유추할 수 있다면, 그것이 곧 가치관의 표준이라고 생각했다. 순자는 도덕을 실천하는 현실 속의 군주를 후대의 성왕이란 뜻에서 후왕(後王)이라 불렀고, 예의가 나라를 다스리는 원리원칙이라 보았다. 그도 공자처럼 주나라 도덕정치이념의 건설자인 주공(周公)을 따르고자 하였다. 주공의 치국 이념 속에 관통하고 있는 보편적 법칙이 선왕의 예법을 충분히 반영한 것이라고 생각하였기 때문이다.

순자는 예의에 통달하는 외부적 수양만을 강조하지는 않았다. 그의 「악론(樂論)」편을 보면 내성 공부의 중요한 일면으로 내적 심성을 도야시키는 역할 또한 중시하였다. 즉, 예의로 교화를 행하여 멋진 나라를 만들려면, 예를 통한 외부적 절제와 더불어 음악을 통한 내부적 덕성의 조화가 중요하다고 생각하였다. 백성들의 욕망을 적절히 만족시켜 줌과 동시에 신분에 따른 분수를 지키도록 알맞게 절제시키는 예와 악의 기능을 모두 중시했다.

교화를 통한 질서의 확립이라는 정치적 목적에서 가장 중요한 역할을 하는 것은 역시 사람이다. 그래서 순자가 주장한 예의치국의 핵심은 항상 다스리는 사람, 즉 치인(治人)에게 모아진다. 통치이념이나 법제(法制)의 존재 여부보다 어떤 사람이 그 원칙을 사용하느냐가 더 중요하다는 얘기다.

순자의 영향과 현대적 의미

천하를 주유했고 오래 살았으며 학문적 위상이 당대 최고였던 점을 감안하면, 순자의 제자들은 대단히 많았을 것이다. 진나라의 천하통일에 결정적 공헌을 하였던 한비(韓非)와 이사(李斯) 외에도, 전국시대 말기에서 진나라를 거쳐 한나라 초까지 유학을 이은 사람은 거의 순자의 문하생이거나 그의 제자의 제자들이 많았다.

특히 유가 경전에 대한 전승과 전파에서 순자 사상의 공헌은 지대한 것이었다. 한(漢)나라 때에 유학은 국가 이데올로기가 되었는데, 그 학문적 바탕인 경학은 대부분 순자의 학통을 계승한 것이었다. 특히 『시경』과 『춘추』, 『예기』는 순자의 제자 및 그 제자의 제자들에 의해 온전히 후대에 전승되었다.

순자 스스로도 "학문하는 방법은 경전을 암송하는 것으로부터 시작하여 예를 읽는 데서 끝난다"고 할 정도로 경전을 중시했다. 『순자』 전체를 볼 때 『시경』 인용이 84문장, 『역경』 인용이 2곳, 『서경』 인용이 15항목에 이른다. 그 외에도 공자의 말과 격언 등을 인용하여 사회 문제에 대해 날카로운 평가를 내리고 있는 점은 『춘추』의 비판적 글쓰기 방법을 그대로 이은 것이라 하겠다. 한나라와 당나라의 유학이 사실상 경학이었음을 고려한다면 순자의 유학사에서의 위치는 대단히 중요하다. 거의 모든 유가 경전의 전승이 순자와 크든 적든 관련이 있기 때문이다. 그러나 위에서 언급한 대로 성리학이 지배하는 송나라 이래 『순자』는 철저히 부정당하였다.

그러다가 서구적 근대화의 과정에서 오랫동안 동아시아 사회를 이끌어 온 유교 그 자체가 송두리째 부정당하게 되었다. 유학 스스로 현대 사회와 인류 전체를 향해 보다 적극적인 실천 대안을 스스로 마련하지 못한다면 지난 수천 년 동안 동양 사회를 이끌어 온 선인들의 지혜는 몽땅 역사 속 한 페이지로 끝나 버리고 말 것이다. 성리학적 고담준론으로만 유학을 이해하지 말고, 주자학의 극복을 동한 새로운 대안 모색이 필요하다. 그러기 위해서 적극적 사회적 실천성과 건강한 삶의 성취라는 원시 유학 본래의 측면을 되살려야 한다. 현대적 시각에서 『순자』를 다시 읽어야 할 중요한 이유가 여기 있다.

순자는 예의라는 도덕의 틀을 통해 모든 사회 문제를 극복하려 하였다. 사람 사이의 원만한 관계를 의미하는 예로 모든 문제를 해결하려 함으로써 순자는 예에 사회적 생명을 불어넣었다. 이 예는 동아시아 사회 전반에 걸쳐 삶과 사회의 핵심이 되었다. 공자가 유학을 보편 학문으로 승화시킨 유학 발전의 첫 번째 위업을 달성하였다면, 순자는 유학을 사회철학으로 구성해낸 유학 발전의 두 번째 위업을 달성한 것이다. 현대 사회는 법의 지배가 사회 정의의 척도가 된다. 제도보다 인간을 앞세운 것이 예이고, 사람보다 제도를 앞세우는 것이 법이다. 법을 만들고 지배하는 사람이 정치의 핵심이어야지 법이 사람을 지배하는 정치여선 안 된다. 이를 긍정한다면 사회 정의를 실현하는 데 순자의 예론(禮論)은 매우 적극적인 역할을 할 수 있을 것이다.

유학에서의 군주론은 크게 두 가지로 나뉘는데, 하나는 덕이 있는 사람이 군주가 되어야 한다는 주장이고, 하나는 군주라면 덕이 있어야 한다는 것이다. 맹자로 대표되는 전자의 입장은 정치적 혼란기에 도탄에 빠진 민중의 함성을 담고 있으며, 순자로 대표되는 후자의 입장은 정치적 안정기에 지도자들의 도덕성에 대한 강력한 요청이다. 『순자』를 읽으면 민주주의에 '갇힌' 우리의 편협한 사유에서 벗어나게 될 것이며, 정치적인 것과 정치가에 대한 새로운 자

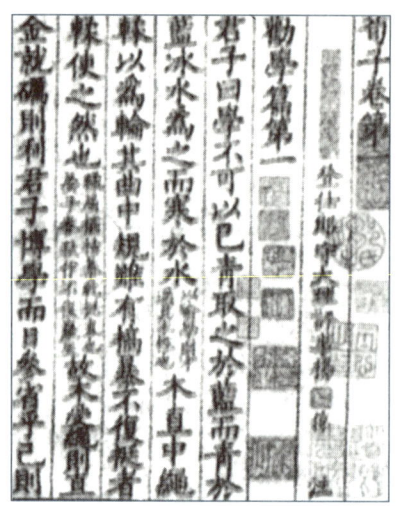

『순자』

기정의를 내릴 수 있을 것이다.

『순자』의 한계와 가능성

순자는 사람을 중시한 인문주의자였으나, 현실 군주를 인정한 상태에서 '예의'라는 절대적인 가치 기준만을 강조했다. 이는 자칫 절대 권력을 소유한 통치자들에게 독재의 도구로 이용될 수 있다. 그의 제자 한비와 이사가 혹독한 법치주의자가 된 것은 이런 권위주의적 가능성과 무관하지 않다. 이 외에 『순자』를 읽으면 악한 인성을 소유한 인간 세계에 어떻게 성인이 출현하게 되는지 명쾌한 해답을 얻을 수 없는 등 일부 사상적 한계도 있다. 오늘의 시각에서 보면

과도하게 신분 등급을 강조하고 있는가 하면, 권리와 의무의 상호 관계에 대한 제도적 구상을 하지 못한 점 등이 지적되고 있다. 이러한 시대적 한계를 알고 『순자』를 읽을 필요가 있으며, 배경을 버리고 보편적 사유를 끌어 내는 현대적 독해를 해야 한다.

성악설 때문에 송나라 이후 성리학자들은 순자를 거의 매장하여 버렸다. 순자 성악설의 '성(性)'자는 맹자 성선설의 '성'자와 달리 정치적·사회적 존재로써 인간의 본성을 애기하는 개념으로 기실 성리학자들의 정치 의식과도 큰 차이가 없었다. 그럼에도 그들에 의해 혹독한 비판을 받았으니 순자 본인에겐 억울할 일이다. 고려시대 말엽 우리나라에 들어와 조선 왕조 전체를 지배한 유학은 바로 이 성리학이었다. 이 때문에 조선에서 순자는 금서였다. 그럼에도 성리학을 뛰어넘어 보려는 무수한 유학자들은 여전히 순자를 읽었으며, 거기서 많은 자극을 받은 듯하다. 예컨대 『순자』를 읽고 정약용의 글들을 읽으면 구절까지 유사한 부분이 한두 군데가 아님을 금방 알 수 있다.

전통 사상의 비판적 계승을 통해 동양과 서양의 조화, 전통과 현대의 접목을 시도할 때 순자 사상은 대안적 사유로써 새로운 유학의 건립에 매우 훌륭한 아이디어를 제공해 준다. 지배자가 제멋대로 모든 일을 처리하는 인치(人治)가 아니라, 높은 수양·엄격성·도덕성·청렴성을 갖춘 새로운 인간형의 창출에 미래 사회의 희망을 건다면, "공동체의 화해와 질서를 위해 헌신하는 사람들을 길러 내는 것이 법제도보다 중요하다"는 순자의 말에 귀를 기울여 볼 만하지 않은가? 이제 우리는 철학과 윤리학을 구분하고, 굳이 정치와 윤리를 구별하여 학문적 정의를 내리는 서양식 사유에서 벗어날 때가 되지 않았는가?

더 생각해볼 문제들

1. 인간의 본성이 악하다면 어떻게 이상적 인격체로서 성인이 출현할 수 있겠는가?

    순자는 텅 비어 한결같으며 고요한 상태의 마음이 있기 때문에 인간 사회에 성인이 출현할 수 있다고 한다. 그의 성악설은 사람이 천성적으로 악한 존재로 태어난다는 말이 아니라 본성은 본래 투박한데 욕망 때문에 정치적 사회적으로 악한 결과를 낳는다는 말이다. 사람이 본래 지니고 있는 맑고 투명한 마음으로부터 성인이 출현하고, 이 성인의 가르침 때문에 성악한 인간이 도덕적인 예치 사회를 만들 수 있다는 주장이다.

2. 법치와 예치 가운데 어느 것이 사회문제 해결에 유용한가?

    법치는 범죄를 공평하고 객관적인 법으로 강제하여 개인 중심의 사회 질서를 수립한다는 의미다. 주로 벌금과 형벌로 이미 저지른 '죄의 결과'를 단죄하려는 것이다. 예치는 각종 인륜을 바탕으로 도덕적인 교화를 실시하여 공동체 중심의 사회 질서를 수립한다는 의미다. 주로 예의염치(禮義廉恥)에 충실하도록 철저히 가르쳐 범죄를 '미연에 방지'하려는 것이다. 어느 쪽이 더 나은 해결책인가.

추천할 만한 텍스트
『순자』, 순황 지음, 김학주 옮김, 을유문화사, 2001.
『순자』, 순황 지음, 장현근 옮김, 책세상, 2002.

장현근(張鉉根)
용인대학교 중국학과 교수.
중국 문화대학교에서 『상군서』 연구로 석사 학위, 『순자』 연구로 박사 학위를 취득하였으며 계간 『전통과 현대』 편집위원을 맡고 있다.
저서 및 역서로는 『중국사상의 뿌리』, 『중국정치사상사』 외 10여 종이 있고, 논문으로는 「순자정치사상에서 '예'의 기능」, 「순자 사상 중의 군·신·민 관계」(중국어), 「왕패(王霸)논쟁으로 본 순자의 성왕론」 외 30여 편이 있다.

무릇 도란 하늘을 덮으며 땅을 싣고, 사방으로 펼치고 팔방으로 늘어나며 그 높이와 깊이를 알 수도 없다. 하늘과 땅을 그 속에 감싸서 품고 형체가 없는 것에 형체를 넣어 준다. … 그러므로 도를 세워 놓으면 하늘과 땅에 가득 차고, 가로로 놓으면 사해에 끊임이 없게 되어 아침저녁으로 없어지지 않는다. 펼쳐 놓으면 하늘과 땅 그리고 사방을 덮지만, 오므려 놓으면 한 주먹도 안 된다. … 더 이상 부드러운 것도 없고 더 이상 미세한 것도 없을 정도이다. 하지만 이러한 도로써 산은 높고 연못은 깊고 짐승은 달리고 새는 날아다니고 해와 달은 빛나고 별 등이 운행하는 것이며, 기린도 노닐고 봉황도 날아다니게 되는 것이다.

유안 (B.C. 179~B.C. 122)

『회남자(淮南子)』 저술의 대표자격인 회남왕(淮南王) 유안(劉安)은 전한(前漢) 문제(文帝)·무제(武帝)시대를 살았다. 그의 아버지 유장(劉長)은 고조(高祖) 유방(劉邦)의 막내아들로서, 기원전 195년에 회남왕(淮南王)에 봉해졌다. 『사기(史記)』나 『한서(漢書)』에 따르면, 그는 문제 6년 포악하고 불손한 행동으로 낙인이 찍혀 봉국을 몰수당하고 촉(蜀)에 유배 도중 스스로 굶어죽은 인물이다. 유장의 어머니는 조미인(趙美人)인데, 조미인 또한 역모에 가담하였다는 죄목으로 옥중에서 유장을 낳고 자살하였다고 한다.

유안은 기원전 164년(문제16)에 문제의 유장에 대한 친족의 감정으로 회남왕으로 봉해졌다. 그는 어렸을 때부터 책을 많이 읽고 거문고 타기를 즐겨 하였으며, 사람들에게 은밀히 음덕을 베풀거나 백성들을 위로하기도 하였다. 나이가 들어감에 따라 아버지의 죽음을 애도하게 되었다. 그의 일생 또한 아버지와 비슷한 길을 걸어, 말년 무제시대에 모반 사건에 연루되어 자살하게 된다. 일설에 따르면, 그가 10년 이상이나 모반을 기도했다고 하지만, 실제로는 온통 유자들로 가득한 조정에서 유학 아닌 도가를 숭상하며 다른 주장을 펴는 유안에게 덧씌워진 모반이라는 설이 더 유력하다.

03

대립과 통일의 변주곡
유안(劉安)의 『회남자(淮南子)』

윤찬원 | 인천대학교 윤리학과 교수

지방자치를 강조한 『회남자』

유안의 할머니는 조(趙)나라에 온 고조 유방을 만나 유안의 아버지 유장을 잉태하였는데, 고조의 정비가 질투하여 옥중에서 유장을 낳고 자살하였다. 유장 또한 나라를 몰수당하고 촉(蜀)으로 유배 가던 중 자살한 인물이다. 이처럼 유안은 자신의 가계에서부터 힘겨운 인생 역정을 걸어야만 했다.

이러한 심경에서 유안은 유교 사상을 중심으로 한 중앙집권제에 대항했던 것으로 보인다. 그는 자유분방한 노장 사상을 중심으로 각 지방의 특성을 강조하는 일종의 지방자치제를 주장하였으며, 도가를 중심으로 유교 등 다른 모든 사상의 통일을 이루고자 의도하였던 흔적이 역력하다. 그러나 그는 도가적 입장을 첫째로 삼았기

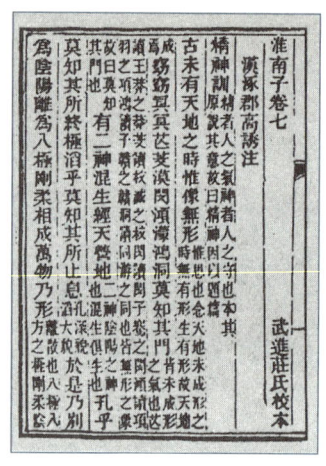

『회남자』

때문에 현실적으로 커다란 제약을 받았다. 즉, 당시 유교 사상만을 중시하여 유교적 '대통합주의'를 지향하고 있었던 문제(文帝)와 무제(武帝)시대의 분위기를 뚫고 갈 수 없었던 것이다. 유가는 중앙집권을 강화하려는 사상적 경향을 보여주는 것인데 반해, 도가는 만물의 자발성과 자율성을 부각시키고 그것을 끝까지 추구하고자 하는 지방분권적 자치를 강조하는 성격의 사상이었다.

문제 때의 숙손통(叔孫通), 가의(賈誼) 등이 유교 사상에 입각하여 강력한 중앙집권화를 시도하였고, 이러한 시도는 무제 때 동중서(董仲舒)의 유교 이데올로기적 중앙집권화로 이어졌는데 이것은 유안의 이상과는 상반되는 것이었다. 『한서(漢書)』에 의하면, 무제가 남월(南越)에 출병하려고 하자 유안은 상소로써 "전쟁을 일으키면 농부들이 농사를 지을 수 없어 반드시 흉년이 든다"거나 "전쟁이 일어난 자리에는 쑥과 가시덤불이 생겨 황폐하게 된다"는 『노자』의 말을 인용하며 평화를 역설했던 것이다.

유안은 빈객(賓客)과 방술지사(方術之士) 수천 명을 불러들여 『내서(內書)』21편을 지었다고 한다. 그밖에 『외서(外書)』도 있었으며, 8편으로 이루어진 『중편(中篇)』은 신선(神仙), 황백(黃白)의 방술(方術)을 기록한 것으로 20만여 자나 되었다고 한다. 여기에서 황백이란 수은이나 납을 주재료로 하여 황금이나 백은을 만드는 특유의 방술을 말한다. 그러나 지금은 『내서』21편만 남아 있다.

『회남자』는 한나라 초기에 성행한 다양한 학술 내지 사상의 흐름을 종합적으로 정리했다는 면에서 특징적이다. 이 때문에 『한서』「예문지(藝文志)」에서는 핵심적인 사상이 없는 것으로 간주하여 잡가류(雜家類)에 넣고 있다. 잡가란 말은 사상의 핵심이 없이 여러 가지 학파들을 잡스럽게 뒤섞고 있다는 의미이다. 그러나 『회남자』는 우수한 문학 작품일 뿐 아니라, 유가가 한나라 시대의 통치 이념으로 자리잡기 이전의 다양한 학술 풍토의 면면을 보여 주고 있다는 점에서 가치가 있다. 당시 무제는 문예를 좋아하여 유안을 그의 아버지와 같은 위계로 우대하고, 공문서를 내릴 때에는 최고 문관에게 초고를 철저히 교열토록 한 뒤에 보냈다고 한다.

한나라 초기에는 부분적으로 서주(西周)시대의 봉건 제도를 부활시켜 황실의 일족들을 공신으로 봉하였으나 황실의 기초가 안정됨에 따라 커다란 봉국의 존재는 제국에 위협이 되는 것으로 간주되었다. 이에 큰 왕국을 나누어 작은 나라로 만드는 한편, 어떤 왕국에 대해서는 모반의 누명을 씌워 멸망시키기도 했는데 그 중 하나가 회남국이었던 것으로 보인다.

당시 한나라는 유교에 의한 통일을 강조하는, 공양학(公羊學)[1] 적 통합주의의 분위기가 지배하였다. 이러한 분위기에 저항해서 씌어진 것이 『회남자』인데, 이것은 정치적 모반일 뿐만 아니라 사상적·문화적 모반으로까지 간주되었던 것 같다. 여기에서 유안이란 인물과 『회남자』라는 책의 비극이 시작되었다고 하겠다. 회남국은 전국(戰國)시대에는 초(楚)라는 지역이었고 원래 사상적으로건 문화적으로건 자유분방한 분위기에 있었다. 도가 사상을 강조하고 있는 『회남자』의 「요략(要略)」편에는 당시 지배적 분위기였던 유교적 중앙집권화에 대한 저항의식이 나타나 있다. 다만 이 때의 저항의식은 단순한 저항이었을 뿐 모반의 분위기에까지 이른 것 같지는 않다. 그러한 모반 사건은 유가의 사가들이 꾸며낸 것으로 보인다.

『회남자』의 본래 제목은 '홍렬(鴻烈)'이었기 때문에, 뒷날 '회남홍렬(淮南鴻烈)'이라는 이름으로 불리기도 하였다. 홍(鴻)이란 크다는 뜻이고, 열(烈)이란 밝힌다는 뜻으로서, 홍렬은 곧 '도를 크게 밝힌다'는 뜻이다. 지금처럼 『회남자』로 불리게 된 것은 유향(劉向)[2] 이후의 일이다. 이 책에 대한 최초 주석서는 허신(許愼)과 고유(高誘)의 것이 있었다고 하나, 지금은 고유의 것만이 남아 있다.

---

1) 『춘추(春秋)』 삼전(三傳) 중 하나인 공양전(公羊傳)을 중심으로 동중서가 이끌어 낸 역사관으로서 사회는 낮은 단계에서 높은 단계로 발전하는데, 공자(孔子)의 "옛 것을 본받아 새 것을 개혁한다"는 개수(改修)의 논리로써 유교적인 통치 이념을 정당화하고자 한 것이다.

대자연의 법칙과 인간 행위의 합일

『회남자』에 인용되는 문헌들은 『노자(老子)』와 『장자(莊子)』 등의 도가 계통의 서적들 그리고 『시경(詩經)』, 『서경(書經)』, 『역경(易經)』 등을 중심으로 하는 유가의 경전들과, 그 외에 법가 계통의 전적, 음양오행가의 주장, 『묵자』, 심지어는 황로[3]의 저작으로 인정될 수 있는 것과 『여씨춘추(呂氏春秋)』 등 매우 다양하고 광범하여 실로 잡다하기까지 하다. 이 때문에 한나라 때에는 이 책을 잡가로 분류했으나, 후대에는 『회남자』의 사상에 의미를 부여하고, 여러 사상과의 유기적 연관성에 입각하여 평가하고 있다.

『회남자』는 21편으로 구성되어 있다. 그 중 마지막 「요략(要略)」 편은 총론에 해당하는데, "도(道)를 말하면서 사(事)를 말하지 않으면 세상과 더불어 부침함이 없게 되고, 사를 말하면서 도를 말하지 않으면 변화와 더불어 노닐 수 없게 된다"는 내용이 나온다. 여기에서 '도'(道)란 곧 노장(老莊)이 말한 도의 개념과 같은 것으로서, 우주와 인생의 진리를 뜻한다. 한편 '사'(事)란 인간 세계의 일

---

2) 유향(B.C. 77년?~B.C. 7년)은 전한 때 사람으로서 본명은 갱생(更生)이고, 자는 자정(子政)이다. 성제(成帝) 때 광록대부(廣祿大夫)가 되고 벼슬은 중참교위(中參校尉)에 이르렀다. 여러 가지 책을 교열하여 『별록(別錄)』을 저술함으로써 중국 목록학의 비조가 되었다. 저서에 『신서(新書)』, 『설원(說苑)』, 『열녀전(列女傳)』 등이 있다.

3) 중국의 전설적인 성왕인 황제(皇帝)와 도가 노자(老子)의 사상을 합친 표현이다. 황제의 사상은 천인상감(天人相感)에 근거하며, 노자의 사상은 무위자연 사상을 근간으로 하는데, 황로는 이 두 사상을 합친 통치 방식을 말한다. 이러한 황로 사상은 전국시대에 존재하여 한비(韓非)에 영향을 미치기도 하였지만, 한(漢)나라를 세운 유방의 일파에게도 상당한 영향력을 미친 것으로 나타난다.

을 일컫는 말로서 도에 근거하는 자연과 인생에 나타나는 여러 현상들, 바꾸어 말하면, 현실 세계에서의 각양각색의 사태들을 지칭한다고 하겠다. 「요략」의 입장은 우주의 원리와 변화무쌍한 일상 세계, 그 두 가지를 동등한 비중으로 체계적·통일적으로 밝히고 있으며 나아가 거기에 응하는 인간의 일상적 자세를 강조한다.

『회남자』에 나타나는 20편의 순서는 노자가 말한 '도'의 세계를 설명하는 방식에 입각한다. 즉, 『노자』에 나오는 "도는 하나를 생성하고, 하나는 둘을 생성하며, 둘은 삼을 생성하고 셋은 만물을 생한다"는 '도(道) → 하나 → 둘 → 셋 → 만물'의 구조가 반영되어 있다는 것이다. 그 순서를 편명에 따라 개괄하면 다음과 같다. 「원도훈(原道訓)」은 도를, 「숙진훈(俶眞訓)」은 하나를, 천지의 존재 방식을 설명하는 「천문훈(天文訓)」, 「지형훈(地形訓)」, 「시칙훈(時則訓)」은 둘을, 하늘과 사람의 관계를 말하는 「남명훈(覽冥訓)」, 「정신훈(精神訓)」과 인사에 관하여 언급하는 「본경훈(本經訓)」 그리고 제왕의 통치 기술을 서술하는 「주술훈(主術訓)」 등은 셋을, 끝으로 인간 사회의 존재 방식으로 언어와 역사적 특수성에 기초하여 특수와 보편의 문제를 다루는 「제속훈(齊俗訓)」과 그 뒤의 11편은 만물을 설명한다. 이러한 설명 방식은 결국 자연 세계와 인간 세계를 합일하는 천도(天道)와 인사(人事)의 통합에 돌아간다.

한편, 『회남자』는 백과사전적 성격도 가지고 있는데 유가, 묵가, 농가, 술수가, 병가, 소설가 등과 같은 다양한 사상들이 소개되고 있다. 여러 가지 사상들의 무질서한 난립처럼 보이기까지 하는 이러한 현상은 궁극적으로 다양한 사상들을 '도'의 입장에서 포용하고자 하는 의도를 보여주는 것이다.

『회남자』의 이러한 구조는 근원적 도의 입장에서 현상적 모순이나 대립을 포용하는 근거가 된다. 그것은 곧 잡다하고 다양한 인간 세계의 일들을 객관적인 이법인 '도' 안에 포괄하고자 하는 것이다. 이는 노자와 장자의 도를 절충하고 서로 다른 사상들을 포용·통일하는 입장이다. 그러한 구조 안에서 다양성의 통일, 즉 노장 사상을 근본으로 삼는 통일이 이루어지게 된다. 또한 백과사전적 지식의 종합을 통하여 현실의 대립상들을 곧 '도'의 관점에서 통일하려는 노력을 완성시키고자 한다. 이는 궁극적으로 도가적 삶의 이상인 자연과 인간의 완벽한 조화와 합일을 의도하고 있다.

무위(無爲)에 대한 적극적 해석

『회남자』에 나타나는 자연관의 특징은 단계적 우주생성론과 기(氣)[4]의 관념을 결합하는 데 있다. 『회남자』에서 우주 생성의 단계는 "무한하고 형태 없는 혼돈과 같은 태시(太始)에서 질서를 이루는 '도'가 생성되고, 도에서 우주가 생성되었으며, 우주는 또한 기(氣)를 생성하고, 기는 천지와 음양을, 천지와 음양은 사계절을, 사계절은 만물을 생성하는" 것으로 설명되고 있다.

우주생성론과 아울러, 생명을 채워주는 기로써 '도 → 하나 → 둘

---

[4] 중국 사상에 들어 있는 독특한 개념으로, 잡을 수도 없고 눈에도 보이지 않는 것이지만 사물이나 모든 일에 생명력을 불어 넣는 잠재적인 활력을 가리킨다. 만물을 생성하는 힘은 음기(陰氣)와 양기(陽氣)라는 대립적인 요소로 이루어진다고 한다.

→ 셋 → 만물'의 과정을 통해 이 세계가 형성된다는『회남자』의 기 개념은 한대의 풍조를 반영하는 것으로서 자연관에 있어서 새로운 측면을 보여주는 것이다. 이러한 기의 사상은 노자로부터 발원한 것이며, 한대에 번성하여 후대 도교의 기본적 사유가 될 뿐 아니라 도교 의학의 발원지가 된다.

인간관에서도 자연과 인간의 대립·갈등을 화해하고자 하다.『회남자』는 자연과 인간, 자연적인 것과 인위적인 것 사이의 관계를『순자(筍子)』,『장자』와 비슷한 방식으로 설정하면서 인간에 관한 논의를 시작한다.

이른바 자연적인 것이란 순수하고 소박하며, 질박하고 정직하며, 애초부터 잡된 것과 뒤섞여 본 적이 없다. 그리고 인위적인 것이란 차이를 보여 주고 꾀를 부리며, 구부러짐이 있고 교묘하며 거짓됨이 있는 것으로, 세상 사람들을 우러러 보거나 굽어 보는 등 세속과 교류하는 것이다. 그러므로 소가 그 발굽이 갈라져 있고 뿔이 있으며, 말이 갈기를 달고 발굽을 온전히 하고 있는 것은 자연적인 것이다. 그러나 말의 입에 재갈을 물리고 소의 코를 뚫는 것은 인위적인 것이다.

이것은 "인위적인 것으로써 자연적인 것을 말살하지 말고, 이유로써 주어진 명을 말살하지 말라"는『장자』「추수(秋水)」편의 내용과 유사하다. 천(天)이란 순수하고 잡스럽지 않은 자연 그대로의 상태를 뜻하고, 인(人)이란 현실의 생활을 영위해 가는 인간의 지적 작위를 의미한다.『장자』는 천을 절대적으로 선호한다. 그러나『회남자』는 천을 우위에 두긴 하나 인의 입장을 절대적으로 배제하

회남왕 유안(劉安)의 전설화

지는 않는다. 오히려 천과 인의 입장을 가치적으로 동등한 차원에서 파악하려는 경향을 강하게 보여 준다. 『회남자』의 특징은 '자연과 인사', 즉 자연적인 것과 인위적인 것의 통일 또는 합일을 목표로 하는 철학적 입장에 있다. 이것은 노장적 입장을 토대로 다양성의 통일을 구하고자 하는 시대적 요청으로 발전된 것이다.

이러한 입장은 새로운 무위의 관념을 설정하면서 시작된다. 여기에서 무위란 사람의 판단으로써 억지로 꾸미지 않는 행위를 말한다.『회남자』가 최고의 이상으로 삼는 무위는 당연히 노장적인 것이다. 이른바 무위라는 인간 행위는 자연과 완전히 합치되어 억지로 행함이 없는, 스스로 그러한 것, 생각도 고려함도 없는 행위이다. 따라서 그 요체는 자연의 움직임에 순응하는 것이다.『회남자』는 이러한 최고의 이상적인 무위에 또 다른 의미를 추가시킨다. 그것은 사회의 진화나 발전을 인정하고 변화된 시대에 적합할 수 있는 무위관을 모색하려는 노력에서 기인한다.『회남자』가 의도하는 무위는 궁극적으로 노장적 무위로서, 현실에서 실천할 수 있는 무위를 제시하고자 한 것이다. 이것은 인간이 자연을 이용하고 개척함에 있어서, 사사로운 의지나 개인적인 편향에 의하여 억지로 꾸미는 바가 있어서는 안 된다는 것을 보여준다. 여기에서 무위는 단순히 자연에 따르기만 하는 것이 아니라, 자연의 객관적 법칙에 따라 자연의 조건을 충분히 합리적으로 이용하는 적극적 행위로 표현된다.

『회남자』가 무위를 단순히 고매하고 초탈한 인간만을 대상으로 삼는 실천 원리로 파악한 것은 아니다. 그것은 노장적 무위를 포기하지 않은 채, 무위의 범위를 현실적 인간에게 미칠 수 있는 지도 원리로써 그 내용을 확장하여 적극적인 인간의 노력을 강조하는 방향으로 나아가려고 하는 노력을 보여 주는 것이다. 다시 말하면, 『회남자』는 노장의 이상적 경지를 포기하지 않고 그것을 철저히 현실에 적용하고자 하는 '무위의 현실화'를 의도하고 있다.

총괄하면,『회남자』는 노자와 장자의 무위관을 합일하고 또한 황로적인 무위관까지도 포괄함으로써, 단순한 의미의 무위에 그치지 않고 현실의 사회나 역사 속에서의 실천을 강조한다. 이는 『회남자』가 철학적인 차원에서는 무위와 유위의 조화, 천도와 인사의 통합 그리고 자연과 인간의 화해를 의도하고 있음을 가리킨다. 그리고 사상사적인 차원에서는 노장과 유가, 법가, 묵가 등 종래 모순·대립하는 것으로 나타났던 주장이나 사상들을 통합하고 나아가 고답적으로 보이기만 하던 무위를 현실화시켜 현실적인 실천 원리로 삼고자 하였음을 보여 주는 것이다.

사회·역사관

『회남자』의 무위란, 세계를 보다 정확하게 인식하고 나아가 개혁하고자 하는 적극적인 노력을 뜻한다. 개인적인 욕구나 욕망을 배제하고 합당한 자연의 이치에 따르는 행위가 곧 무위이다. 이러한 관점은 현실에 대한 단순한 부정이나 도피의 태도가 아니라, 현실에 적극적으로 참여하는 개인의 입장을 반영하는 것이다. 그러나 아울러 도의 입장은 더욱 철저하게 강조되는 양면적 성격을 띠고 나타나는 현상을 보여준다. 그럼으로써, 합리적인 의미에서의 인위의 의미까지도 포괄할 수 있는 여지를 자체의 체계 안에 남겨 놓는다. 거기에서 인의예악을 무가치한 것으로 배제하지 않고 도(道)와 덕(德)의 다음 가는 것으로 간주하고, 그것에 대한 인식의 필요성을 말한다. 그것은 현인을 정치에 임용할 것과 법제의 확립을 긍정하는 경향을 낳게 하는 것이다. 이와 같은 현실적, 실천적 태도는 인간성의 근거를 자연에 두고 인간 행위의 지향점을 자연으로 삼는 데서 기인하는 것이기도 하다.

이러한 관점은 나아가 역사의 흐름에 따라 만물의 변화를 철저하게 인식하고 시세에 응하여 제도를 개혁하는 것이 바람직하다는 입장이다. 여기에서 『회남자』 특유의 사회·역사에 대한 관점이 성립하게 된다. 물론 당시의 상황으로서는 유안과 같은 사람들의 정치적 여망이 현실화될 수 없었던 까닭에 『회남자』는 각 지방의 예속이 다양하지만 각각 동등한 가치를 가진다는 판단 아래 지방분권정치를 강력하게 표방한다.

이러한 이유로, 「주술훈」에서는 시대나 사회 형세가 변하면, 모든 사회적 제도나 예의 법도는 당연히 그에 부응하여 개정되어야 한다고 주장한다. 『회남자』가 제일의 이상으로 삼은 정신은 현실적·사회적·정치적 억압이 전혀 없는 상태를 바라는 도가적인 것이지만, 현실적으로 사회의 발전이나 진보를 긍정하는 입장에서는 사회나 역사의 존재가 필연적인 것임을 부정할 수는 없는 것이었다. 유가나 묵가, 법가 등과 같은 사상들을 포괄하는 다양성의 통일을 기하고자 한다. 그러한 노력을 통해서 『회남자』의 무위관이나 사회관이 성립하게 된 것이었다.

나아가서는, 유가적인 법선왕(法先王)의 복고적 관점을 배척함으로써 발전적인 역사관을 보여 준다. 법선왕이란 훌륭한 성왕의 표본을 옛날의 성왕들에게 두어 그들을 본받는 것이 통치의 요체라고 보는 것이다. 유가의 관점이 반드시 복고적인 것이라 할 수는 없겠지만, 『회남자』가 그러한 비판 의식을 통해서 퇴영적이고 보수적인 사회 의식이나 역사 의식을 배척하고자 하였다는 점을 알 수 있다. 법제나 예악이 시대의 흐름에 따라서 끊임없이 개선되고 발전되어 왔다는 발전적 역사관을 통해서 진보적인 의식과 행위를 강조하였다는 점은 부정할 수 없다.

한편『회남자』의 사회·역사관에 나타나는 한계도 분명히 존재한다. 그것은 사회와 역사가 발전한다고 했을 때 환경결정론적 사고를 보여 주지만, 이 때의 사회나 역사는 인간에 의하여 이해되거나 파악될 수 없다는 불가지론적 입장을 보여 준다는 점이다. 사회나 역사의 문제를 중점적으로 다루고 있는「숙진훈」에 나타나는 이러한 관점은 발전적 역사관과 일견 모순되는 것으로 보이기도 한다. 인간의 사회나 역사는 궁극적으로는 절대 알 수 없는 것일지는 모른다.

후대 도교 형성의 기초

도교(道敎)란, 그 내용뿐 아니라 개념까지 매우 다양하다. 현재까지 도교의 개념에 대한 본질적 정의가 종교학과 사회학, 역사학 및 사상사적인 차원에서 시도되어 왔지만 일관된 규정은 정립되지 못하고 있다. 그러나 이러한 도교의 내용적 다양성 또는 정의의 난해성에도 불구하고, 도교의 일관된 특성은 존재한다.

도교의 역사는 대체로 후한 말의 태평도(太平道)나 오두미도(五斗米道)와 같은 교단화된 도교에서부터 시작되고 있다. 이러한 도교는 후대 북위(北魏)시대 구겸지(寇謙之)의 천사도(天師道), 남송 이후의 태일교(太一敎)와 진대도교(眞大道敎), 전진교(全眞敎) 그리고 정명충효도(淨明史孝道), 정일교(正一敎)로 그 맥이 이어진다. 그러나 도교의 범주에는 이러한 교단 도교만이 포함되는 것은 아니며, 다양한 중국적 종교 현상이나 종교 의례, 더불어 여러 형태의 민간 신앙, 심지어는 신선술, 장생술, 방중술, 연단술과 같은 도사들이 실행하는 여러 가지 기술인 방기(方伎) 등도 여기에 혼합되어 포함된다. 그래서 도교는 중국인의 현세주의적인 민간 신앙의 요소를 포함하는 민족 종교를 의미하기도 하는 것이다.

『회남자』에서 도교적 요소는 부정적으로 파악되지 않는다. 『회남자』의 입장은 도의 관점에서 노장 사상과 공맹의 유가 사상 그리고 묵가, 법가, 음양가 등 종래 모순·대립되던 주장들까지도 통일한다는 것이었다. 바로 자연과 인간의 노장적 통일이라는 입장을 지향하고 있다. 또한, 『회남자』의 새로운 '무위' 해석에 의하면, 객관적 사물의 법칙에 따라 자연의 조건을 충분히 이용하는 것이었다. 당시의 자연에 대한 지식 수준에서 볼 때, 유안이나 그 문객들이 이런 양생을 중시하는 자들을 얼마나 허황된 자들로 보고 경멸하였을지는 극히 의심스럽다. 오히려 『회남자』 이외의 실전된 『중편』이나 『외서』에는 신선·장생술에 관하여 기록되어 있었다고 하며 실제로 유안이 그런 일을 했다고 한다.

『회남자』에서는 노장적인 도가와 종교적인 도교 간의 통합이 예시되고 있다. 그 결정적인 요인은 '기'의 관념이다. 『회남자』의 기는 도가적 경향과 후대의 도교적 경향을 긴밀하게 결합시키는 것으로 보인다. 따라서 『회남자』의 기의 개념을 분석하고 그것의 후대 도교 전적들과의 관계성을 추적해 보는 작업은 『회남자』의 도교적 계기를 보다 분명하게 파악할 수 있는 길을 제공하여 줄 것으로 보인다.

『회남자』는 모든 것을 종합·집대성하고자 한 저작으로, 사상적으로 볼 때, 천도와 인사의 합일이라는 구도를 통하여 현실적인 수많은 대립들을 도라는 하나의 관점에서 종합·통일하고자 하였는데, 한편으로는 자연과 인간의 대립과 갈등, 다른 한편으로는 인간 사이의 대립과 분열을 화해시키고자 하였으며, 나아가서는 노장적 통합을 통하여 후대의 도교적인 길을 잠재적으로 마련하였던 책이다.

더 생각해볼 문제들

1. 『회남자』에서는 사회적인 대립과 통일을 어떻게 이끌어 내고자 하였는가?

    『회남자』는 근원적 도의 입장에서 현상적 모순이나 대립을 포용하고자 한다. 그것은 곧 잡다하고 다양한 인간 세계의 일들을 객관적인 이법인 '도' 안에 포괄하고자 하였다. 이러한 구조 안에서 다양성의 통일 즉, 노장 사상을 근본으로 삼는 통일이 이루어질 수 있다고 보았다.

2. 『회남자』에서는 유가의 중앙집권적 방식에 대하여 지방분권적 방식을 어떻게 이끌어 내고자 하였는가?

    유가는 가부장적이고 도덕적인 질서에 입각한 중앙집권을 강화하려는 사상적 경향을 보여주는 것이지만, 『회남자』에서 추구되고 있는 도가는 만물의 자발성과 자율성을 부각시키고 그것을 끝까지 추구하는 의미에서 개개의 사물이나 개인을 중시하기 때문에 지방분권적 자치를 강조하는 성격의 사상이었다.

3. 『회남자』에서는 이전의 전통적인 도가적 무위(無爲)의 방식을 어떤 방식으로 응용하여 어떻게 현실을 살아 갈 수 있다고 보았는가?

    『회남자』가 의도하는 무위는 궁극적으로 노장적 무위이지만, 그러한 무위관을 넘어 현실의 일상 생활에서 실천할 수 있는 무위를 제시하고자 한다. 이것은 인간이 자연을 이용하고 개척함에 있어서, 사사로운 의지나 개인적인 편향에 의하여 억지로 꾸미는 바가 있어서는 안 된다는 것을 강조하였다. 『회남자』에서 무위는 단순히 자연에 따르기만 하는 것이 아니라, 자연의 객관적 법칙에 따라 자연의 조건을 충분히 합리적으로 이용하는 적극적 행위로 표현된다.

추천할 만한 텍스트

『회남자』(상·중·하), 유안 지음, 안길환 옮김, 명문당, 2001.

윤찬원(尹燦遠)

인천대학교 윤리학과 교수.
서울대학교에서 중국 철학으로 학부와 석사·박사 과정을 졸업하였다.
석사 논문은 『노자』의 사회철학 사상에 관한 것이었으며, 박사 학위로는 "『태평경』에 나타난 도교 사상 연구"라는 제목으로 도교철학에 관한 정식 논문이었다. 그 뒤 중국의 도교 현상을 이해하기 위해서 중국에 가서 여러 도관들을 답사하고 촬영하기도 하였다. 아울러 동양철학과 관련지어 현대의 환경 문제에 관심을 가지게 되었다. 최근에는 중·고등학교 도덕·윤리 교과서의 올바른 방향에 관하여 숙고하고 있다.

내가 염철에 관한 토론을 보니, 공경(公卿)과 문학(文學) 및 현량(賢良) 등의
발언은 그 주장이나 논거가 서로 달라, 혹자는 인의를 숭상하고 혹자는
권세와 재리를 힘써 추구하였음을 볼 수 있다. …
지혜로운 이는 자신이 생각한 바를 알리고, 마음이 어진 이는
베풀어야 할 바를 밝혔으며, 용기 있는 이는 자신의 과단성을 보여 주었고,
말 잘하는 이는 자신의 도도한 변론을 능란하게 개진하였다.
급박하게 논쟁하면서 조금도 굽히는 기색을 보이지 않았으니,
비록 그들의 논설이 완벽한 경지에 이르렀다고 할 수는 없어도,
대체로 보고들을 만한 것이 적지 않았다. 그러나 … 공경은 무력에 의지하여
영토를 넓히는 것만 알았지 덕을 넓혀 먼 곳에 있는
사람들을 부귀하게 할 줄은 몰랐고, 권세와 재리를 추구하여
재정 수입을 넓힐 줄만 알았지 농업으로 나라를 부유하게 할 수 있음은 알지 못했다.

환관

『염철론』을 편찬한 환관(桓寬)은 여남(汝南) 지방 출신으로 자(字)가 차공(次公)이었는데, 공양춘추(公羊春秋)를 공부하여 낭관(郎官)이 되고, 여강군(廬江郡)의 태수승(太守丞)의 지위에 이르렀으며 박식하고 글을 잘 지었다고 한다. 그가 염철 회의의 회의록을 어떻게 손에 넣었는지는 알 수 없지만, 염철회의가 있었던 한(漢)나라 소제(昭帝)에 이은 선제(宣帝) ― 기원전 74년 ~ 49년 ― 시기에 "염철 회의의 내용을 부연하고 그 조목을 확대하며 그 논난을 극대화하여 수만 단어의 대작을 저술하였으니," 그것이 바로 『염철론』이라는 책이라고 『한서(漢書)』「공손하전찬(公孫賀傳贊)」에 소개되어 있다.
『염철론(鹽鐵論)』은 중국 전한(前漢) 소제(昭帝) 시절인 기원전 81년에 황제의 명령에 따라 어사대부(御史大夫) 상홍양(桑弘羊) 등 정부 당국자와 '현량(賢良)' 및 '문학(文學)'으로 천거된 60여 명의 문사들이 한데 모여 소금과 철, 술의 전매 정책 등 국정 전반에 대해 논의한 것을 선제(宣帝) 때에 편찬해 낸 책이다.

04

염철 논쟁을 통해서 보는 고대 중국 사회
환관(桓寬)의 『염철론(鹽鐵論)』

김한규 | 서강대학교 사학과 교수

황제 국가의 이상과 현실

전한의 소제는 저 유명한 무제(武帝)의 막내아들이었다. 무제에게는 아들이 모두 6명 있었는데, 큰아들은 일찍이 태자로 책봉 받았지만 무제 말년에 이른바 무고(巫蠱) 사건에 연루되어 죽음을 당하였고 다른 아들은 교만하였기 때문에, 평소에 무제의 총애를 받던 소제가 8살의 어린 나이로 무제의 뒤를 이어 제위에 올랐던 것이다. 염철 회의는 소제가 즉위한 지 6년째 되는 해에 일어났다. 따라서 그 시대적 배경을 이해하기 위해서는 소제가 뒤이은 무제의 시기가 갖는 특수한 역사적 의미, 즉 고대 중국사에서 무제 시기가 점하는 특수한 위상을 이해하지 않으면 안 된다.

한 무제는 기원전 141년에 즉위하여 기원전 87년에 죽을 때까지 모두 54년이라는 긴 기간 재위하였을 뿐만 아니라, 그 이전 시기나 그 이후 시기와 구별되는 매우 독특한 한 시기를 형성하였다. 무제의 할아버지와 아버지는 문제(文帝)와 경제(景帝)였는데, 이 두 황제의 치세는 흔히 역사에서 '문경지치(文景之治)'라 불릴 정도로 저명한 한 시기를 이루었다. 중국의 역사에서 '문경지치'란 '요순지치(堯舜之治)'나 '정관지치(貞觀之治)' 등과 함께 역사상 가장 잘 다스려진 상황을 가리키지만, 실제로는 고대 중국인이 한(漢)나라 초기에 매우 특수한 상황을 만나 불가피하게 선택할 수밖에 없었던 대응 태도를 표현한 미사여구에 지나지 않았다. 한나라 초기의 상황이란 진(秦) 제국이 붕괴된 뒤에 중국을 지배하게 된 한이 명목상으로는 진 제국을 계승하여 '제국'을 표방하였음에도 불구하고 실제로는 제국의 규모를 전혀 갖추지 못한, 유명무실했던 상황을 말한다.

중국 역사에서 흔히 상(商)·주(周)시대라고 불리는 시기는 황하 중·하류 유역의 중원에 수많은 성읍(城邑) 국가들이 산재하여 상, 혹은 주 등을 중심으로 조직적인 국제 사회를 형성하고 있었던 시기를 말한다. 이 때 중원의 성읍 국가들은 '사국(四國)'과 상 혹은 주 등의 중심적인 성읍 국가들은 서로 책봉(冊封)을 받거나 조공(朝貢)을 교환하면서 안정된 국제 질서를 형성하고 있었는데, 이러한 국제 질서를 흔히 봉건제(封建制)라고 불렀다. 그러나 서주(西周) 혹은 춘추전국(春秋戰國)시대에 이르러서는 철기시대로 돌입하면서 성읍 국가가 병합되어 영토 국가로 발전하였고, 군주가 인민과 영토를 직접 통치하는 군현제(郡縣制)와 관료제(官僚制)가 발달하게 되는 등 중원 지역에 '중국'이라 불리는 하나의 거대한 역사

공동체가 형성되었다. 그 결과, 기원전 221년에 진(秦)이 중원의 다른 국가들을 모두 병합하여 중국을 한 국가 체제 안으로 통일하는 역사적 사건이 발생할 수 있었던 것이다.

역사상 처음으로 중국을 통일한 진인(秦人)은 새로운 시대, 새로운 상황을 표현할 '황제(皇帝)'라는 말을 만들어냈다. 진 제국의 군주가 황제를 자칭한 것은 상·주의 군주가 '천자(天子)'를 자칭한 시기와는 달리 황제라는 하나의 절대 권력이 전 세계의 인민을 일원적으로, 그리고 개별적이고 직접적으로 지배하는 국가를 건립하였음을 선포하는 정치적 행위였다. 이러한 국가를 '황제가 지배하는 국가', 즉 '제국'이라 할 수 있을 것이다. 처음으로 황제라는 칭호를 사용한 '진시황제(秦始皇帝)'는 전 중국을 36개의 군(郡)으로 재편하였을 뿐만 아니라 오르도스(河套)[1]와 영남(嶺南)[2] 등 중국 밖에도 군현을 설치하여 전 세계를 일원적으로 지배하려 하였다.

진나라가 멸망한 뒤, 기원전 202년에 중국을 다시 통일한 한(漢) 제국의 군주도 황제라는 칭호를 사용함으로써 제국의 건립을 표방하였다. 그러나 한나라는 진나라와 달리 전 세계를 일원적으로 지배할 능력이 없었을 뿐만 아니라, 중국에서도 군현제에 따른 지배를 이루지 못하였다. 황제는 관중(關中)과 그 주변의 십여 개 군만을 보유하였을 뿐, 산동(山東) 등 중국의 대부분은 8~9개의 제후 왕국에 의해 분할·점유되었다. 그리고 각 제후 왕국은 이름만 제후

---

[1] 장성 이북과 황하 이남, 즉 하남(河南)의 흉노인 거주지를 가리킨다.
[2] 장강, 오령(五嶺) 이남의 월인(蠻越) 거주 지역을 가리킨다.

일 뿐 실제로는 독자적인 정부와 군대, 재정 수입을 보유하면서 한과 대립하는 별개의 국가를 구성하고 있었다. 뿐만 아니라, 중국 밖에는 흉노(匈奴)와 남월(南越), 조선(朝鮮) 등 매우 강대한 적국들이 중국을 위협하고 있었다. 특히 진 말기와 한 초기에 초원 유목사회를 통일한 흉노는 진에 빼앗겼던 오르도스를 탈환하고 장성(長城) 일대를 빈번하게 침략하였다.

한나라는 고조(高祖) 유방(劉邦) 때에 평성(平城)에서 흉노와 일전을 겨루다가 대패한 뒤, 흉노와 화친을 맺어 침략을 피하는 대가로 흉노의 최고 통치자인 선우(單于)에게 한의 공주를 출가시키고 매년 막대한 세폐(歲幣)를 공급하였다. 이러한 상황은 제국이라는 명칭에 전혀 걸맞지 않는 것이어서, 한 초기에는 황제 혹은 제국의 명실이 심각하게 괴리되어 있었다. 소위 '문경지치'란 바로 이러한 상황을 적극적으로 극복하지 못하고 무기력하게 순응한 한 초 중국인의 무기력한 대응 방식을 수식한 말에 지나지 않았다.

문경지치(文景之治)

문제와 경제시대의 국가 권력은 개국공신들에 의해 점거되어 있었고, 이들은 "유씨가 아니면 제후왕(諸侯王)이 될 수 없고 공이 없으면 열후(列侯)가 될 수 없다"는 유방과의 약속을 근거로 하여 제실(帝室)과 더불어 천하를 분점하고 있었다. 뿐만 아니라, 춘추전국시대 이래로 토지의 사유화가 진행됨에 따라 역사에 출현한 호족(豪族)들이 대규모 토지 소유를 수단으로 소농민들을 장악하는 상황에 이르렀기 때문에, 황제가 인민을 개별·인신적으로 지배하는 제국 체제가 사실상 작동하지 못하였다. 이들 호족들은 수많은 소농민들을 사역하여 대토지를 경영하였을 뿐만 아니라, 많은 인력과 자본을 동원하여 소금과 철, 술의 제조와 판매 등 국가의 기간산업을 장악하고 있었으며, 심지어는 구리 광산을 개발하여 동전을 제조하기도 했다. 이러한 상황에 대한 문제와 경제 등 황제 권력의 대응 방식은 황로술(黃老術)의 '무위이치(無爲而治)'였다.

황로술은 한 초에 유행한 도가적 치술로서, 공신 집단과 황실의 많은 구성원들이 적극 신봉하였다. 특히 저명한 공신 조참(曹參)은 혜제(惠帝) 시기에 승상(丞相)이 되어 황로술을 몸소 실행하여 어진 재상이라 칭송받았는데, 그 치술의 요체는 '무위이치', 즉 국가의 행위를 극도로 절제하고 민간 질서를 방임한 데 있었다. 문제와 경제 등 황제들도 황로술을 존숭하였다. 그로 인해 한은 당시 위협적 적국들, 예컨대 흉노나 남월, 조선 등과의 전쟁을 적극 회피하고 민간에서 제작한 동전 화폐를 허용하는 등 민간의 경제 활동을 방임하였을 뿐만 아니라 조세를 대폭 삭감하고 제도의 변경을 철저하게 기피하였다. 이러한 '무위이치'의 당연한 결과로, 곡물이 노적되어 썩고 돈 꾸러미가 헤쳐져서 헤아릴 수가 없게 되어 국력이 크게 축적되었지만, 엄격히 말해서 그것은 천하 분점의 기존 질서를 보수케 함으로써 제국적인 질서의 확립을 포기 내지는 보류하는 행위였다고 할 수 있다.

그러나 문제와 경제의 치세기에 황로술적 '무위이치'만 실행되었던 것은 아니다. 비록 점진적이고 제한적으로나마 제국의 명분과 실제를 일치시키려는 노력이 끊어지지 않았다. 문제 시기에는 '중건제후(衆建諸侯)'3)의 방책을 통해 제후왕 세력을 삭감하였고, 경제 시기에는 오초칠국난(吳楚七國亂)4)을 유발하여 제후국에 대한 통제를 강화하였다. 이러한 노력은 무제 때까지 계승되어 좌관률(左官律)을 만들고 부익법(附益法)을 제정하여 제후는 조세를 거두어 의식을 얻을 뿐, 더 이상 정사에는 간여하지 못하게 되었다. '문경지치'를 통해 비축된 국력을 바탕으로, 무제 시기의 한인은 제후국을 무력화하여 사실상 군현제를 확립하고, 현량과 문학 그리고 '효렴(孝廉)'과 '무재(茂才)' 등 각종의 관리 선발 제도를 실행하여 관료제를 정립하였다. 또한 혹리(酷吏)라는 수단을 동원하여 호족 집단을 해체하고 민간의 동전 제조를 금지하였으며 유협(游俠)의 활동을 엄금하였고 성인 남자 개개인에게 인두세를 징수하는 한편, 요역·병역 등을 지게 하여 황제의 직접적이고 개별·인신적인 인민 지배를 관철시켰다. 무제 시기의 한인이 소금, 철, 술의 생산과 판매권을 국가에 귀속시킨 것은 바로 이와 같은 제국 질서의 확립 과정에서 일어난 사건이었다.

염철주(鹽鐵酒) 전매 정책과 '윤대(輪臺)의 조(詔)'
무제 시기의 한나라는 직접 오수전(五銖錢)5)을 주조하고 전국의

---

3) 제후가 사망하면 그 제후국을 쪼개어 여러 아들에게 나누어 줌으로써 하나의 강대한 제후국을 여러 약소한 제후국으로 만드는 방책이다.
4) 제후국에 대한 한(漢)나라의 압력에 저항하여 산동(山東)의 오, 초 등 7개 제후국이 연합하여 일으킨 전쟁이다.

소금과 철을 전매하여 부상과 거상들을 억제하였으며 고민령(告緡令)[6]을 발포하여 겸병을 일삼는 호족 대가를 제거하였다. 또한 전국 각처에 균수관(均輸官)[7]과 평준관(平準官)[8]을 설치하여, 정부가 물자의 시공간적 유통 과정을 직접 장악하였다. 한무제 시기에 국가 통제의 경제 정책을 채택한 까닭은 그때까지 소금과 철, 술 등의 생산과 유통을 장악하면서 황제의 직접, 개별적 인민 지배를 방해하고 있던 호강 세력을 억제하기 위한 것이었다. 그러나 보다 직접적인 이유는 정부의 재정 수입을 확충하는 데 있었다.

무제 시기에는 황로술적 무위이치의 '문경지치'를 극복하고 진나라의 제국 체제를 회복하려 했다. 황제는 절대 권력을 의미하였기 때문에, 중국 인민에 대한 직접적·개별적 지배뿐만 아니라, 중국 밖에 놓여진 세계의 다른 부분까지 일원적으로 지배해야 한다는 이념적 당위성을 내포하고 있었다. 이로 인해 진시황은 중국을 통일한 뒤에 흉노를 오르도스에서 몰아내고 월인(越人)이 거주하던 영남을 침공하여 군현을 설치하였다.

그러나 문제와 경제 시기에는 흉노와 남월, 조선 등 위협적인 외

---

5) 무제 시기에 국가가 직접 주조, 발행한 '5수(銖) 무게의 돈'으로, 이후 수백 년간 유통된, 고대 중국의 대표적 동전이다.
6) 재산세를 기피하기 위해 재산 신고를 충실하게 하지 않았을 경우에 재산을 몰수하고 고발한 자에게 몰수 재산의 반을 준다는 법령이다.
7) 지방의 조세 수입으로 중앙정부에 필요한 물품을 구매하여 중앙으로 운송했던 기관이다.
8) 물가가 쌀 때 구매해 두었다가 비쌀 때 방출하여 재정 수입을 증대하고 물가를 조절하는 데 기여했던 기관이다.

국과의 전쟁을 극력 회피하였는데, 이는 표면적으로는 황로술적 '무위이치'의 일환인 것처럼 윤색되었지만 실제로는 한고조 유방이 평성에서 흉노에 대패한 충격으로 인해 자신감을 상실하였던 데 기인하였다. '문경지치'의 덕택으로 축적된 국력과 회복된 자신감을 바탕으로 삼아, 무제 시기의 한인은 흉노(匈奴) 등의 인접국들을 무력으로 제압하여 명실상부한 제국을 실현하려 적극 기도하였다.

기원전 133년에 한인이 선제 공격을 함으로써 발발한 한과 흉노의 전쟁은 비록 초기에 상당한 전과를 거두었을 뿐만 아니라 궁극적으로는 흉노를 쇠망케 한 원인의 하나가 되었지만, 무제 치세의 거의 전 시기에 걸쳐 전쟁이 장기간 진행됨으로써 중국에도 엄청난 인적·물적 손실을 가져다 주었다. 이로 인해 한나라는 재정이 궁핍해져서 전사들에게 봉록을 제대로 주기도 어렵게 되어, 황제는 황실의 재정 수입을 국가 재정으로 귀속시키고 부호들에게 재산세를 부과하며 막대한 양의 화폐를 발행하는 등의 방법으로 전비를 충당하게 하였다.

이러한 상황적 배경 하에서 기획되고 실행된 소금과 철, 술의 전매 정책이 무제 사후에 '염철 논쟁'을 불러일으킨 까닭은 그것의 생산과 유통을 국가가 독점하면서까지 강행한 흉노와의 전쟁이 만족할 만한 성과를 거두지 못하였을 뿐만 아니라, 오히려 중국에 엄청난 재앙을 가져다 준 것으로 인식되었기 때문이다. 오랜 전란으로 농토가 황폐화하고 화폐의 남발로 물가가 앙등하여 반란 수준의 폭동이 도처에서 빈발하였다. 무제 자신이 상황의 심각성을 인정하고 그 치세의 말년에 저 유명한 '윤대(輪臺)의 조칙(詔勅)'을 발표하

한 무제(漢武帝)의 초상

여 40여 년이나 끌어온 흉노와의 전쟁을 스스로 종식시킴으로써, 흉노를 굴복시키고 세계를 일원적으로 지배하려는 평생의 목표를 포기한 채 치세를 마감하였다.

'윤대의 조'는 무제가 총애하던 이사장군(貳師將軍) 이광리(李廣利)가 전군을 들어 흉노에 투항한 충격적 사건이 발생하자, 수속도위(搜粟都尉) 상홍양(桑弘羊)이 서역의 윤대에 둔전(屯田)을 열어 흉노와의 장기전에 대비하자고 주장한 데 대한 답으로 내려진 조칙이었다. 무제는 지나간 일을 후회하고 이 때부터 다시는 군대를 내보내지 않았다. 그리고 승상 차천추(車千秋)를 부민후(富民侯)로 봉하여, 휴식을 통해 백성을 부유하게 기르겠다는 의지를 밝혔다.

이 '윤대의 조칙'에는 무제 개인의 회한만이 담겨 있는 것이 아니었다. 그 곳에는 무제 말기에 중국에서 살았던 한인들의 깊은 반성과 새로운 결의가 표현되어 있다. 무제의 사후에 열린 '염철 회의'는 바로 '윤대의 정신'을 계승하여 무제시대를 재평가하고 새로운 시대의 문을 열려는 노력의 적극적인 표현이었다.

곽광(霍光)의 보정(輔政)과 염철 회의

염철 회의는 담당 관리와 군국(郡國), 즉 군 태수와 제후왕이 천거한 현량(賢良)과 문학(文學)에게 황제가 백성의 아픔과 고생을 묻고 소금과 철, 술 등의 전매 제도에 대해 의논하여 혁파하게 한 것으로 60여 명이 궁정에 모여 어사대부(御史大夫)[9] 상홍양(桑弘羊) 등 정부 당국자와 염철 전매의 타당성 등 국정 전반의 현안에 대해 깊이 있게 토론하였다. 그러나 공경(公卿)과 문학 혹은 현량 등의 주장이 각각 다르고 그 논거도 서로 달랐다. 현량과 문학들은 소금과 철, 술 등의 전매를 관리하는 관청과 균수(均輸)를 담당하는 관청을 철폐하여 국가가 천하와 더불어 이익을 다투지 말 것을 청하고, 절약 근검의 모범을 보인 뒤에야 교화가 일어날 수 있다고 하였다. 그러나 상홍양은 이를 반대하면서, 소금과 철, 술 등의 전매와 균수 등은 국가의 큰 사업으로서 사이(四夷)를 제압하여 변방을 안

---

9) 한나라 시대에는 최고위 관직인 승상(丞相), 어사대부(御史大夫), 태위(太尉) 등을 '삼공(三公)'이라 불렀는데, 그 중 감찰 기관의 장관인 어사대부는 부제상의 지위에 있었지만, 염철 회의가 진행되던 당시에는 어사대부가 사실상 정부의 최고 책임자였다.

정시키는 데 필요한 재정의 바탕이기 때문에 철폐할 수 없다고 하였다. 그 결과 소금과 철, 술의 전매 정책의 계속 시행 여부를 논의하던 회의는 외교와 국방, 사회와 경제, 통치 이론과 사상 등 광범한 문제의 토론으로 확대되었다.

사실 염철 회의는 회의의 개최와 전개 과정이 매우 이례적이었고, 그 성격도 쉽게 이해하기 어려운 것이었다. 염철 회의는 소제 때인 기원전 82년에 황제가 조칙을 내려 "삼보(三輔)와 태상(太常)에게 현량을 각 2명씩 천거하게 하고 군국(郡國)에서는 문학과 '고제(高第)'를 각 1명씩 천거하게 하였으며, 그 다음 해에 조서를 다시 내려 승상과 어사대부가 이미 천거된 현량·문학과 의논하여 민간의 어려움을 알아보게 함"으로써 개최되었다. 이 때 "현량으로는 무릉현(茂陵縣) 출신의 당생(唐生)과 문학으로는 노국(魯國) 출신의 만생(萬生) 등 60여 명이 궁정에 모여 육예(六藝)[10]의 가르침을 펼치고 태평의 근원에 대해 논하였다"고 한다.

그러나 황제가 현량·문학을 시켜 정부 당국자와 국가 현안에 대해 토론하게 한 것은 그 전에도 없었고 그 뒤에도 없었던 매우 이례적인 일이었다. 원래 '현량·문학'이란 문제 시기부터 실행된 '구현(求賢)', 즉 현인을 찾는 한 방법이었다. 황제가 군국의 장관이 천거한 현량하고 방정(方正)하며 문학의 재능이 있어 직언하고 극간(極諫)할 수 있는 사(士)에게 책문(策問)하여 그 대책을 시험한 결

---

10) 『시(詩)』, 『서(書)』, 『예(禮)』, 『악(樂)』, 『역(易)』, 『춘추(春秋)』 등 육경(六經)을 말한다.

과를 평가해서 고위 관료로 발탁하는 제도였다. 그런데 '현량'과 '문학'이 별개의 두 과목 혹은 그 과목들을 통해 천거된 인사를 가리키는 명칭으로 사용된 것도 시원 5년의 경우가 처음이었거니와, 천거된 인사들을 모아 놓고 정부 당국자와 국정을 의논하게 한 것도 처음 있는 일이었다. 무엇보다도 14세 소년 황제가 이처럼 제도적 변혁까지 꾀하면서 이 의미심장한 회의를 일으킨 의도는 무엇이었을까?

우리는 염철 회의가 당시 대장군 곽광(霍光)의 한 막료(幕僚)에 의해 발안되었다는 사실을 통해 그 소집 배경의 일부를 확인할 수 있다. 『한서』의 「두주전(杜周傳)」에는, "두연년(杜延年)은 본래 대장군 곽광의 속관으로서 … 한(漢)나라가 무제 시기의 사치와 잦은 정벌을 뒤이었음을 생각하여, 대장군 곽광을 위해 여러 차례 진언하기를, "곡물이 풍작을 이루지 못하여 유리걸식하는 백성들이 아직 다 돌아오지 못하였으니, 마땅히 문제 시기의 정치를 닦아서 검약과 너그러움을 보임으로써 천심에 순응하고 민의에 따른다면 곡물도 풍작을 이룰 것이라"고 하니, 곽광이 그 말을 받아들였다. 현량을 선출하여 술과 소금, 철 등의 전매제를 철폐하도록 의논케 한 것도 모두 두연년의 발의에 의한 것이었다"는 내용이 나온다. 이 기사를 통해 확인할 수 있는 사실은 현량과 문학을 선거하고 염철 회의를 소집한 실질적 당사자는 황제가 아니라 대장군 곽광이었다는 것과, 현량·문학을 선거하고 염철 회의를 소집한 이유가 바로 문제 시기로 회귀하기 위한 것이었다는 사실이다.

물론 염철 회의 소집의 보다 실질적이고 직접적인 이유는 이 기사에서도 드러나 있지 않다. 그것은 염철 회의가 끝난 직후에 곽광의 정적인 상관걸(上官桀)과 상홍양 일파가 숙청되는 사실을 통해 치열한 정치적 권력 투쟁의 일환이었음을 미루어 짐작할 수 있을 뿐이다. 이 권력 투쟁을 이해하기 위해서는 역사상 최초의 '보정(輔政)'[11)]이 이루어진 상황으로 되돌아가야 한다. 무제는 임종할 때 자신이 가장 신임한 세 명의 신료, 곽광과 상관걸, 김일제(金日磾) 3인에게 '보정'을 위임하였는데, 김일제가 일찍 병사함으로써 안정적 권력 구조가 무너지고 곽광과 상관걸의 치열한 권력 투쟁이 이어지게 되었다.

대장군 영상서사(領尙書事)의 직책을 위탁받은 곽광은 내조(內朝)를 장악하고 있었던 데 반해, 좌장군(左將軍) 상관걸은 어사대부 상홍양을 통해 외조(外朝)를 장악하고 있었기 때문에, 양자의 투쟁은 내조와 외조의 역학적 관계와 상응하였다. 내조는 무제가 황제 권력을 강화하기 위해 중서(中書)와 상서(尙書), 시중(侍中) 등 비서진으로 구성한 정책 심의 조직이었다. 이에 비해 외조는 승상을 영수로 한 행정부를 가리켰다. 곽광은 대장군으로서 '영상서사'의 직을 맡으라는 보정의 위촉을 받고 대장군 막부를 열어 정치적 두뇌 조직으로 활용하는 한편, 상서의 일을 총괄하여 상주와 비답(批答)의 과정을 장악하였다. 그 때문에 황제의 조칙 형식을 빌어 현량과 문학을 선거하고 염철 회의를 소집하여 정부의 실질적

---

11) 국가 권력이 일시적으로 황제에서 특정 관료로 이동하여 황제 권력이 공동화하는 과정을 말하는데, 보정은 장군이 담당하는 경우가 많다.

책임자인 상홍양과 상관걸을 공격하게 할 수 있었던 것이다.

이상과 현실의 조절

결국 염철 회의가 끝난 뒤, 대장군 곽광과 그 막료 두연년의 의도대로 정적인 상관걸과 상홍양 일파는 제거되었고, 외조는 권력 투쟁에서 패퇴하여 유명무실해졌으며, "군국의 각고(榷酤)[12]와 관내의 철관(鐵官)을 철폐하였다." 그러나 염철 회의는 단순한 정권 투쟁의 한 과정이나 권력 구조의 개편 혹은 재정 제도의 개혁에 그친 것이 아니라, 거대한 시대적 흐름의 한 표현이었다. 무제 시기의 말엽부터 소제 시기의 중국인은 앞서 매우 개성 있는 두 자락의 시기를 경험한 바 있었다.

그 하나는 무제에 의해 통치된 바로 앞의 시기로서 황제에 의한 직접적이고 개별적인 지배 체제를 확립하고 중국 중심의 일원적 세계 질서를 적극적으로 추구하였던 시기였다. 다른 하나는 무제의 조부인 문제와 경제, 특히 문제의 치세로서 오랜 전란의 끝을 뒤이어 극도로 피폐해진 상황에 대처하기 위해 국민과 더불어 국가가 휴식을 취하는 황로술, 즉 도가적 무위이치를 실천한 시기였다.

무제 말기의 군사적 패배와 경제적 파탄, 사회적 혼란을 경험한 소제 시기의 중국인들은 이제 이 두 시기 중의 하나를 선택하지 않으면 안 되는 시점에 있었다. 그것은 바로 '윤대의 정신'을 계승할

---

[12] 술의 전매 혹은 그 담당 기관을 뜻한다.

후한시대 정염(淨鹽) 과정을 그린 화상전(畵像磚)

것인지의 여부에 관한 문제이기도 했다. 이 상황에서 보정을 통해 어린 황제 대신 국가 권력을 일시 장악한 대장군 곽광은 막료 두연년의 제의대로 무제 시기와 단절하고 문제 시기로 회귀하는 길을 선택하였다. 곽광의 이러한 선택은 무제 시기의 재정 정책, 특히 소금과 철(鐵), 술의 전매 정책을 입안하고 주도한 상홍양과 그 일파를 공격하기 위한 정치적 고려에서 나온 것이기도 했지만, 보다 근본적인 이유는 당시 중국인의 정치적·경제적·군사적 역량이 무제 시대를 지속시키기에는 부족하였던 데 있었다.

이상과 현실이 괴리될 때는 이상을 포기하거나 혹은 현실을 조작해서 이상에 접근시키려 노력할 수도 있고 이상과 현실을 접근시켜 타협할 수도 있다. 염철 회의 이후의 중국인들은 제3의 길을 선택하였다. 염철 회의를 조직한 측의 의도와는 달리, 염철 회의의 결과는 문제시대로의 단순한 회귀나 무제시대와의 철저한 단절이 아니라, 무제시대와 문제시대의 교묘한 절충과 타협으로 나타났다. 염철 회의 이후 전매 정책을 전면적으로 폐기하지 않고 부분적 조정으로 결론지었듯이 염철 회의에서 다루어진 국정 전반의 현안이 대부분 타협적 결론으로 귀결되었다.

우선 정치 방면에서는, 보정 장군 곽광이 정치적으로 승리를 거둠으로써, 그의 보정이 안정적으로 지속될 수 있게 되었을 뿐만 아니라, 곽광 이후에도 그의 보정이 모범이 되어 보정 체제가 한 국가 체제의 가장 특징적인 부분으로 정착되었다. 곽광 이후 보정을 위임받은 신료는 누구나 장군으로 막부를 열어 막료의 보좌를 받으며 보정을 수행하였기 때문에, 막부 체제 역시 보정 체제와 더불어 한 국가 체제의 또 다른 중심축으로 작용하게 되었다. 일개 장군이 황제 대신 국가의 권력을 장악·운영한다는 것은 원칙적으로 본다면 황제 국가의 정신과 일치할 수 없는 일이었지만, 진시황 사후에 경험한 바와 같은 황제 체제의 불안정성을 보완할 수 있는 제도적 장치로서 보정 체제와 막부 체제가 선택된 것이다.

사회·경제 방면에서는, 국가와 모순된 존재로 간주되었던 대토지 소유자 호족이 한 국가가 공존·협력할 수 있는 상대로 수용되었다. 염철 논쟁은 현량 문학이 "국가가 염(鹽)·철(鐵)·주(酒)의 이익을 민(民)과 다투고, 독점하려 한다"는 점을 비판·지적하면서 개시되었다. 그런데 여기서 현량·문학이 말하는 '민'이란 실제로는 그

때까지 소금과 철, 술의 생산과 판매를 주도해 온 호족을 의미하였기 때문에, 결국 염철 회의라는 역사적 무대에서 현량·문학이 맡은 역할은 호족의 옹호자일 수밖에 없었다. 따라서 염철 회의에서 현량·문학 혹은 그 배후라 할 수 있는 곽광 측이 승리한 것이 호족의 위상을 변화시키는 결과를 가져 온 것은 자연스러운 일이었다.

전한 말 애제(哀帝) 시기에 국가가 대토지 소유액을 제한하는 법안을 만들려 시도하기도 하고, 왕망(王莽)이 대토지 소유를 금지하는 왕전(王田) 정책[13]을 실행하려 하는 등, 역사의 흐름에 저항하는 '반동적' 사건도 없지 않아 있었지만, 남양(南陽) 지방의 호족들이 연합하여 후한을 건립함으로써 황제 권력과 호족이 공존·협력하는 타협적 국가 체제가 확립되고, 황제가 개별·인신적으로 지배하는 소농민과 호족이 대토지를 매개로 지배하는 농민이 공존하는 사회·경제 체제가 정립되었다.

사상·문화 방면에서도 염철 회의의 유(儒)·법(法) 논쟁의 결과, 사상계의 흐름은 유가나 법가의 일방적 승리나 패배가 아닌, 양자의 공존과 융합이라는 방향으로 귀결되었다. 소제 다음 대(代)인 선제 시기에 이뤄진 황제와 황태자의 다음과 같은 대화는 염철 회의를 통해 전개된 유법 투쟁이 어떠한 결과를 가져왔는가를 잘 시사하고 있다.『한서』「원제기(元帝紀)」에는, 선제의 태자 — 뒤의 원제(元帝) — 는 인자하고 유학을 좋아하였는데, "선제가 문법리(文

---

13) 모든 토지는 왕, 즉 황제의 토지임을 선포하고 토지와 노예의 매매를 금지한 정책이다.

法吏)¹⁴⁾들을 많이 기용하여 형법으로써 신하들을 다스리는 것을 보고, … "폐하께서는 지나치게 형법에 의존하고 있으니 마땅히 유생들을 기용해야 할 것이라"고 말하였다. 이 때 선제는 노기를 띠면서 "우리나라가 제도를 가진 이래로 본래 패도와 왕도를 섞어 사용하였는데, 어찌 오로지 덕교(德敎)에만 의지하여 주나라시대의 정치만을 쫓으려 하느냐"고 탄식하였다는 기록이 있다.

선제가 '잡용(雜用)', 즉 섞어 함께 사용하기를 원한 패도와 왕도 ― 즉, 덕교 ― 란 곧 법가와 유가의 치술을 말한다. 결국 염철 회의 이후, 유가적 문학지사(文學之士)와 법가적 문법리들은 관료 조직의 상층부와 중·하층부를 각각 점유함으로써 '이유식법(以儒飾法)', 즉 유가로써 법가를 분식하는 형태로 양자가 공존하게 되었으며, 유가와 법가라는 두 이질적 사상 체계도 타협적으로 결합하여 국가의 체제 이념으로 새로 조직되었다.

이와 마찬가지로, 중국 중심의 세계 질서를 운영하는 체제도 한인의 현실적 역량에 맞추어 재조정되었다. 무제 시기에 중국인들은 중국 밖에 30개가 넘는 군을 설치하여, 중국 밖의 땅과 인민까지 황제가 직접·개별적으로 지배하는 체제를 갖추었으며, 이러한 상황은 적어도 형식적으로는 염철 회의 이후까지 계속 유지되었다. 그러나 염철 회의 이후의 한의 변군은 중국에 설치된 내군과 달리 군현의 형식과 운영의 실제가 심각하게 괴리되어 있었다. 무엇보다도

---

14) 법률을 전문적으로 습득한 실무적 관리로서, 문리(文吏)라고도 하였다.

황제의 직접적이고 개별적인 인민 지배를 실현할 인두세와 요역(徭役), 병역의 수취가 이루어지지 못하였을 뿐만 아니라, 한의 법률도 적용되지 못하고 '고속(故俗)', 즉 원주민의 고유한 습속과 질서가 그대로 유지되어 '자치'가 허용되고 있었다. 염철 회의 이후, 중국의 밖에 위치한 '외국' 혹은 '인접국', '적국'들은 대부분 한의 변군 체제 안으로 편입되어 한과 책봉과 조공을 교환하였다.

이처럼 형식과 내용, 이념과 현실이 현저히 괴리된 체제를 선택한 것은 염철 회의 이후에 한인들이 '기미지의(羈縻之義)'라는 독특한 외교 원칙을 새로 채택하였기 때문이다. '기미의 뜻'이란 "소와 말의 고삐를 잡듯 관계를 끊지만 않을 뿐"으로 해석될 수 있는 '기미부절이기(羈縻不絶而已)'의 정신을 말하는 것으로, 주변 국가나 공동체를 정벌이나 군현의 설치와 같은 방법으로 지배하기보다는 상대방의 의사와 상황의 조건에 따라 융통성 있게 대처하는 태도를 이끌어 냈다. 염철 회의 이후 문제 시기와 무제 시기의 가치를 타협적으로 절충하여 이념과 현실의 조화를 꾀하려 한 한인들에게는 '기미지의'야 말로 새로운 세계 질서를 구축하는 데 필요한 제3의 길이었다.

염철 회의 이후 중국인들은 '제국'이라는 이상과 '중국'이라는 현실을 교묘하게 접근시키는 절충적 국가 체제를 모색하였고, 그 결과, 막부제에 근거한 보정 체제의 운용, '향거리선(鄕擧里選)', 즉 향리에서 관리를 뽑는 제도를 통한 호족의 관료 기구 참여, 문학지사와 문법리의 공존, 유가와 법가의 융합을 통한 제3의 체제인 교학(敎學)의 창출, 형식적 군현제와 실질적 봉건제가 결합한 변군

후한시대 술 양조 과정을 그린 화상전(畫像磚)

(邊郡) 체제 등 타협적이나 융통성 높은 각종 발명품을 생산하여 장기간 안정적으로 한(漢) 제국을 유지하였다. 모순된 존재의 융합을 통한 모순의 극복이라는 공통점을 가진 이들 한대 발명품들은 이후 전통시대가 끝날 때까지 계속 존속되었는데, 그 까닭은 한나라 이후에도 제국이라는 이상과 중국이라는 현실이 괴리되는 상황이 계속되었기 때문이다.

염철론과 『염철론(鹽鐵論)』

염철 논쟁은 현량·문학이 "소금, 철, 술의 전매제도와 균수법을 폐지해야 한다"고 문제를 제기하고, 어사대부가 "소금, 철, 술의 전매제도를 시행하고 균수법을 실시해서 재정을 확충하여 변경 방비에 소용되는 비용으로 충당해야 하기 때문에 … 이러한 제도를 폐지하는 것은 마땅하지 않다"고 반론을 폄으로써 시작되었다. 이어서 현량·문학이 흉노 문제를 군사적으로 해결하려는 정부의 태도를 다시 비판하자, 어사대부는 흉노 정벌의 불가피성을 역설함으로써 논쟁은 경제 정책에서 국방·외교의 문제로 확대되었다. 또한 어사대부가 염철주 전매를 통해 재원을 확보할 뿐만 아니라 호족의 세력을 억제할 수도 있다고 주장하자, 논쟁은 다시 사회·경제 문제로까지 확대되었으며, 양자가 자신의 주장을 강화하기 위해 유가의 인의와 법술의 이론을 동원함에 따라, 논쟁은 유가와 법가의 사상 논쟁에까지 이르게 되었다.

　이처럼 논쟁이 염철주 전매라는 특정한 경제 정책의 계속 시행 여부에 대한 논의가 국방·외교·사회·경제·사상 등, 당시의 국가와 사회가 안고 있던 제반 문제를 전면적으로 점검하는 대논쟁으로 확대되어 무제시대를 연장할 것인지, 아니면 문제시대로 회귀할 것인지를 논의하는 역사 논쟁으로까지 발전하였다.

　소제 시기에 한나라 조정에서 전개된 이 염철 논쟁은 그 뒤 선제 때에 환관(桓寬)이라는 유자에 의해 정리되어『염철론』이라는 이름의 책으로 편찬되었다. 이 책은 제1권「본의(本義)」편부터 제60권「잡론(雜論)」편까지 주제에 따라 모두 60편으로 나뉘어 정리되었는데, 각 편마다 염철 회의에 참여한 토론의 쌍방이 자신의 주장을 펴면서 서로 힐난하는,"문학왈(文學曰) 운운","대부왈(大夫曰) 운운"하는 형식의 대화체 문장으로 구성되었다. 제1편부터 제41편까지는 주로 염·철·주 전매 문제를 둘러싼 본론을 실었고, 제42편부터 제59편까지는 흉노 문제 등 국정 전반에 대한 논의가 기재되어 있는데, 전자는 제1차 염철 회의를 전하고 후자는 제2차 염철 회의를 전하는 것이다. 마지막 제60편은 자서(自序)의 형식과 내용을 취하여, 염철 회의 전반에 대한 정보와 논쟁 당사자들에 대한 찬자의 평가를 싣고 있다.

『염철론』의 찬자가 어떠한 계기로, 어떻게 자료를 손에 넣어서 이런 책을 편찬하게 되었는지는 잘 알 수 없다. 단지, 『한서』「공손하등전(公孫賀等傳)」의 찬문(贊文)에서 "당시 서로 힐난하여, 그 회의록이 상당히 남아 있었다. 선제 때에 이르러 여남(汝南) 지방 출신의 환관이 … 염철 논쟁을 부연하고 그 조목을 늘리는 한편, 그 논란을 극대화하여 책을 저술하였으니, 이 역시 치란(治亂)을 구명하여 일가의 법을 이루려 한 것이었다"고 한 것으로 보아, 이 책은 염철 회의록을 그대로 전하는 것이라기보다는 찬자의 특정한 목적을 위해 다소간의 과장과 윤문 그리고 체재 상의 조정이 있었던 것으로 미루어 짐작할 수 있다.

『염철론』은 대화체로 구성된 독특한 사상서의 하나로 읽혀질 수도 있지만, 2천여 년 전에 중국의 최고급 지식인들이 한 자리에 모여 국가와 사회, 문화 등 광범한 주제를 놓고 고담준론을 주고받는 역사적 장면을 생생하게, 그리고 잘 정리된 형태로 전해 주는 귀중한 사료임은 의심할 바 없는 사실이다.

더 생각해볼 문제들

1. 『염철론』은 역사적 염철 회의를 있는 그대로 기록한 사료인가, 아니면 환관이란 인물이 염철 회의에 가탁하여 자신의 견해를 피력한 사상서인가?

환관은 염철 회의에 참여한 당대의 인물이 아니었고, 환관이 염철 회의 속기록을 부연하고 과장하였다는 기록이 있다. 또한 『한서(漢書)』예문지(藝文志)와 『수서(隋書)』경적지(經籍志) 등에서 『염철론』을 '유가(儒家)'로 분류하였고, 논쟁 쌍방의 논의 내용이 너무 논리가 정연하고 말씨가 잘 정돈되어 있는 등의 사실로 미루어 보아, 염철 회의의 기록이 상당 부분 윤색·과장되었던 것으로 보인다. 그러나 그렇다고 해서 환관이 자의적으로 지어낸 이야기라고 보기에는 내용이 매우 사실적이고 구체적이며 역사적 상황에 부합되기 때문에, 『염철론』은 다른 유사한 사례를 찾아볼 수 없는 매우 독특한 성격의 문헌으로 평가된다.

2. 『염철론』의 사상사적 위상은?

   흔히 말하기를 전통시대의 중국과 한국 등 동아시아 여러 나라와 그 사회는 유가 사상의 원리에 의해 지도·규정되었다고 하지만, 실제로는 유가와 법가, 도가 등 여러 사상 체계가 서로 융합하여 만들어진 제3의 체제 교학에 의해 지도·규정되었으니, 그러한 과정이 바로 『염철론』이 전하는 염철 회의에서 진행되었음을 확인할 수 있다.

추천할 만한 텍스트
『염철론』, 환관(桓寬) 지음, 김한규·이철호 옮김, 소명출판, 2002.

김한규(金翰奎)
서강대학교 사학과 교수.
서강대학교를 졸업하고 동 대학원에서 석사 및 박사 학위를 취득했으며, 부산여자대학교와 이화여자대학교 교수를 역임했다.
저서로는 『고대 중국적 세계질서』(1982), 『고대 동아시아 막부체제(幕府體制) 연구』(1997), 『한중관계사』 1·2(1999), 『티베트와 중국』(2000), 『티베트와 중국의 역사적 관계』(2003), 『요동사』(2004), 『천하국가』(2005) 등이 있다.

방현령(房玄齡)이 대답했다.

"천하가 혼란스러워지면 영웅들은 다투어 일어나지만, 쳐부수면 투항하고, 싸워 이기면 제압합니다. 이런 관점에서 말하면, 창업이 매우 어렵습니다."

위징이 대답했다. "제왕이 병사를 일으키는 것은 반드시 세상이 혼란스러워진 뒤의 일입니다. 그러한 혼란을 제거하고 흉악한 폭도들을 진압하면 백성들은 제왕을 기꺼이 추대하고, 천하의 인심이 제왕에게로 돌아오게 됩니다. 창업은 하늘이 주고 백성들이 받드는 것이기 때문에 어려운 것이라고 할 수 없습니다. 그러나 일단 천하를 얻은 뒤에는 마음이 교만하고 음란한 데로 달려가게 됩니다. 백성들은 편안한 휴식을 원하지만 각종 부역은 끝이 없고, 백성들은 잠시도 쉴 틈이 없지만 사치스러운 일은 오히려 멈추지 않습니다. 나라가 쇠락하고 피폐해지는 것은 언제나 이로부터 발생합니다. 이러한 점에서 말하면, 이미 세운 업적을 지키는 일이 더욱 어렵습니다."

오긍 (670~749)

하남(河南) 개봉(開封) 사람으로 당나라 고종(高宗) 총장(總章) 3년(670)에 태어나 현종(玄宗) 천보(天寶) 8년 (749)에 생을 마감했다. 그는 어린 시절부터 부지런히 학문을 연마하여 경학과 사학에 해박한 식견이 있었다. 오긍(吳兢)은 사관으로서 역사의 진실을 기록함에 있어 거리낌 없이 바르게 서술하였기 때문에, 당시 사람들로부터 '동호(董狐)'[1]라는 예찬을 듣기도 했다. 그는 사마천[2] 이후 처음으로 역사를 포괄적으로 기술한 『사통(史通)』[3]의 저자 유지기(劉知幾)[4]에 필적할 만한 역사가였다. 그는 중종 때 우보궐(右補闕), 기거랑(起居郎), 수부낭중(水部郎中) 등을 지냈으며, 현종 때는 간의대부(諫議大夫) 겸 수문관학사(修文館學士), 위위소경(衛尉小卿), 좌서자(左庶子)를 역임하는 등 근 30년간 관직 생활을 하였고 사관으로서 『측천실록(則天實錄)』, 『예종실록(睿宗實錄)』 20권, 『중종실록(中宗實錄)』 20권의 편찬 작업에 참여했다.

05

지도자와 국민이 함께 읽는
'토론 정치'의 경전
오긍(吳兢)의 『정관정요(貞觀政要)』

김원중 | 건양대학교 중어중문학과 교수

군신지도와 치세술의 경전 『정관정요』

『정관정요』는 618년에 세워진 당나라 왕조의 기틀을 마련한 태종 이세민(李世民)의 정치 철학을 기본적인 내용으로 하고 있으며, 군주의 도리와 인재 등용 등의 지침을 적어 놓아 치세술(治世術)의 명저로 손꼽힌다.

『정관정요』는 모두 10권 40편으로 구성되어 있으며,[5] 태종이 그

---

1) 직필로 유명한 진(晉)나라의 사관으로서 군주의 위세 따위를 두려워하지 않고 사실대로 역사를 집필하였다. 그 때문에 동호지필(董狐之筆)이란 말이 나왔다.

2) 중국 최고의 역사가로서 궁형(宮刑)을 당하면서도 『사기(史記)』 130권을 완성하여 중국 역사의 전범을 세웠다.

당시 역사가였던 위징(魏徵)[6], 방현령(房玄齡)[7], 두여회(杜如晦)[8], 왕규(王珪)[9] 등과 담소를 나눈 내용을 책문(策問), 쟁간(爭

---

3) 중국 최초의 체계적인 사학 평론집으로서 20권으로 구성되어 있고 중종(中宗) 경룡(景龍) 4년(710)에 완성된 것이다. 이 책은 중국 사학사에 있어 최초의 이론상 혹은 방법론상에 있어서 역사 편찬 체제의 방법에 관한 논술을 중요시한 전문 서적으로 당나라 초기 이전의 역사 편찬에 대한 개관과 총괄을 하였으며 특히 역사가, 역사서 그리고 역사 편찬 작업 등에 관해 비평을 가한 전문적인 서적이다.

4) 유지기(661~721)는 자를 자현(子玄)이라 하였고 당나라 고종 영륭(永隆) 원년(680)에 진사가 되었다. 그는 당시에 사관 제도의 혼란과 역사 편찬 작업의 왜곡에 대한 불만을 품고 경룡 2년(708)에 사관의 직을 사퇴한 후 『사통』을 지었다.

5) 『정관정요』 원본의 전체 목차는 다음과 같다.
제1장 군도(君道) : 군주의 도리, 제2장 정체(政體) : 정치의 근본, 제3장 임현(任賢) : 태종의 명신, 제4장 구간(求諫) : 간언의 장려, 제5장 납간(納諫) : 간언의 수용, 제6장 군신감계(君臣鑒戒) : 군주와 신하의 계율, 제7장 택관(擇官) : 관리 선발, 제8장 봉건(封建) : 봉건제, 제9장 태자제왕정분(太子諸王定分) : 적자와 서자의 구분, 제10장 존경사부(尊敬師傅) : 존경받는 스승, 제11장 교계태자제왕(教誡太子諸王) : 태자와 왕자 교육의 중요성, 제12장 논규간태자(論規諫太子) : 태자 바로잡기, 제13장 논인의(論仁義) : 인의 도덕, 14장 논충의(論忠義) : 충성과 도의, 제15장 논효우(論孝友) : 효도와 우애, 제16장 논공평(論公平) : 공평함, 제17장 논성신(論誠信) : 성실과 신의, 제18장 검약(儉約) : 검소함, 제19장 겸양(謙讓) : 겸손과 사양, 제21장 신소호(愼所好) : 천자의 기호, 제22장 신언어(愼言語) : 말조심, 제23장 두참사(杜讒邪) : 아첨과 무고의 단절, 제24장 회과(悔過) : 뉘우침, 제25장 사종(奢縱) : 사치와 방종, 제26장 탐비(貪鄙) : 탐욕, 제27장 숭유학(崇儒學) : 유학의 숭상, 제28장 문사(文史) : 사관의 임무, 제29장 예악(禮樂) : 예악 제도, 제30장 무농(務農) : 농업 장려, 제31장 형법(刑法) : 법률, 제32장 사령(赦令) : 사면령, 제33장 공부(貢賦) : 공물과 조세, 제34장 변흥망(辯興亡) : 흥망의 갈림, 제35장 정벌(征伐) : 정벌에 관한 사항, 제36장 안변(安邊) : 변방의 안정, 제37장 행행(行幸) : 지방 순시, 제38장 전렵(畋獵) : 사냥, 제39장 멸상(滅祥) : 미신의 금지, 제40장 신종(愼終) : 신중한 끝맺음.

6) 위징(580년~643년)은 당나라 초기의 저명한 정치가였다. 『정관정요』의 「임현」편에 자세한 사적이 실려 있다.

諫), 의론(議論), 주소(奏疏)로 분류하여 편찬했다. 각 권의 구체적인 내용은 다음과 같다.

제1권, 군주가 갖추어야 할 도리와 정치의 근본에 관한 논의.

제2권, 어진 관리의 임명과 간언의 중요성.

제3권, 군주와 신하가 거울로 삼아야 할 계율, 관리 선발, 봉건제.

제4권, 태자와 여러 왕들을 경계시키는 내용.

제5권, 유가에서 강조하는 인(仁), 충(忠), 효(孝), 신(信) 및 공평함에 대한 문답.

제6권, 절약과 사치, 겸양.

제7권, 유학, 문학, 역사.

---

7) 방현령(579년~648년)은 당나라 초기의 대신으로 방언겸(房彦謙)의 아들이며 자는 교(喬)이다. 어려서부터 민첩하고 박학하였으며 문장에 능하였다. 그는 수나라의 멸망이 머지 않았음을 예견하기도 했다. 『정관정요』의 「임현」편에 자세한 사적이 실려 있다.

8) 두여회는 경조두릉(京兆杜陵) 사람으로 당나라 초기의 대신이며 자를 극명(克明)이라 했다. 수나라 대업 연간에 보부양위(補滏陽尉)를 지냈으나 오래지 않아 사임하였다. 그 후 당고조가 수도를 평정하고 진왕(秦王) 이세민이 문학관(文學館)을 세워 18학사를 두었을 때 두여회는 그 수장으로 발탁되었다. '현무문지변(玄武門之變) 전에 태자 건성(建成)과 원길(元吉)의 모함을 받아 방현령 등과 함께 쫓겨났다. 그러나 후에 다시 방현령 등과 계획을 세워 변을 평정하고 태자좌서자가 되었다. 또 병부상서로 승진하였으며 채국공(蔡國公)이라는 작위를 받았다. 정관 3년에는 상서좌우복야가 되어 방현령과 함께 조정을 관장했으며, 각종 전장 제도는 대부분 이 두 사람의 상의에서 나왔다. 역사책에서는 "현령은 지모에 뛰어나고, 여회는 결단력이 뛰어나 그 시대 사람들은 훌륭한 재상이라고 말하고, 언제나 방두(房杜)라고 칭했다"고 했다.

9) 왕규는 태종 때 간의대부가 되었으며, 방현령 등과 공동으로 정사를 보조하였다. 자는 숙개(叔玠)이며 「임현」편에 자세한 사적이 보인다.

제8권, 백성들의 생활과 밀접한 관련이 있는 농업, 형법, 부역, 세금 등을 논의.

제9권, 국외적인 문제인 정벌과 변방 안정책.

제10권, 군주의 순행이나 사냥 등에 있어 신중해야 됨을 강조.

『정관정요』는 요순(堯舜)시대부터 당나라 태종에 이르는 시대적 변화상을 한눈에 볼 수 있도록 구성되어 있다. 즉, 과거와 현재의 변화상을 서로 비교하고 관찰함으로써 밝은 미래로 내달릴 수 있는 발판을 제시하고 있는 것이다. 그리고 그 주요 내용에 있어서는 통치자의 인재 등용을 통한 정의사회 구현을 강조하고, 통치자와 백성들을 연결시켜 주는 고리 역할로서의 관리의 의무, 민의를 반영한 정치 등을 강조하면서, 이러한 목표로 나가기 위한 구체적인 방안을 제시하고 있다.

이 책에 수록된 역사적 사건은 대부분 그것이 일어난 연도는 물론이고 달과 날짜까지, 또한 태종과 신하들이 논의한 연도까지 분명하게 기록하고 있다. 그리고 이 책은 대부분 문답 형식의 평이한 표현으로 이루어졌으나, 상소문의 경우는 경전의 어구를 종횡으로 인용하고 미사여구의 사용으로 난해한 부분 또한 적지 않다. 그 서술 방식은『구당서(舊唐書)』[10],『신당서(新唐書)』[11],『자치통감(資

---

10) 당나라 역사를 기록한 기전체 역사서로서 200권이며 당나라 고조 무덕 원년(618)에서 애제(哀帝) 천우(天祐) 4년(907)까지 290년간의 역사 기록물이다.

11) 당나라 역사를 기록한 기전체 역사서로서 225권으로 기(紀), 지(志), 표(表), 열전(列傳) 등 4부로 구성되어 있다. 북송의 106년에 완성되었으며 17년이 소요되었다.

治通鑑)』¹²⁾, 『당회요(唐會要)』¹³⁾ 등에 기록된 것과 비교할 때, 보다 깊이가 있고 상세하며 체계가 갖추어져 있다.

유학을 중시하고 밝은 정치를 이끈 당 태종 이세민

당나라 태종 이세민은 본래 산서 지방의 무인 귀족 집안에서 태어났다. 수나라 양제(煬帝)는 남북으로 분열된 중국을 통일시키기는 했지만, 대규모의 토목 공사를 일으켜 화려한 궁전이나 누각 등을 마구 지어서 민심이 흉흉해졌다. 이 혼란 속에 각지에서 반란이 일어나 내란의 양상이 짙어지자, 이세민은 수나라 타도의 야망을 품고 태원(太原) 방면 군사령관으로 있던 아버지 이연(李淵)을 설득하여 병사를 일으켰다. 그는 먼저 설거(薛擧)·설인고(薛仁杲) 부자, 유무주(劉武周)와 싸우고, 이어서 강적 왕세충(王世充)·두건덕(竇建德)을 소멸시켜 617년에 장안을 점령했다. 이세민은 "군주는 배에 비유되고, 백성은 물에 비유된다. 물은 배를 떠가게 할 수도 있고, 물 속으로 뒤집어엎을 수도 있다"는 말의 이치를 실행에 옮긴

---

12) 북송 사마광(司馬光)이 쓴 것으로 294권으로 구성되어 있으며 기원전 403년부터 959년까지 1,362년의 역사를 기록한 것이다. 물론 이 책은 사마광에 의해서 마무리된 것은 사실이지만 집단 저작의 일환으로 사마광 이외에 3인의 학자들이 참가하였다.
『자치통감』은 편년체의 통사로서 그것의 내용은 정치와 군사의 역사적 사실 위주로 하고 있으며 역대 군신간의 치란, 성패, 안위 등의 자취를 보여 줌으로써 역사를 통해 후인들에게 교훈을 주려는 의도가 강하게 배어 있다.

13) 당나라 전장(典章) 제도를 기록한 전문 서적으로 100권이며 북송 때 왕부(王溥)가 지은 것이다.

당나라 태종(太宗) 이세민(李世民)의 초상

것이다. 그 후 군웅을 평정하고 통일을 실현시켰다. 그 당시 그의 나이는 20세 안팎에 불과했다.

드디어 618년 당나라가 탄생했고, 이연이 제위에 올랐다. 그러나 이연은 세민이 정권 창출에 큰 공을 세웠음에도 불구하고 맏아들 건성(建成)을 황태자로 삼았는데, 이것은 형제간의 불화를 일으키는 발단이 되었다. 건성은 세민의 공적과 덕망이 나날이 융성해지는 것을 보고 강한 질투심이 일어 동생 원길(元吉)과 함께 그를 제거하려는 모의를 하게 된다. 세민은 이 사실을 알고 건성과 원길이 입조(入朝)하는 것을 현무문에서 공격하여 죽였다. 세민은 626년에 아버지의 양위를 받아 즉위한다. 그 당시 그는 29세였다.

　　태종의 정치철학은 유가의 민본이었으며, 이러한 사상은 유가에서 내세우는 예악(禮樂), 인의(仁義), 충서(忠恕), 중용지도(中庸之道)를 실천하는 가운데 충분히 발휘되어 밝은 정치를 강조하였다. 또한 그는 유학을 숭상하여 공자에 대한 남다른 존경을 표하였을 뿐만 아니라 유학자들의 학문적 여건을 개선하려고 노력하였다. 따라서 홍문관(弘文館)[14]을 설치하였으며, 국학에는 학사(學舍)를 4백여 간(間)이나 증설하고 국자(國子)[15]·태학(太學)[16]·사문(四門)[17]·광문(廣文)[18]에서도 적지 않은 수의 학생을 증원했다. 그 가운데 서학(書學)과 산학(算學)에는 박사(博士)와 학생을 두었고,

---

14) 당나라 고조 무덕 4년에 문학성에 수문관(修文館)을 설치했는데, 9년에 태종이 즉위하여 홍문관으로 개칭하였다. 이 곳에는 도서 20만여 권이 소장되어 있다. 상정학사(詳正學士), 강경박사(講經博士), 교서(校書) 등의 관직을 두었으며, 도서 교정, 학생 교육을 관장하고 조정에서 예의를 제정할 때도 참석했다.

15) 국자학이다. 중국 봉건시대 중앙교육 관리기관이면서 최고 학부이다. 당나라 때, 국자학에서는 문무 3품 이상의 자손들에게 교육시켰다.

16) 국자학과 함께 최고 학부이지만, 교육 대상에 있어 차이가 있다. 태학에서는 5품 이상의 관원의 자손들을 교육시켰다.

17) 사학(四學)이다. 서주시대에는 왕성에 설치한 대학에 태학과 동·남·서·북 사학이 포괄되었다. 후대에도 이 제도를 이어 받았다. 당나라 때는 사문학에서 7품 이상의 자제와 보통 집안의 자제를 가르쳤다.

18) 광문관(廣文館)이다.

여러 학과도 갖추었다. 태종은 이와 동시에 도가의 무위(無爲)를 강조하여 열린 사고를 강화시켰다. 또한 노자의 성이 자기와 같은 이씨(李氏)라는 점에 따라 도교를 국교로 정하였다. 후에 불교의 역할을 중시하여 삼교정립(三敎鼎立)의 형세를 이룬다.

태종은 천하가 평정된 후, 수 양제의 실패를 거울삼아 위징(魏徵)과 같은 현명한 신하들의 의견을 받아들여, 사심을 누르고 백성들을 소중히 여기는 지극히 공정한 문치(文治)를 하기에 힘썼다. 그는 특히 지식과 인재를 중시하였으며 스스로 독서에 힘썼는데, 독서를 하면 사람의 시야가 확 트여 스스로를 이롭게 할 뿐만 아니라 국가 경영에도 큰 도움이 된다고 생각했다. 이런 점에서 그가 진 시황의 분서갱유와 한나라 유방의 학자 경시 태도에 큰 반감을 가진 것은 당연한 일이다. 그리고 그 당시 저명한 학자였던 공영달(孔穎達)[19], 안사고(顏師古)[20] 등과 함께 위상이 현저히 떨어져 가고 있던 유가 경전에 대한 재해석 작업의 일환으로 교정 및 주해 작업을 착수하여 오류를 바로잡는 공을 세웠으며, 사서(史書)의 일부는

---

19) 자는 중달(仲達)이고 경학에 통달했으며, 셈에 뛰어났다. 국자박사(國子博士), 국자감좨주(國子監祭酒) 등의 관직을 역임했다. 정관 초, 태자우서자가 되었다. 일찍이 위징(魏徵) 등과 『수사(隋史)』를 편찬했고, 태종의 명령을 받아 안사고(顏師古) 등과 함께 『오경정의(五經正義)』180권을 편찬했다.

20) 당대의 저명한 학자로 이름은 주(籒)이다. 안사고는 그 당시 유학에 학파가 많고, 장구를 해설한 저작 또한 번잡하다는 인식을 한 당 태종의 조서를 받아 국자좨주 공영달 등의 유학자들과 함께 『오경』의 소의(疏義)를 편찬하였다. 이 책은 모두 180권으로, 『오경정의(五經正義)』라고 이름했으며, 국학에 주요 교재로 사용되었다.

스스로 집필하기도 했다. 왕희지(王羲之)의 글씨를 특히 사랑하였고, 그 자신도 유려한 필적을 남겼다.

『정관정요』에 의하면, 그는 현명하고 능력 있는 사람을 선발하여 어진 군주가 되려고 노력했을 뿐 아니라 허심탄회하게 간언을 받아들여 자신의 잘못된 행실을 바로잡으려 했고, 부역과 세금을 가볍게 하여 백성들을 아꼈으며 형법을 신중하고 가볍게 사용하여 법제를 보존시켰다. 또한 문화를 중시하여 풍속을 좋게 바꾸고 농업을 근본으로 삼아 백성들이 그 농사철을 놓치지 않도록 했으며, 군주와 신하가 서로 거울이 되어 시종여일 바른 정치를 하려고 했고 근면한데다 검소했다.

특히 태종은, 거울이 없으면 자신의 생김새를 볼 수 없듯이 신하들의 간언이 없으면 정치적 득실에 관해 정확히 알 방법이 없다고 지적한다. 먹줄이 있으면 굽은 나무가 바르게 되고, 기술이 정교한 장인이 있으면 보옥을 얻을 수 있듯이 시세를 꿰뚫어 보는 혜안을 가진 신하의 충언은 군주를 바로 서게 할 뿐 아니라 천하를 태평성대로 만들 수 있다고 보았던 것이다. 그럼에도 불구하고 신하들이 침묵하는 이유는 충성스런 간언을 할 분위기가 조성되지 않았기 때문이라고 한다. 일반적으로 군주들은 신임하지 않는 자가 간언하면 비방한다고 생각하고, 신임하는 사람이 간언하지 않으면 봉록만을 훔치는 자라고 생각하는 경향이 많다. 이로 인해 성격이 유약한 사람은 속마음은 충직해도 말을 하지 못하고, 관계가 소원한 사람은 신임받지 못하는 것을 두려워하여 말하지 못한다는 것이다.

이러한 생각을 가진 그가 제위에 오른 627년부터 649년에 이르는 24년 동안 정치, 경제, 문화, 예술, 군사 등 다방면에 위대한 발전이 있었기 때문에 국가는 황금시대를 맞았다. 후대 역사가들은 그의 치세를 '정관(貞觀)의 치세'라고 칭송했다. 『정관정요』의 「정체」에는 당시 사회상이 잘 묘사되어 있다.

> 관리들은 대부분 스스로 청렴한 생활을 하고 근신했다. 왕공이나 후비, 공주의 집안, 세력 있는 가문이나 간사한 무리를 통제했다. 이들은 모두 국법의 위력을 두려워하여 자신들의 행적을 가리고 감히 일반 백성들을 침범하거나 억누르지 못했다. 상인이나 여행객이 벽지에서 투숙하더라도 강도를 만나지 않았고 천하가 다스려졌기 때문에 항상 감옥은 텅텅 비었다. 말과 소는 산과 들에서 방목했고 외출할 때는 몇 개월씩 문을 걸어 닫지 않았다. 해를 거듭하여 농업이 풍작이었으므로 쌀 한 말이 3, 4전에 불과했고 나그네는 장안에서 영남까지, 산동에서 동해에 이르기까지 모두 입을 것과 먹을 것을 가지고 다닐 필요 없이 길에서 공급받을 수 있었다. 산동 마을로 들어서면 나그네는 후한 대우를 받았으며, 나그네가 떠나갈 때는 길에서 필요한 것들을 주었다. 이러한 다스림은 모두 옛날에 없었던 것이다.

이러한 '정관지치'는 당나라 통치의 견실한 초석을 만들었으며, 태종을 중국 역사상 위대한 인물로 전해지게 했다.

그러나 정관 후기의 정치 상황은 이전 시기만 못했고, 태종 본인 또한 사치와 방만함을 면하지 못했다. 게다가 좋은 후계자를 두지 못했을 뿐 아니라, 만년의 고구려 원정 실패 등으로 그가 죽은 뒤에는 정권이 동요되었으며, 마침내 측천무후(則天武后)[21]가 실권을 장악하게 되면서 그의 찬란한 치적은 서서히 빛을 바래고 만다.

『정관정요』 집필의 배경

중국인들의 역사 중시 경향은 세계에서 유례를 찾아보기 힘들 정도이다. 특히 당나라 때의 정사 편찬은 그 이전 시기와는 비교할 수 없을 정도로 열성적이었다. 게다가 역사를 포괄적으로 이해하려는 노력이 필요하게 됨에 따라 역사적 기록 역시 그 규모가 더욱 확대되었다. 『정관정요』는 현종 개원(開元) 후기에 완성되었다.

오긍(吳兢)이 『정관정요』를 편찬하게 된 동기는 측천무후의 전횡과 결코 무관하지 않다. 고종이 즉위한 지 수년 후, 측천무후는 고종의 건강을 핑계 삼아 직접 정무를 맡아 보며 독재 권력을 휘둘렀고, 문예와 이무(吏務)에 뛰어난 신흥 관리를 등용하여 세력을 구축한 다음 구 귀족층을 배척하였다. 683년 고종이 죽자, 아들 중종과 예종(睿宗)을 차례로 즉위시키고, 그에게 반항하여 난을 일으킨 이경업(李敬業)과 황족들을 무력으로 탄압했다. 뿐만 아니라 어사(御史)와 밀사를 이용하여 대규모의 탄압을 자행하는 한편, 불경을 위조하고 부서(符瑞)[22]를 날조하여 무씨(武氏)의 천하를 합리

---

21) 측천무후는 본래 뛰어난 미모로 14세 때 태종의 후궁이 되었다. 그녀는 황제가 죽자 비구니가 되었는데, 당나라 3대 황제인 고종(高宗)의 눈에 띄어 총애를 받게 되었다. 그 후 그녀는 간계를 써서 황후 왕(王)씨를 모함하여 쫓아내고, 655년 스스로 황후가 되었다.

22) 상서로운 징조로서 부상(符祥)이라고도 한다.

측천무후(則天武后)

화시켰다.

690년 국호를 주(周)로 바꾸고 스스로 황제라 칭하여, 중국 역사상 유일한 여제(女帝)로서 약 15년간 지배했다. 주나라의 전통에 따라 역법(曆法), 관명(官名)을 새로 정하는 한편, 북문학사(北門學士)[23]들에게 명하여 『신궤(臣軌)』, 『백료신계(百寮新誡)』 등을 편찬하도록 했고, 각지에 특사를 파견하여 인재를 모았다. 또 인심을

---

[23] 이들을 위해 문학관을 설치하였다. 이 문학관에서 경전과 역사 연구를 담당하고 있는 사람을 학사(學士)라고 불렀다.

얻기 위하여 관작(官爵)을 마구 뿌렸으며 명당(明堂), 천당(天堂), 천추(天樞), 대불(大佛)과 같은 거대한 건축물을 세워 국위 선양에 힘썼다. 그러나 말기에는 장역지(張易之) 형제 등 총신들이 정사를 그르쳤고, 705년 장간지(張諫之) 등이 정변을 일으켜 중종이 복위되고 당 왕조가 부흥하였으며 얼마 후, 측천무후는 병사하였다. 그녀는 정적들에게 악랄한 책략을 구사하고 잔인한 탄압을 가하는 한편 요승(妖僧) 회의(懷義) 및 장역지 형제와의 추문을 남기는 등 비난의 대상이 되기도 했다.

이러한 현실을 직접 목격한 오긍은 역사의 운명을 주재하는 최고 통치자 집단의 잘못된 행동으로 말미암아 일반 백성은 물론 국가의 사직에 막대한 재앙을 초래하게 된다는 것을 통감하였다. 오긍은 태종의 "동으로 거울을 만들면 의관을 단정하게 할 수 있고, 고대 역사를 거울삼으면 천하의 흥망과 왕조 교체의 원인을 알 수 있으며, 사람을 거울로 삼으면 자기의 득실을 분명하게 할 수 있다"고 한 말을 가슴에 새기고 '정관지치'를 그리워했다. 그리고 사관으로서 자신이 국가 발전에 이바지할 수 있는 방법은 중종에게 당나라 재건에 필요한 정치철학을 알려 주어야 한다는 생각에 불후의 명작 『정관정요』를 집필하여 중종에게 바치게 된다.

그러나 지도자적 역량이 부족했던 중종은 오긍의 충정을 저버리고 황후 위씨(韋氏) 일족에 의해 시해된다. 오긍은 『정관정요』를 다시 현종에게 바쳤다. 그래서 『정관정요』는 중종에게 바친 초진본(初進本)과 현종에게 바친 재진본(再進本) 두 가지가 있다는 추론도 꽤 설득력을 지니고 있다.

오긍은 『정관정요』를 집필하면서 중국인의 역사 서술 원칙인 춘추필법(春秋筆法)[24]을 고수하려고 노력했다. 역사가에게는 어떤 한 사람의 일생에 대해 선행과 악행, 명예와 치욕 등에 관한 평가와 역사적 위치 등을 정할 수 있는 재량권이 부여돼 있었다. 사관으로서의 오긍의 이러한 권한은 『정관정요』의 내용 속에 십분 발휘되어 태종의 장점만이 아니라 단점까지도 적나라하게 기록하고 있다. 물론 그것은 신하들의 간언을 통해 나타난다.

나오는 말

인간의 몸이 두뇌와 사지의 결합으로 이루어지듯이, 군주는 반드시 신하의 보좌를 받아야만 나라를 잘 다스리는 목적에 이를 수 있다. 한배를 타고 있는 군주와 신하는 선을 행하고 업적과 인덕을 쌓는 일에 함께 참여해야만 장기간 나라를 지속시킬 수 있다.

군주는 천하가 안정된 후에도 창업 초기처럼 성실하고 수양을 게을리하지 말며, 백성들과 신하들의 의견을 모두 수렴하여 기초를 공고히 해야 한다. 나랏일을 처리할 때는 신하들 각자의 능력에 따라 처리하도록 해야 되는데 이것이 곧 적재적소에 관리를 배치하는 방법이다. 그리고 군주를 보좌하는 신하는 군주의 뜻에 영합하여 아첨하는 것을 피하고 충언을 해야 한다.

이러한 군신간의 신의를 전제로 한 격의 없는 토론을 주로 기록

---

[24] 역사적 기록은 사실 그대로를 정확하게 직서(直書)하고 포폄(褒貶)하며 그것으로서 가치판단을 나타낸다는 것.

하여 통치술의 전형을 제시한 『정관정요』는 과거에는 한 왕조를 짊어졌던 제왕들의 통치 철학이었고, 오늘날에는 한 국가를 이끌어 가는 지도자들의 올바른 정치관을 이끌어 주는 데에 큰 역할을 할 수 있다. 특히 경제적 어려움과 사회적 혼란이 가중된 현대에 특히 강한 영향력을 갖고 있다.

『정관정요』는 당나라 이후 여러 왕조에서 꾸준히 간행되어 애독되었을 뿐만 아니라 오늘날까지 제왕의 통치 철학으로써 확고한 위치를 고수하고 있다. 예를 들면, 당나라의 선종(宣宗)은 이 책의 내용을 병풍에 써서 널리 읽도록 했으며, 금나라의 세종(世宗)은 각본으로 펴내어 권장했다. 그리고 청나라의 고종 건륭제는 이 책을 애독하여 「독정관정요(讀貞觀政要)」라는 시와 「정관정요서(貞觀政要序)」라는 글을 지었고, 또 『당태종론(唐太宗論)』이라는 책을 썼다. 또한 일본의 도쿠가와 이에야스(德川家康)는 정권을 잡은 시대적 상황이 태종이 정권을 잡았을 때와 마찬가지로 분열에서 통일로 이루어진 시기였으므로, 『정관정요』를 애독하여 일본 통치의 기틀을 마련하는 데 크게 참고하였다.

더 생각해볼 문제들

1. 당나라는 봉건 사회이다. 그럼에도 불구하고 군신과 제왕 사이에 허물없는 토론 문화가 이루어진 이유는 무엇인가?

    무엇보다도 열린 마음으로 상대의 말에 귀 기울이려는 지도자의 모습, 그리고 관리들이 오로지 백성들과 국가의 안위만을 생각하는 진지한 자세를 갖추고 있었기에 가능했다.

2. 정치의 근본이란 무엇이며, 만인의 모범으로서 지도자가 보여 주어야 할 진정한 상은 무엇인가?

    정치의 근본은 민본(民本)이다. 제아무리 제왕이라도 해도 그 역시 백성 없이 혹은 신하들 없이 독불장군으로 홀로 존재할 수는 없는 것이다. 지도자의 자질은 우선 겸허한 마음으로 자신을 낮추는 데 있으며 지위나 신분의 고하를 막론하고 그들의 비판을 수용할 수 있는 아량 그리고 그러한 비판을 실행에 옮길 수 있는 용기도 갖추어야 한다.

3. 성실과 신의는 과거뿐만 아니라 오늘날에도 모든 사람들에게 요구되고 있는 덕목 중 하나가 되는 이유는?

    성실한 자는 불가능한 일이 없고 신의가 있는 자는 고독하지 않기에 성실과 신의를 모두 겸비하고 있다면, 물이 아래로 흐르듯이 사람들이 모여들 것이기에 그러하다.

추천할 만한 텍스트
『정관정요』, 오긍 지음, 김원중 옮김, 현암사, 2003.

김원중(金元中)
건양대학교 중어중문학과 교수.
성균관대학교 중문과에서 문학 박사를 취득하고 타이완의 중앙연구원 중국문철연구소의 방문학자 및 대만사범대학 국문연구소 교환교수를 역임했다.
저서로『중국 문학이론의 세계』,『중국 문화사』,『중국 문화의 이해』,『허사대사전』등이 있고, 역서로 『당시』,『송시』,『삼국유사』,『사기열전』,『한비자』등이 있으며, 국내외 전문 학술지에 논문 30여 편을 발표하였다.

III 유학과 근대 세계

01　황종희,『명이대방록(明夷待訪錄)』
02　강유위,『대동서(大同書)』
03　마루야마 마사오,『일본 정치사상사 연구』
04　마오쩌둥,『실천론』과『모순론』
05　뚜웨이밍,『유학 제3기 발전의 전망 문제』

후세의 법은 [군주가] 천하를 광주리와 상자 속에 감추는 것이다.
… 하나의 일을 행하면 속임이 있을 수 있다고 염려해
또 하나의 일을 만들어 그 속임을 방지한다.
천하 사람들이 다같이 그 광주리와 상자가 있는 곳을 알고 있으니
군주도 두려워 떨며 날마다 광주리와 상자, 이것만 걱정하므로
그 법은 세밀해지지 않을 수 없다. 법이 더욱 세밀해질수록 그 법에서
천하의 어지러움이 생겨나니 이른바 법이 아닌 법이란 것이다.
― 『명이대방록(明夷待訪錄)』 중에서

황종희 (1610~1695)

자(字)는 태충(太沖)이고 호는 남뢰(南雷) 또는 이주선생(梨洲先生)이다. 절강성(浙江省) 여요현(餘姚縣) 사람으로 명조(明朝) 만력(萬曆) 38년에서 청조(淸朝) 강희(康熙) 34년까지 명말청초의 동란기를 살았던 학자·사상가이다.

명나라 말기의 환관(宦官) 독재에 순국한 동림파(東林派) 관료 황존소(黃尊素)의 아들로서 청년시절에 동림당을 계승한 신사(紳士)·지식층의 복사(復社)운동에 참여해 부패관료와 투쟁했다. 1644년 만주족(滿洲族)의 청조가 침입해 강남(江南)에 이르자 고향 절강에서 남명(南明) 노왕(魯王) 정권에 참여해 세충영(世忠營)이란 의병을 끌고 항전했으나 패하고 만년에 이르러 사면을 얻을 때까지 난을 피해 다니며 은거했다. 강희제의 회유책에 따른 한족(漢族) 명사에 대한 부름에도 응하지 않았으나, 제자 만사동(萬斯同)과 아들을 명사관(明史館)에 보내 『명사(明史)』 편찬에는 협력했다. 스승 유종주(劉宗周)의 학통을 이은 양명학(陽明學) 우파의 대학자로서 절동(浙東)학파의 중심 인물이 되었다. 대표적인 저술은 경세서로서 『명이대방록(明夷待訪錄)』 이외에 학술사인 『명유학안(明儒學案)』·『송원학안(宋元學案)』, 명나라 역사자료집인 『명사안(明史案)』 등 역사 저작들, 명나라 때의 문장을 편집한 『명문해(明文海)』 등이 있다.

01

만민(萬民)을 위하여 전제군주제를 비판하다
황종희(黃宗羲)의
『명이대방록(明夷待訪錄)』

조병한 | 서강대 사학과 교수

전제군주제의 전통을 비판하다

인구와 영토의 방대한 규모에서 오늘날 아시아 제일의 대국인 중국은 2천 년 이상 지속된 전통적 제국(帝國)의 유산 위에 세워진 국가이다. 그 제국은 세계에서 유례를 찾기 힘들 만큼 정교하게 다듬어진 전제(專制)군주 체제를 토대로 해서 장기적 지속을 누리고 방대한 규모의 인구와 영토를 통합할 수 있었던 것이다. 이와 같은 황제(皇帝)의 전제주의 전통에 대해 가장 철저히 분석해 비판한 책으로 유명한 것이 1662년에 나온 황종희(黃宗羲)의 『명이대방록(明夷待訪錄)』이다. 그 시기는 19세기 말 황제 체제가 근대화의 장애 요인으로 본격적 비판을 받아 붕괴되기 꼭 250년 전이었다.

『명이대방록』에서 전제군주제를 비판할 수 있었던 논거는, 천하

또는 국가를 군주나 왕조의 정권과 구분하고 인민을 위한 정치라는 유교의 민본적(民本的) 이념을 최대한 확장한 데 있었다. 저자의 표현에 따르면, "대개 천하의 잘 다스려짐과 어지러움은 〔군주의〕 한 성씨(姓氏)의 흥망에 있는 것이 아니라 만민(萬民)의 근심과 즐거움에 있다. 그러므로 〔폭군인〕 걸(桀)·주(紂)가 망함은 잘 다스려지는 원인이 되고 진시황(秦始皇)과 몽고(蒙古)가 일어남은 어지러워지는 원인이 된다"는 것이다.

그는 중국의 역사에서 진 제국의 성립 이래 한 번도 잘 다스려진 시대가 없었다고 비판하였으며, 군주의 국가 사유화, 즉 전제 정치에서 그 근본 원인을 찾고 있다. 따라서 이 책의 전제주의 비판에 대한 역사적 의미에 대해 먼저 살펴보기로 한다.

기원전 221년 중국에서 처음으로 천하통일을 이루고 중앙집권적 군현제(郡縣制)를 전국에 시행한 진시황이 중국 최초의 황제임은 잘 알려진 사실이다. 진(秦)·한(漢)나라로부터 근세의 명(明)·청(淸)나라에 이르기까지 많은 왕조의 교체는 있었으나 제국 체제는 그 때마다 부활했으며, 황제는 1911년 공화(共和)혁명으로 이듬해 중화민국이 수립될 때까지 존속했다. 특히 황제는 근대 이전에는 세계에서 가장 발달된 관료 행정의 도움을 받아 제국 내 만민의 군주이자 가부장(家父長)이었으며 스승으로서 성인(聖人) 행세를 했다.

그는 유교의 도덕을 정치 이념으로 내세워 천하·만민에 대한 무한 책임을 주장했는데 이것이야말로 무제한적인 권위의 전제주의 이념을 요구할 수 있는 근거였다. 이러한 황제의 도덕적 권위와 통일 제국의 힘은 바깥으로 세계 만국에 대한 황제의 종주권까지 주장하기에 이르렀다. 세계사에서 로마 제국만이 중국에 필적할 만한 규모의 통일을 시간적으로 훨씬 오래 지속했다는 것은 중국 사회와 동아시아 국제 질서에 장기적 안정을 가져왔다는 점에서 우선 괄목할 정치적 업적으로 볼 수도 있다. 그럼에도 중국의 전제 체제가 전면적 비판을 받게 된 것은 19세기 말 근대화에 낙후하게 된 결정적 원인으로 그러한 정치 체제가 지목된 이후부터라 할 것이다. 근대 이후 눈부신 발전을 한 서유럽 국가들의 민주적 개방 사회와 경쟁적 국제 질서에 비해 상대적으로 발전이 정체된 결과 그러한 국가들의 압박을 받고 민족적 위기 의식이 싹텄기 때문이다.

이와 같이 황제의 전제적 권력이 절정에 달했던 명·청 시대에 그러한 정치 체제를 비판했던 황종희는 뒤늦게 20세기 초 공화혁명 시기에 들어 민권(民權)의 선구자로서 중국의 루소라는 찬양을 받기도 했다. 그의 『명이대방록』의 전제군주 비판은 아직 18세기 서유럽 계몽주의 사조의 합리성과 자유주의 인권 사상에 비할 만한 수준의 철저함에는 이르지 못하고 있다. 그러나 시기적으로 서유럽 계몽주의보다 선행할 뿐 아니라 중국의 오랜 전제군주제적 전통과 그 유례없는 정교함을 고려하면 이 책이 갖는 의미는 매우 심각하다. 사실 동아시아 문명권에서는 군주가 없는 정치 체제란 역사상 존재하지 않았을 뿐 아니라 그러한 사상의 출현도 매우 상상하기 힘든 희귀한 것이었기 때문이다.

비교적 서유럽에 가까운 봉건영주제(封建領主制)를 겪었다는 일본에서도 중세의 형식적 군주로서 존속했던 고대 천황(天皇) 제도를 오늘날까지도 폐지하지 못하고 있다. 메이지(明治)유신 이후 근대 군국주의 시기는 물론, 최근 민주화 이후에도 권위의 상징으로 추앙되어 근린 국가들에 불편한 존재로 남아 있는 것이다.

특히 중국에서 제국 체제는 중세의 당(唐)나라와 송(宋)나라의 재통일 이후 더욱 발달하여 명·청시대에 이르러서는 제도상의 완성 단계에 들어섰다. 한편으로 상업화 등 새로운 사회 발전에 따라 체제 모순의 내면적 균열은 깊어갔으나 전제군주제의 가을은 아직 햇빛 눈부신 높푸른 하늘을 과시하고 있었다. 그리하여 금서로 묶인 『명이대방록』의 외로운 경고음은 부귀공명에 들뜬 과거 시험, 학문을 위한 학문에 매몰된 고증학의 번영, 물샐 틈 없는 정부의 문화 통제와 탄압, 이른바 문자옥(文字獄) 속에 한동안 파묻히고 말았다.

하늘이 무너지고 땅이 갈라지는 시대

황종희는 17세기, 명말청초(明末淸初) 시기에 절강성(浙江省) 여요(餘姚)에서 태어났다. 고염무(顧炎武), 왕부지(王夫之)와 함께 청나라시대의 3대 사상가로서 만주족(滿洲族)의 중국 침입에 저항해 세충영(世忠營)이란 부대를 끌고 의병 활동에 참여했으며, 이 투쟁이 무위로 돌아간 다음에도 지식인의 지조를 지켜 청나라 조정의 초무(招撫)에 응하지 않고 재야에서 방대한 저술을 남겼다.

당시는 중국 전제주의 체제의 모순이 심화된 명·청의 왕조 교체기로서 망국적 당쟁(黨爭)과 민중 반란, 이민족 침입 등 숱한 변란으로 점철된 시기였다. 무한의 권위를 갖고서도 무책임하기 그지없는 황제, 그 전제 권력에 기식하는 부패한 관료와 환관(宦官)의 파쟁 및 권력 남용, 부패 정치에 저항하는 유교적 관료·지식인의 저항 운동 실패와 그에 따른 참혹한 당쟁의 재난, 유민(流民)의 대규모 반란 등이 이 시기를 특징짓는 현상이었다. 그리하여 결국 명나라는 동북 변방에 있던 만주족의 침입을 불러들였다. 유교적 지식인으로서 윤리와 경세(警世) 의식에서 자신의 존재 이유를 찾던 의로운 사대부들은 생명을 걸어야 했고, 당시 1억 5천만에 달했을 민중은 기근과 전염병, 비적과 반군·해적·의용병·청조 침입군이 난마와 같이 뒤얽힌 전란과 약탈의 대혼란 속에서 떼죽음을 당했다.

이 참혹한 시대를 황종희는 "하늘이 무너지고 땅이 갈라지는" 시대로 표현했다. 중국에서는 새 왕조가 일어날 때마다 한동안 평화로운 시대를 구가하다가 그 뒤에는 주기적인 왕조 교체와 함께 어김없이 제국 붕괴의 대재난이 이어졌는데, 그 재난 또한 세계사에서 보기 드문 참담한 것이었다. '사람이 사람을 먹는' 왕조 말의 주기적 참화는 너무도 잘 알려진 이야기지만 그럼에도 중국의 역사는 통일 제국의 재건에서만 탈출구를 찾았고 이 제국의 재건을 책임질 천명(天命)을 받은 새 왕조의 도래를 기다렸다. 새 황제는 도덕적으로 대성인이며 하늘의 위임을 받은 진명천자(眞命天子)로서 천하 만민을 먹이고 인간다운 윤리 질서를 되찾을 것이기 때문이다. 그런데 민중과 오랑캐의 반항으로 몰락한 명나라 왕조의 정치는 어떠했는가? 황종희는 한때 이 망해 가는 왕조의 부흥을 위해 무장 투쟁에까지 참여했다.

그러나 명나라의 멸망이 기정사실화된 다음 황종희는 그에 대한 책임자로서 황제 정치의 죄업을 냉정하게 분석하기 시작했다. 명나라는 왜 망했는가? 전제주의적 제국 체제에서 황제 한 사람의 책임은 얼마나 큰 것인가? 이것이 이 위대한 저술을 위한 궁극적 질문이었다. 그는 명나라의 역사를 통해 여러 원인을 탐색했는데, 그 연구 방법의 특징은 문헌 자료를 비판적으로 재해석하고, 개인이 아니라 제도 속에서 몰락의 기본적 원인을 찾는 것이었다. 그는 전제군주 제도를 중심으로 한 제국 체제에 궁극적 책임을 묻고 그 해결책을 새로운 제도적 대안의 탐구에서 얻고자 했다. 그 대안은 유교 사상에서 드물게 보는 철저한 제도 개혁, 즉 변법(變法)이었다. 이러한 사상 체계의 철저함은 당시 대두하기 시작한 동아시아 실학(實學)의 사상계에서도 매우 돌출된 것이었다.

순환하는 우주 시간과 복고적 이상주의

이와 같은 황종희의 철저한 개혁 사상은, 그가 명나라의 몰락 과정을 눈물과 피로 몸소 체험한 데 기인하고 있다. 그는 청소년 시절에, 정계를 뒤흔든 동림당(東林黨) 사건으로 정의파 관료이던 부친이 환관 일파에 체포되어 재판도 없는 참혹한 고문을 받아 동료들과 함께 희생되는 참상을 겪었다. 폭넓은 재야 독서층의 사회 여론을 대변하던 동림파의 실패는 그 전통을 이은 복사(復社)운동에서도 되풀이되었다. 이 복사운동은 전국에 걸친 문인 결사로서 특권 지식층인 신사(紳士)들 뿐 아니라 하층의 서민까지 포함한 광범위한 독서층이 참여하고 있었다.

당시 생원(生員)으로서 하층 신사에 속했던 황종희도 이에 적극적으로 참여해 부친의 유지를 이었다. 절강에서의 남명(南明)부흥 운동에 참여하면서 그의 인생은 청나라 조정의 사면을 얻을 때까지 열 번이나 죽을 고비를 넘기는 유랑 생활의 연속이었다. 그는 만년에 이르러서도 재야의 한족(漢族) 지식인을 기용하려는 강희제(康熙帝)의 회유 정책에 끝내 응하지 않고 은둔 생활로 일관했으나, 제자인 역사학자 만사동(萬斯同)과 자기 아들만큼은 명사관(明史館)에 보내 명 제국의 정사(正史)인『명사(明史)』의 편찬을 도왔다. 또한 황종희 자신도 많은 저술을 남긴 저명한 역사가였으므로 자료나 방법 면에서『명사』편찬의 성공에 적지 않은 기여가 있었다.

『명이대방록』의 역사관은 전통적 유교의 복고(復古)사관과 순환(循環)사관을 벗어나지 않는다. 그러나 황종희는 명나라와 같은 개별 왕조의 정통성이나 왕조사의 흥망을 연구하는 데 그치지 않고 진 제국부터 명말청초까지 거의 1,900년에 걸치는 전제군주제의 역사 전체를 비판적으로 재검토하고 있다. 이 책의 서문은 이렇게 시작하고 있다.

> 나는 한 번은 잘 다스려진 시대이고 한 번은 어지러운 시대라는 맹자(孟子)의 말을 늘 의심했다. 어째서 삼대(三代) 이후로 어지러움만 있고 잘 다스려짐은 없는 것인가? 이에 호한(胡翰)이 말한 12운(運)이란 것을 보니 주(周)의 경왕(敬王) 갑자(甲子)년부터 지금까지 모두 한 번 어지러운 운이었다. 앞으로 20년이면 '대장(大壯)' 운으로 바뀌 들어가 비로소 한 번 다스려짐을 얻으니 삼대의 융성함이 아직은 절망이 아니다.… 내 비록 늙었으나 [은(殷)]의 기자(箕子)가 [주

(周)] 무왕(武王)의 방문을 받는 것 같은 것은 혹시 바랄 수 있을지! 기우는 때의 이른 새벽 밝아오나 아직 훤하지 못하다 해서 어찌 끝내 말을 감춰 두기만 할 것인가?

저자가 대망한 삼대란 중국 역사의 초기인 하(夏)·은(殷)·주(周), 세 왕조를 말하는 것으로 성인이 군주가 되어 다스리던 이상적인 시대를 가리킨다. 주나라 경왕 갑자년은 공자가 사거(死去)한 2년 뒤인 기원전 477년이니 삼대 이후 난세는 2천 년 이상 지속되었던 셈이다.

역사적 사실이 분명치도 않은 까마득히 먼 고대를 이상화한 다음 그 이후로는 줄곧 난세만 계속되었다는 저자의 사관은 송나라 이래의 도학(道學)에서 제기한 이상주의 사조와 공통성이 있다. 그러나 주자학(朱子學)이 정통론(正統論)의 입장에서 삼대 이후 잃어버린 '도의 계통', 즉 도통(道統)의 회복을 탐구하는 도덕적 이상주의를 추구했다면 황종희의 이상주의는 이 장기적 난세의 원인을 전제군주제도에서 찾는 역사가의 관점이 뚜렷하다.

위의 인용문에 나오는 호한이란 사람은 14세기 원말명초(元末明初) 시기의 학자인데, 그가 말한 12운의 이론에 의하면 이와 같은 장기적 치란(治亂)의 변동은 순환적인 우주적 시간의 필연적 운수(運數)에 따른 것이다. 황종희는 이 순환적 우주 시간표에서 곧 예정된 잘 다스려지는 시대의 도래를 2천 년 전과 같은 삼대의 회복으로 기대하고 있었던 셈이다. 단순한 왕조 순환을 넘어 역사의 순환 사이클이 거대한 만큼 현실 비판의 지표로서 복고적 이상은 더욱 급진적일 수밖에 없었다. 마치 삼대 시절 주(周)나라에게 망한 은왕조의 현인 기자가 『홍범(洪範)』을 새 천자인 주나라의 무왕에게 바쳤듯이, 황종희는 새 시대를 열 성인군주를 기다려 그의 경세서(經世書)인 『명이대방록』의 개혁안이 채택되기를 희망하고 있었던 것이다.

공적인 천하·만민을 사유화한 전제군주제

『명이대방록』은 체제 개혁의 이론으로서 첫 3편의 글에서는 군주와 신료(臣僚), 법이 대체 무엇인지 다시 묻고 있다. 전제군주에 대한 비판의 기본적 근거는 「군주란 무엇인가?」란 글에 나와 있는 대로 사람의 개인적 이익을 군주의 약탈로부터 보호하고 천하 공익(公益)에 대한 군주의 책임을 밝히는 데서 출발한다.

> 생물이 나온 시초에는 사람마다 각기 스스로 자기를 위하고 각기 스스로 이익을 구했다. 공공의 이익은 일으키지 못하고 공공의 손해는 제거하지 못할 수도 있었다.

그래서 자기 한 몸의 이익과 손해를 돌보는 것이 아니라 천하가 이익을 받고 손해를 면하도록 보통 사람보다 천 배, 만 배 근로를 하는 요(堯)·순(舜)·우(禹)와 같은 먼 고대의 성인군주가 나왔다고 한다. 바꿔 말해 군주의 자격은 본래 사람의 성정으로 볼 때 너무 고생스러워 떠맡기 싫어하는 자기희생의 자리였다는 것이다.

그런데 "후세의 군주들은 천하의 이익과 손해를 좌우하는 권력을 자기 손에 쥐고는 천하의 이익은 모두 자기에게 돌리고 천하의 손해는 모두 타인에게 돌아가게 하며", "천하 사람들로 하여금 감히 스스로를 위하고 스스로의 이익을 구하지 못하게 해서 자신의 큰 사적인 일을 천하의 큰 공적인 일로 삼았다"는 것이다. 천하 만민을 위해 일하도록 공적인 위탁을 받은 제국의 공권력 기구를 군주 일가의 사리사욕을 추구하는 개인적 사유물로 만든 책임이 전제군주 제도에 있다는 논리이다.

바꿔 말해 "옛적에는 천하가 주인이고 군주가 손님이었는데", "지금은 군주가 주인이고 천하가 손님이 되어" 군주가 천하를 위해 경영하기는커녕 천하의 노동력과 자녀를 수탈해서, 한(漢)나라 고조(高祖)가 자랑한 대로 자기 한 사람의 재산을 늘린다. 그러고서도 전제군주는 "슬퍼하는 기색도 없이 '나는 정말 내 자손을 위해 창업을 했다'고 말한다"는 것이다. 이미 천하를 사유재산으로 본 이상 이를 경쟁자로부터 지키기 위해 "노끈을 묶고 빗장을 굳게 채우지만" 끝내는 자신이나 그 자손의 피와 살이 으깨지고 명나라의 마지막 황제처럼 공주에게 "너는 어찌하여 내 집안에서 태어났느냐"는 비통한 말을 할 지경이 된다고 한다.

국가와 민간을 공과 사의 범주로 구분하고 군주에게 국가의 공적 책임을 추궁하는 점에서 황종희의 군주론은 유교적이다. 그러나 국가의 공적 권위가 민간 이익의 보호에서 나온다는 이 논리는 민생을 강조하는 유교 민본주의(民本主義) 사상의 새로운 발전을 보여 주고 있다. 그것은 이익을 의리(義理)와 대립시키지 않을 뿐 아니라 공적 천하를 강조했던 중국의 유교적 통치 이념에는 전제군주의 가부장적 가산(家産) 관념이 깊게 깔려 있다는 사실을 예리하게 폭로하고 있다. 그리고 국가와 만민을 사유화한 결과는 그 사유 권력을 지키기 위한 전제정치의 강화와, 왕조 말 천하의 쟁탈전이라는 참혹한 대규모 약탈이 반복되는 비극적 왕조 순환의 함정에서 벗어나지 못하게 된다는 지적도 빠뜨리지 않고 있다.

아시아 전제정치의 역사에서 이토록 빛나는 자기성찰의 기록이 있었던가? 17세기 명말청초의 중국은 중화제국의 근본적 결함과 내재적 위기를 처음 발견했던 시기였으나 아직 그것을 해체할 만큼 성숙하지는 못했다. 이 혼란을 수습해 제국의 기능을 더 큰 규모로 회복시킨 것이 북방에서 침입한 후진 민족인 만주족이었다는 것은 역사에서 국제적 계기가 매우 중요함을 보여 주는 사례라 할 것이다.

공직의 협력자로서 군신의 권력 분할

그렇다면 전제군주의 무한 권력을 억제할 방법은 무엇인가? 『명이대방록』에 제시된 방법으로 그 중 핵심적인 것은 세 가지가 있다. 모두 중국의 이념과 제도 속에서 전통적으로 착상된 것이지만 황종희의 새로운 해석이 주목된다. 하나는 군주와 관료 사이의 권력 분할이고, 둘째는 군주라는 사람의 통치보다는 법에 의한 통치가 더 안정적이라는 것이며, 셋째는 학교라는 기관을 통한 사대부 지식층의 공공적 여론, 이를테면 개방된 공론장(公論場)을 제도화해 불가침의 자율성을 보장하는 것이었다.

군신(君臣)의 관계에 대해서는 「신하란 무엇인가?」란 글에서 이렇게 해석하고 있다.

천하는 커서 한 사람이 다스릴 수는 없고 다수인이 일해 나눠 다스린다. 그러므로 내가 벼슬에 나아감은 천하를 위한 것이고 군주를 위한 것이 아니며 만민을 위한 것이고 한 사람의 성(姓)을 위한 것이 아니다.

따라서 군주가 바라는 속마음을 미리 아는 것은 환관·후궁(後宮)의 마음이며 군주를 따라 죽거나 망명하는 것은 사적인 측근의 일이라 한다. 그런데도 "세상의 신하된 자들은 이 뜻을 모르고 신하가 군주를 위해 설치된 것이라 한다." 그래서 군주가 천하와 인민을 신하에게 나눠 준 다음에야 다스릴 수 있다고 하면서 '천하와 인민을 군주의 전대 속 사유물로 여긴다"는 것이다. 이처럼 군주·왕조와 국가를 구분할 줄 모르고 신하 관료들이 군주와 그 정권만을 위해 맹목적 충성을 바친다면 군주와 관료 사이의 자율적 협력이 필요한 천하·인민의 통치는 파탄을 면치 못하게 될 것이다.

또 군주와 신하를 부자 관계에 비유하는 세속적 견해도 잘못된 것이니, "군신의 개념은 천하로 인해 생긴 것이며 나에게 천하의 책무가 없으면 군주도 나에게 길손이다. 군주에게 벼슬하러 나아가 천하를 위해 일하지 않으면 군주의 노예이며 천하를 위해 일할 때 군주에 대해 스승과 벗이 된다"고 했다. 중국은 고대에 유교적 전제군주제가 형성될 때부터 군주가 갖는 공적 기능과 사적 기능 사이의 구분이 애매하고 그 영향으로 행정 기구인 관료제에서도 군주의 측근 기구가 재상 중심의 정규 행정을 압도하고 있었다. 급기야 절대적 전제군주제의 확립자인 명나라 태조(太祖)에 이르러서는 재상마저 폐지되고 말았다. 황종희가 재상권의 부활을 주장한 것은 이러한 역사적 흐름에 거슬러 군주와 관료의 권력 분할을 시도한 것이었다.

도덕적인 사람보다는 법에 의한 통치

중국의 전통적 전제주의는 폭력적인 통치 도구로서 형법을 법의 핵심이라 생각하는 잘못된 법의 관념에 현실적으로 의존하고 있었다. 유교에는 원래 군주의 전제를 견제하는 도덕정치의 이념이 있었으며 그러한 전통을 대표하는 것이 맹자(孟子) 학파였음은 잘 알려진 사실이다. 그럼에도 덕치 이념은 고대 제국의 국교가 되면서부터 전제주의 통치를 분식·미화하는 이중적 기능을 하게 되고 전제군주권을 둘러싼 동의와 견제라는 두 기능의 모순이야말로 동아시아 유교권 정치의 주요 특색을 이루었다.

덕치의 기반은 천하 인민을 위한 민본주의이므로 그것이 전제군주에 대한 견제 역할을 해야 할 것은 당연하다. 그런데 어떻게 해서 덕치가 전제군주제를 지지하는 이념적 역할을 할 수 있는가? 유교의 군주론에 따르면 덕치의 최고 책임자인 군주는 삼대의 이상적인 성인 군주를 이념형으로 삼고 있으며, 그 성인이란 통치 대상인 천하·인민에 대해 무한 책임을 진 유덕자로서 천명으로부터 그 통치의 정당성을 승인받은 자이다. 그런데 도덕적 무한 책임은 그 반대급부로 무한 권위를 부여받게 된다. 그리하여 현실의 절대권력을 장악한 군주는 이 도덕적 무한 권위를 통해 만인을 가르치는 스승으로서 성인 군주 행세를 할 수 있었던 것이다.

이같은 유교의 도덕적 군주가 형법을 실질적 권력 도구로 삼고 있는데도 유교적 덕치 이념에 의거하여 법은 이념의 지위를 얻을 수 없었다. 그러한 도구로서 중국의 전통적 법률은 군주의 전제정치를 위한 수단일 뿐, 군주의 권력 남용을 견제하거나 인민의 권리를 보호하는 정의로운 역할을 갖지 못했다.『명이대방록』의「법이란 무엇인가?」란 글에서는 "삼대 이전에는 법이 있었는데 삼대 이후에는 법이 없었다"고 주장한다. 여기에서 말하는 법은 전통적인 법가의 형법과는 다른 개념으로서, 군주의 사적인 도구로서의 법이 아니라 삼대 이전의 성인 군주와 같은 이상적 통치에서나 가능할, 인민의 삶을 위한 공적인 법이다. 저자는 후세의 법의 실태를 다음과 같이 비판하고 있다.

> 이것이 삼대 이전의 법이니 나 한 몸을 위해 만든 적이 없기 때문이다. 후세의 군주는 천하를 얻고 나면 오직 왕조의 수명이 길지 못하고 자손이 보유하지 못할까만 두려워해 미연의 걱정을 해서 법을 만들기로 생각한다. 그러니 그 법이란 것은 한 집안의 법이지 천하의 법이 아니다.

그래서 진 제국이 봉건제를 군현제로 바꾼 일 같은 역사상의 제도 개혁들도 군주 및 왕조의 사리를 위한 것이었지 천하를 위한 개혁은 아니었다고 한다. 천하를 위한 삼대의 법은 "법이 느슨할수록 어지러움은 더욱 일어나지 않으니 이른바 법 없는 법이라 한다." 그 반면에 후세의 법은 아래보다 위의 사적 이익을 지키려 감시하다

보니 법이 매우 엄밀해졌다는 것이다. 그러나 "법이 엄밀할수록 천하의 어지러움은 바로 그 법에서 생기니 이른바 법 아닌 법이라 한다." 즉, 진나라 이래 옛 성인 군주의 법이 탕진된 결과 삼대의 제도를 모범으로 한 급진적 개혁이 필요하며, 후세의 '법 아닌 법'의 질곡을 벗어나기 위해서는 "통치하는 법이 있는 다음에 통치하는 사람이 있다"고 주장했다. 이는 정치에서 법보다 사람을 중시하는 유교적 통론을 뒤집은 것이었다.

학교를 통한 지식층의 공론장

그 다음으로 『명이대방록』은 구체제를 개혁하기 위한 세부 내용을 제시하고 있다. 그 가운데는 재상의 부활과 같은 관제(官制)의 개혁, 학교 교육과 과거제 등 다양한 관료 채용 제도의 개혁, 수도의 이동, 분권적 변경 방위 체제, 토지 재분배, 군사제도, 국가 재정, 말단 행정 실무자인 서리(胥吏)제도, 환관제도의 개혁 등이 포함되어 있다. 마치 조선 후기에 전개된 실학의 경세 사상을 보는 것 같다. 그 중 「학교」란 글은 단순히 인재 교육과 선발에 관한 것 뿐 아니라, 유력한 국정 기구의 하나로 구상된 것이었다. 이를테면 "학교는 선비를 양성하는 방법이지만 옛 성인 군주는 그 뜻이 이에 그치지 않고 천하를 다스리는 도구가 모두 학교에서 나오게 한 다음에야 학교의 뜻이 비로소 갖춰진다"는 것이다.

구체적으로는 국가에서 설립한 학교를 정치적 여론 기구로 제도화하려는 것이었다. 황종희에 의하면 옛적에는 "천자가 옳다 한 것이 반드시 옳지는 않고 천자가 그르다 한 것이 반드시 그른 것은 아니었다. 천자도 마침내 감히 시비를 스스로 정하려 하지 않고 시비를 학교의 공론에 맡겼다." 그런데 "삼대 이후에는 천하의 시비가 한결같이 조정에서만 나와" 모두 천자의 독단을 따르고, 심지어는 "학교란 것이 과거 시험의 경쟁으로 부귀에 마음이 물든 결과 마침내 조정의 세력과 이익으로 그 본령이 변질"되었으며, 인재가 간혹 초야에서 스스로 나와도 학교와는 전연 관련이 없는 지경에 이르렀다는 것이다.

국가 권력이 학문과 교육을 지배한 결과 나타난, 황폐한 현상에 대해 이처럼 통절한 비판이 또 있겠는가? 당시 중앙의 태학(太學)과 지방 군현의 학교에서 시행되었던 정기적 학술 강론은 민간을 대표한 학관(學官) 및 신사층이 황제·관료들과 만나 학술과 국정을 논하는 공론장이기도 했다. 학교에서의 국정 비판은 국가 권력이 침해할 수 없는 면책권을 갖는 것이어서 황제 권력에 대한 민간 지식층의 견제 역할을 충분히 기대할 수 있을 것이었다.

유교적 이상주의자의 구세 사상

『명이대방록』에서 제기된 나머지 여러 개혁안 중에도 역사적으로 토론할 만한 의의가 있는 실제적 내용이 많지만 여기서는 생략했다. 급진적 이상주의에는 비현실성이 따르기 쉽지만 저자의 이상주의는 그 시대의 모순이 그만큼 우심했으며, 시대의 아픔을 치유하려는 저자의 구세적 소망이 그만큼 간절하게 반영되어 있다. 그는 자신의 역사적 체험에서 우러난 이 이상적 청사진의 실현을 누구에게 기대하고 있었을까? 분분한 학계의 논란이 있으나 확실한 것은 머지않아 도래할 미래의 성인 군주였을 것이다. 2천 년에 걸친 전제군주 시대에 살았던 지식인이 자신의 계획을 실천에 옮길 힘을 새로운 유형의 군주에게 기대했던 것이다. 그래서 황종희는 끝내 유교의 사상가로 머물렀다.

더 생각해볼 문제들

1. 전제군주제의 논란이 일어난 사회적 배경은 무엇일까?

   중국의 역사는 중앙집권과 지방분권의 끊임없는 긴장 관계 속에 있었다. 전제군주인 황제는 통일·안정의 구심점으로서 역사적 역할이 있었고 사대부 내지 신사층은 군주에 봉사하는 관료를 배출하면서도 지역 사회의 지배층으로서 분권적 자율성이란 경쟁적 가치를 추구하고 있었다.

2. 유교의 복고적 역사관이 오히려 급진적 개혁 사상을 뒷받침한 이유는 무엇인가?

   유교에 있어서 고대란 관념은 시간적인 고대인 동시에 이상으로서의 고대라는 이중의 의미가 있었다. 다스려짐과 어지러움이 순환하는 현실의 역사 속에서 고대의 이상으로 돌아가려는 복고 사상은 이 어지러움의 순환을 저지하고자 투쟁하는 지식인의 사명 의식을 반영한 것이기도 하다.

3. 전제군주제 비판을 뒷받침한 이론으로 민본주의란 무엇인가?

   천하의 공공성을 대표하는 유교의 민본주의는 사실은 군주뿐 아니라 사대부 지식인도 공유하는 가치였다. 특히 황종희는 역사적으로 점차 군주의 전제적 권력에 눌려 위축되어 온 사대부의 주체성을 재강조해 군주와 대립하는 권력의 분할을 위한 논리와 제도적 대안을 제시했다는 데 시대적 의미가 있었다.

4. 유교 실학의 개혁론에서 법치와 지식인의 공론장이라는 개념은 어떤 위치를 갖는 것인가?

   유교의 제도개혁론은 대개 효율적 관제(官制) 개혁에 중점이 있으나 황종희는 이에 머물지 않고 정체(政體) 자체의 변경이라는 의미까지 제시했다. 유교적 도덕정치의 이념, 정치·학문·교육이 삼위일체를 이루는 유교 이념을 벗어난 것은 아니지만 군주, 즉 성인이라는 사람의 통치가 갖는 한계를 비판하고 정치의 구속으로부터 학문·교육의 자율성을 강화하려 했던 것이다. 이러한 사상은 유교 자체의 한계를 넘어서는 사상적 확장의 성격을 갖고 있다.

추천할 만한 텍스트

『명이대방록』, 황종희 지음, 전해종(全海宗) 옮김, 삼성(三星)문화문고, 1971.
『명이대방록』, 황종희 지음, 김덕균 옮김 ,한길사, 2000.

조병한(曺秉漢)

서강대학교 사학과 교수.
서울대학교 사학과를 졸업하고 동 대학원 동양사학과에서 석사 및 박사 학위를 취득했다.
역서로 저우처쭝(周策縱)의 『5 · 4운동—근대중국의 지식혁명』(1980) 등이 있고, 논문으로는「태평천국(太平天國)의 대동(大同)사상과 화남(華南) 비밀결사의 전통」(2002), 「강유위(康有爲)의 초기 유토피아 관념과 중서(中西) 문화인식」(1999), 「장학성(章學誠) 유교사학의 기본개념과 그 정치적 의미」(1984) 등 40여 편이 있다.

내 나이 27세 때인 광서 갑신년(1884)에 프랑스 군대가 광주를 진동시켰을 당시, 나는 전란을 피해 서초산 북쪽 은당향에 있는 칠회원 담여루에서 국난에 대해 느낀 바 있고 민생을 슬퍼해서 『대동서』를 저술하였다. … 다른 사람을 위해 일을 도모하는 것은 고통을 제거하고 즐거움을 구하는 것일 따름이다. 이것 이외에 다른 방법은 없다. … 여러 성인들의 수많은 가르침은 모두 인간의 괴로움을 면하게 하고 즐거움을 구하게 하는 것일 뿐이다. 사람들의 즐거움을 증진시키고 고통을 적게 할 수 있는 것이 바로 진화이고 그 도는 좋은 것이다. 인간의 즐거움을 증진시키지 못하고 괴로움만 더하게 한다면 그것은 퇴보이며 그 도는 좋지 않은 것이다. … 세상의 모든 법도를 두루 살펴볼 때 대동의 도를 버리고는 고통에서 벗어날 길도, 즐거움을 구할 방도도 없다.

강유위 (1858~1927)

청나라시대 금문경학[1] 경향의 마지막 거두이자 무술변법운동(戊戌變法運動)[2]의 지도자로 중국 근대사에서 가장 커다란 주목을 받은 인물이라고 할 수 있다. 그의 원래 이름은 조이(祖詒)이고 자(字)는 광하(廣廈), 호는 장소(長素) ― 소왕(素王)인 공자보다 낫다는 뜻 ― 이며 광동성 남해현(南海縣), 즉 지금의 광쩌우(廣州) 사람이다. 그래서 남해 선생이라고 불리기도 한다. 아편전쟁과 태평천국운동의 혼란기에 태어나 어릴 때 아버지를 여의고 18세(1876) 때 광동성의 유명한 주자학자 주차기(朱次琦)에게서 경세치용(經世致用)의 학을 배웠다. 1888년부터 1898년까지 일곱 차례에 걸쳐 상소를 올려 마침내 무술년(1898)에 청나라 덕종(德宗) 즉, 광서제의 변법을 도와 백일천하를 이루었으나 성공하지 못하였다. 이후 해외로 망명하여 16년 동안 30여 개 나라를 떠돌다 신해혁명 이후인 1913년에 귀국하여 혁명파에 반대하는 각종의 저술 활동 등을 펼쳤다.
1912년 유가 사상을 종교적으로 개조하여 현대 사회에 맞는 국교를 만들고자 공교회(孔敎會)를 조직하여 회장을 맡기도 하고, 1917년에는 장훈(張勳)을 도와 이미 폐위된 마지막 황제 부의(傅儀)의 복벽을 도모하다가 실패하기도 하였다. 『대동서』 이외에도 『신학위경고(新學僞經考)』(1891), 『공자개제고(孔子改制考)』(1892~1898), 『춘추동씨학(春秋董氏學)』(1893~1897) 등의 저작이 있다.

02

근대의 여명기에 타오른
유학의 마지막 불꽃
강유위(康有爲)의 『대동서(大同書)』

황희경 | 영산대학교 학부대학 교수

중국 연구에서 차지하는 『대동서』의 중요성

우리가 쉽게 구해 읽어 볼 수 있는 중국 철학사 서적들은 대부분 근대 이전 시대에 치우쳐 있다. 동물의 몸에 빗대어 본다면 춘추(春秋)·전국(戰國)시대는 호랑이의 얼굴, 송·명(宋明)시대는 곰의 허리, 근·현대는 뱀의 꼬리와 같다고 말할 수 있겠다. 그만큼 춘추·전국 시대의 제자백가 철학은 다채롭고, 송나라 시대의 주자학(朱子

---

1) 진시황의 분서갱유 때문에 대부분 소실되었던 유교의 경전을 한나라시대에 들어와 유교를 국교화한 이후에 단편적으로 남아 있는 다른 문헌을 의지하거나 구전되어 오던 경전에 의지해 복원하였는데 이를 당시의 문자(금문)로 기록하였기 때문에 금문경전이라고 하고 여기에 기초해 경전을 연구하는 것을 금문경학이라고 한다. 이들은 특히 공자에 대해서 제왕의 자리에 오르지는 못했지만 하늘의 명을 받은 사실상의 제왕, 즉 소왕(素王)이라고 본다.

學)과 명나라 시대의 양명학(陽明學)은 내용이 풍부하지만, 근·현대의 철학은 아주 빈약하다는 말이다.

달리 말하면 중국 철학에 대한 연구는 고대 중국의 관념 세계에 매몰되어 있어서 '중국'이 거의 없다. 한편 현대 중국의 연구는 발전하고 부상하는 표피적 중국에 경도되어 그 사상이나 문화적 근원에 대한 탐구가 결핍된 경우가 많다고 할 수 있다.

이러한 이유로 해서 여기에 소개하고자 하는 『대동서(大同書)』는 우리에게는 생소한 느낌으로 다가올 수 있다. 하지만 이 책은 중국이 전제군주제의 청나라에서 근대 국가인 중화민국으로, 즉 제국(帝國)에서 근대 민족국가로 거듭 태어나는 거대한 변환기에 살았던 강유위(康有爲)의 사상적 고민이 응축된 대표작이다. 달리 말하면 봉건시대의 통치 철학이었던 유학이 근대 서양의 사상과 부딪쳐서 타오른 마지막 불꽃이라고도 할 수 있다. 이 책을 통해 우리는 19세기 말의 중국 사회에 대한 생생한 묘사를 접할 수 있고, 유학이

---

2) 청·일전쟁 패전과 그에 따른 제국주의 열강에 의한 중국 분할로, 젊은 독서인층(讀書人層)은 망국의 위기감을 절감하였다. 그들은 패전의 경험에서, 유럽의 무기·기술만을 도입하려는 양무운동(洋務運動)의 한계를 깨닫고, 전통적인 정치 체제·교육 제도 개혁으로서 부국강병을 실현해야만 중국이 근대 세계 속에서 살아남을 수 있음을 주장하였다. 헌법 제정, 국회 개설, 과거제(科擧制) 개혁과 양식학교(洋式學校) 설립, 산업의 보호 육성 등을 구체적 목표로 정하고 주요 도시에 학교를 설립하였으며 신문을 발행하여 관료나 독서인층을 대상으로 계몽·선전 활동을 펼쳤다. 외국인 선교사와 일부 고관들 중에도 그것을 지지하는 사람들이 있어, 고관들의 후원으로 강유위는 황제에게 의견을 개진할 기회를 얻었다. 황제는 그의 의견에 공명하여 양계초·담사동(譚嗣同) 등 변법파(變法派)를 등용하여 그들의 주장을 실행하였다. 그러나 이 운동은 서태후(西太后)의 쿠데타로 좌절되고, 강유위와 양계초는 망명하였다.

근대화된 서양 세계를 만나 어떻게 자신을 변화시키려고 힘든 싸움을 벌였는지를 알 수 있다. 또 이를 통해 공자(孔子)가 고전 속에 갇힌 성인이 아니라 현실 속에서 살아 움직이는 사상가임을 알 수 있을 것이며, 사상적인 측면에서 유학이 가진 보편주의적인 특성을 살펴보는 데도 많은 도움이 될 것이다.

일반적으로 이 책은 강유위가 27세 때인 1884년에 『대동서』를 썼다고 알려졌다. 왜냐하면 그 스스로 이렇게 말했기 때문이다. 하지만 그의 생전에는 전체 10부 가운데 첫 부분인 갑부(甲部)와 을부(乙部)만이 신해혁명 이후인 1913년에 『불인(不忍)』이라는 잡지에 발표되었다. 그리고 20만자에 달하는 — 번역서로는 무려 700페이지에 가깝다 — 비교적 완전한 원고는 그의 사후 8년이 지난 1935년에 가서야 제자인 전안정(錢安定)의 교정을 거쳐 간행되었다. 그런데 이 책에는 강유위가 이탈리아, 미국, 캐나다 등을 방문하고 난 뒤의 소감 등이 실려 있는데 그것들은 20세기 초에 일어난 일이다. 따라서 1884년에 이 책을 지었다는 데 대해서는 의문이 제기되고 있다.

강유위는 사실 손문(孫文)처럼 대동의 기치를 내걸고 그것의 실현을 위해 노력하지는 않았다. 도리어 그는 대동의 이상이 담긴 이 책을 비밀에 부쳤는데, 그 이유에 대해서는 여러 가지 추측이 제기되어 있다. 어떤 사람은 이 책에 나오는, 남녀의 결합은 계약의 형식을 통해 이루어져야 한다 — 심지어 1년 단위로 계약을 갱신해야 한다고까지 — 는, 남녀평등에 기초한 자유 결혼을 주장하는 내용을 들어 당시로서는 너무 급진적인 내용을 담고 있었기 때문에 출판할 수 없었던 것이라고 말한다. 혹은 세계 통일 정부의 구상이 제국에서 근대 민족국가로의 전환기에 처해 있던 중국의 현실에 맞지 않았기 때문이라고 해석하는 사람도 있다.

어쨌든 이 책은 1884년에 기본 골격을 갖춘 이래로 이십여 년에 걸쳐 매우 신중하게 끊임없이 수정·증보된 책이라고 보는 것이 타당할 것이다. 따라서『대동서』는 그의 사상의 출발점이었으며 또한 최종 목적지이기도 하다.

대동 세계의 미래상

『대동서』는 국가의 경계를 무너뜨리고 세계 통일 정부라는 대동 세계의 미래도를 구상한 웅대한 유토피아적 저작이다. 그러나 이 책을 쓴 직접적 동기에 관해 그는 "내 나이 27세 때인 광서 갑신년(1884)에 프랑스 군대가 광주를 진동시켰을 당시, 나는 전란을 피해 서초산 북쪽 은당향에 있는 칠회원 담여루에서 국난에 대해 느낀 바 있고 민생을 슬퍼해서『대동서』를 저술하였다"고 하였다. 저자를 소개하면서 밝혔듯이 그는 주차기를 통해 유학의 경세치용의 학문을 배웠고 불교에 심취하기도 했으며, 그 이후에는 서양의 서적을 집중적으로 공부하기도 했다. 불교의 영향은『대동서』의 첫 부분인 갑부(甲部)의 제목이 '세계에 들어가 중생의 고통을 본다'는 것으로 되어 있는데서 잘 드러나고 있다. 그러나 그는 불교에 대한 공부의 결과로 세상을 등지는 데로 발전하지 않고 오히려 전 세계와 인류의 고통을 구하고자 하는 강렬한 충동을 일으키게 되었다. 서양에 대한 공부는 지리(地理)와 정치, 종교에서부터 점차 광범위하게 과학과 역사로 확대되었다. 그리고 이러한 새로운 지식을 통해 중국은 이미 '천하'가 아니라 하나의 국가로 전환되어 가는 와중에 있음을 자각하게 된다. 따라서 그는 이미 일개 국가, 그것도 약소국으로 전락한 중국 중심의 시각을 뛰어넘어 진정으로 천하 ― 다시 말하면 세계 ― 의 각도에서 중국과 세계의 관계를 다루고자 하였다. 그리고 그 방식은 세계의 갖가지 고통의 근원에 있는 다음과 같은 아홉 가지 차별(九界)을 없애는 것이었다.

① 국계(國界), 즉 영토와 부락의 구분을 제거하여 세계를 하나로 통일한다.

② 급계(級界), 즉 귀천이나 청탁(淸濁)[3]과 같은 계급 차별을 철폐하여 모든 인간의 평등을 이룬다.

③ 종계(種界), 즉 황인과 백인, 갈색인, 흑인의 차별을 없애 인류를 통합한다.

④ 형계(形界), 즉 남녀의 구별을 없애 남녀를 독립시켜야 한다.

⑤ 가계(家界), 즉 부자와 부부, 형제의 구별을 없애야 모두 하늘의 백성이 되게 해야 한다.

⑥ 업계(業界), 즉 농·공·상과 같은 산업의 차별을 없애 생업을 공공화한다.

⑦ 난계(亂界), 즉 불평등이나 편파성, 부당성, 불공정한 법과 같은 정치적 차별을 제거해서 태평을 이루어야 한다.

---

3) 중국의 사상에서는 뛰어난 사람은 맑은 기운을, 못난 사람은 탁한 기운을 받았다고 가정하고 있다.

⑧ 유계(類界), 즉 인간과 인간 이외의 다른 생물의 구별을 없애고 모든 생물을 사랑해야 한다.

⑨ 고계(苦界), 즉 고통을 제거하여 극락 세계에 도달해야 한다.

이와 같은 9가지의 구분을 없애 버린 대동 세계 속에서는 나라의 경계가 무너지고 군대와 감옥이 더 이상 존재하지 않는다. 지구 전체에 하나의 공적 정부가 있을 뿐이고 그 정부를 통해 공공 사업이 이루어지며, 계급과 종족의 차이도 소멸되고 가정도 사라지게 된다. 그리고 육아와 생로병사에 관한 사항들도 모두 정부가 책임지게 된다. 그뿐만이 아니라 대동 세계는 문화도 발전하여 사람들이 모두 높은 교양과 도덕의 수준에 도달한 그야말로 이상적인 미래상이 구현된 사회이다.

대동 삼세설과 원기설

『대동서』의 밑바탕에는 삼세설(三世說)과 원기설(元氣說)이 깔려 있다. 먼저 삼세설이란 하나의 진화론적 역사관이라고 할 수 있는데, 그것은 서양의 사회진화론과 금문경학에서 말하는 공양삼세설(公羊三世說), 그리고 『예기』의 「예운」편에 등장하는 대동(大同)·소강(小康) 사상을 혼합한 내용으로 되어 있다. 쉽게 말하면 역사는 난세를 거쳐 소강 세계(승평세)로, 다시 소강 세계에서 대동 세계(태평세)로 발전한다는 것이다. 원래 유학에서 말하는 소강이란, 중국 고대의 여러 성왕인 우·탕·문·무·주공 등의 통치를 가리키는 말이다. 즉, 기본적인 정치 질서를 잘 갖추고 있으나 그래도 이상적인 삼황오제의 시대에는 못 미치는 상태를 말하는 것이다. 이러한 관점에서 강유위는 당시의 중국이 난세에 처해 있어 승평세에 도달하지 못했고, 서구의 여러 나라는 대략 승평세에 가깝기는 하지만 여전히 공리(公理)가 실현되지 못한 상태라고 보았다. 강유위는 이러한 삼세설은 『대동서』 서술의 기초가 되었을 뿐만이 아니라 봉건 체계를 무너뜨리고 입헌군주제에 입각한 자본주의 사회를 이루고자 시도한 무술변법의 이론적 근거이기도 하였다.

한편, 원기설이란 일종의 존재론으로서, 만물의 탄생은 모두 원기에서 비롯된다는 것이다. 그러므로 천지만물과 인간은 질적으로 차이가 없고 단지 형체의 크고 작음만이 다르다고 한다. 그런데 원기는 물질적 실체일 뿐만이 아니라 정신적 실체이기도 하다. 그래서 강유위는 원기를 신기(神氣), 혹은 혼질(魂質)이라고 지칭한다.

여기서 그가 말하는 신이란 서양 종교에서 말하는 신이 아니라 지각이 있는 전류와 같은 것을 말한다. 따라서 이러한 전기적 감응이 없는 사물은 없다. 그 가운데에서 인간은 온전한 신, 즉 원기에서 분화된 신일 따름이다. 천지만물도 이런 점에서는 마찬가지다. 따라서 다른 사물에 대해 불평등하게 대할 하등의 이유가 없는 것이다. 왜냐하면 동일한 실체로 구성되었기 때문이다. 일찍이 맹자는, 인간은 나면서부터 어진 마음, 즉 '차마 [나쁜 짓을] 하지 못하는 마음'을 가지고 있음을 전제하였는데, 강유위는 이러한 마음을 자석에 비유하여 "지각이 있으면 끌어당기게 되니 자석도 그러하거늘 하물며 인간에게 있어서랴! 차마 하지 못하는 어진 마음은 바로 끌어당기는 힘이다"라고 하였다. 따라서 이러한 마음을 부단히 확충하면 대동 세계는 자동적으로 실현할 수 있다고 보았다. 그는 또한 공자의 가르침을 세 가지로 정리하여 첫째는 내 혈육을 사랑하고, 둘째는 이웃을 사랑하며, 마지막으로 셋째는 만물을 사랑하는 것이라고 하였다. 그리고 이러한 공자의 가르침은 다시 삼세설에 대입되어, 난세에는 혈육끼리만 서로 친하고, 승평세엔 이웃끼리 사랑하며, 태평세에는 만물을 사랑하게 된다는 주장으로 발전시켰다. 공자의 인은 부처의 자비보다 못하지만 궁극적으로 만물을 사랑하라는 점에서는 부처의 가르침과 같다. 다만 실행 가능성의 면에서는 공자의 인이 더 낫다는 것이다. 왜냐하면 이것은 매우 자연스런 순서로서 어느 하나라도 뛰어넘을 수 없기 때문이라는 것이다. 그는 또한 공자의 위대한 점은 평등의 뜻을 제창하여 봉건 제도를 부정하고 벼슬의 세습을 비판하였으며 토지를 주어 노예를 없애고 군권(君權)을 제한한 데 있다고 보았다. 그리하여 계급이 소멸되었고 모든 사람이 평등하여 비록 빈한한 가정에서 태어나더라도 왕후장상이나 훌륭한 스승이 될 수 있는 사회를 구상하였다는 것이다. 그러나 이러한 공자의 가르침을 방기하고 등급 체계를 구축하였기 때문에 점차 중국 사회는 쇠퇴하였다는 것이다.

『대동서』의 의의

구한말의 독립운동가 박은식이 중국에 망명하였을 당시 강유위의 후원을 받은 적이 있다. 이때 그는 박은식이 지은 『한국통사』의 서문을 써 주면서 인도와 베트남, 한국 등 식민지 국가들이 처한 현실과 그 망국의 슬픔에 공감하는 의견을 밝혔다.

그러나 『대동서』를 읽어 보면 러시아가 아시아 북쪽을 점유하고 프랑스가 월남을, 영국이 미얀마를, 그리고 일본이 조선을 점령한 일을 그리 나쁘게만 보지 않는 것처럼 보인다. 그는 제국주의의 침략을 봉건 세계에서 대일통(大一統)으로 나아가는 표지로 인식하였던 것이다.

> 대개 분열과 병합의 형세는 자연스런 도태 현상으로, 강한 자가 병합해 삼키고 약소한 나라는 멸망하는 것 또한 대동의 선구일 뿐이라고 생각한다.

강유위는 전쟁과 겸병에 대해서는 비판했으나 동시에 그러한 것들을 대동 세계에 도달하기 위한 중간 과정쯤으로 여기고 있는 것이다. 여기서 그의 냉혹한 면모가 드러난다.

그는 또한 평등과 대동의 세계에 도달하기 위해서는 반드시 인간의 모습과 체격을 서로 같게 만드는 것으로 시작해야 하며, 그렇게 하기 위해서는 남녀가 교합하는 방법밖에 없다고 주장했다. 인간의 모습과 체격이 제각기 다르면 서로 친해질 수 없다는 것이다. 아주 황당한 구석이 엿보이는 부분이다.

그렇지만 진부한 공양삼세설을 기초로 유학을 재해석·재구성함으로써 당시 그가 습득한 세계의 정치·역사·지리에 관한 모든 지식을 그 틀 속에 집어넣어 유학의 보편주의 혹은 만세법(萬世法)의 위상을 다시 확인하려 했던 시도에서 우리는 스스로 성인을 자임하였던 강유위의 웅대한 야심을 엿볼 수 있다.

『대동서』는 국가와 인종, 계급 등의 구분이 사라진 대동 세계의 이상을 담고 있다. 그 때문에 자본주의를 비판한 공상적 사회주의의 저작인지 또는 부르주아 계급의 계몽적 저작인지를 놓고 논란이 일기도 했다. 형식의 면에서 보면 확실히 공상적 사회주의의 색채가 농후하지만, 그 내용을 살펴보면 주로 부르주아 계급의 천부인권설·자유·평등·박애 등의 여러 원칙을 기초로 하고 있다.

> 나는 대동, 태평, 극락, 장생… 등의 여러 가지 도리를 통해 전 세계 동포를 구해 내어 영원히 그 괴로움과 고통에서 구해 내고자 하였다. (그것은) 오직 천부인권과 평등, 독립일 뿐이로다. 오직 천부인권과 평등독립일 뿐이로다!

어찌되었든 『대동서』가 역사에 진보적인 역할은 한 것은 부정할 수 없는 사실이다. 중국이 곧 천하요 세계의 중심이라는, 수천 년 동안 유지되어 온 천하관은 막강한 무력을 가진 서양 세계와 만나면서 급격히 무너져 내렸다. 『대동서』는 결국 이러한 천하관의 위기에 직면해 촉발된 유학에 대한 총체적 반성과 재구성을 통해 강유위가 그려 놓은 새로운 천하의 미래상이다. 그러나 강유위는 결국 이상의 실현을 통치자의 "차마 하지 못하는 마음"에서 구했기 때문에 대동 사회로 가는 길을 찾을 수는 없었다. 하지만 신자유주의라는 이념에 입각한 미국 주도의 세계화는 그가 말하는 대동의 세계는커녕 소강의 상태에서도 멀어지는 것이 아닌가하는 우려를 낳게 만들고 있다. 오늘날 유럽 통합이나 동아시아 공동체와 관련된 논의도 그가 말한 국가를 단위로 한 경쟁과 전쟁, 그리고 국가

이기주의가 고통의 뿌리임을 자각하고 이를 극복하기 위한 시도가 아니겠는가. 미국 주도의 또 하나의 천하관과 직면한 요즈음 우리는 『대동서』에서 이를 극복할 자원을 발견할 수는 없는 것일까? 다시금 『대동서』를 읽어 볼 필요가 여기에 있다고 하겠다.

더 생각해볼 문제들

1. 현재 세계가 안고 있는 중대한 문제를 떠올려보고 이상적인 미래상을 설계해 보자.

    먼저 세계의 문제로 나아가기 전에 가까운 우리나라의 문제부터 시작해 보자. 우선 우리는 심각한 지역 갈등의 문제를 안고 있다. 그리고 세계 유일의 분단 국가이다. 지역 갈등을 해소하고, 분단을 극복하여 통일로 나아가기 위해서는 그 원인이 어디에 있는가를 분석해야 한다. 원인을 진단하는 가운데 우리의 문제가 우리만의 문제가 아니고 세계와 연관된 문제라는 것을 알 수 있을 것이다. 그리하여 우리의 문제를 푸는 것이 세계의 미래의 모습을 그리는 것과 무관하지 않게 될 것이다.

2. 강유위의 『대동서』와 토마스 모어의 『유토피아』를 비교해 보자.

    토마스 모어의 『유토피아』가 르네상스 시기 서구 사회의 문제점을 드러내고 전망을 제시한 것이라면, 강유위의 『대동서』는 중국의 전근대의 황혼기 혹은 근대의 여명기에 나타난 중국의 이상 사회론이라고 할 수 있다. 두 저작을 비교하는 가운데 강유위의 대동 사회의 이상이 어떤 중국적 특질을 반영하고 있는가를 알 수 있을 것이다.

3. 중국의 천하 개념에 대해서 생각해 보자.

    강유위가 『대동서』에서 세계 정부를 구상할 수 있었던 데에서 중국의 천하라는 개념이 중대한 역할을 했다고 할 수 있다. 그런데 천하라는 개념은 세 가지 의미가 있고 또 그것들은 서로 연결되어 있다고 할 수 있다. 첫째로 우리가 일상적으로 말하는 세계, 즉 이것은 지리적인 의미로서의 천하이다. 두 번째로는 민심이라는 의미, 즉 이것은 물리적인 것이 아니라 심리적인 의미의 천하이다. 천하를 얻었다는 것은 천하의 민심을 얻었다는 말이다. 세 번째로는 하나의 세계 제도라는 의미이다. 고대 중국에서 말하는 제후국은 이러한 천하에 종속된 단위이다.

추천할 만한 텍스트

『대동서』, 강유위 지음, 이성애 옮김, 민음사, 1991.
『중국의 유토피아 사상』, 진정염 등 지음, 이성규 옮김, 지식산업사, 1993.

황희경(黃熙景)

영산대학교 학부대학 교수.
성균관대학교 유학과를 졸업하고 동 대학원에서 철학 박사를 취득했다. 성균관대, 연세대, 안동대 등에서 강사를 역임하였고 중국 인민대학 고급진수생 과정을 거쳤다.
저서로 『현대중국의 모색』(공저, 1992), 『삶에 집착한 사람과 함께 하는 논어』(평역, 2000) 등이 있으며 역서로는 『역사본체론』(2004), 『동양 의학이 서양 과학을 뒤엎을 것인가』(공역, 1995) 등이 있다.

제1장과 제2장의 공통된 라이트모티브(leitmotiv)는 봉건 사회에 있어서의
정통적인 세계상(世界像)이 어떻게 내면적으로 붕괴해 가는가 하는 점이었다.
그런 과제를 해명함으로써 나는 넓게는 일본 사회, 좁게는
일본 사상의 근대화의 패턴 그리고 한편으로는 서구에 대해서,
다른 한편으로는 아시아 국가들에 대해서 갖는 특질을 규명해 보려고 생각했다. …
소라이가쿠에서 정치적 사유가 도학(유학)에서 그 정도로 멀리 떨어져 있는 이상,
근세 유럽에 있어서 과학(科學)으로서의 정치학을 수립한 영예를
『군주론』의 저자가 안고 있는 것처럼, 일본의 토쿠가와 봉건제 하에 있어서
'정치의 발견(discovery of politics)'을 소라이가쿠에
돌린다 하더라도 부당한 것은 아닐 것이다.

마루야마 마사오 (1914~1996)

1914년 오오사카(大坂)에서 정치평론가로 필명을 날리던 마루야마 칸지(丸山幹治)의 둘째 아들로 태어났다. 토쿄(東京) 대학 법학부 정치학과를 졸업하고 같은 대학의 교수를 지냈으며, 퇴직한 후에는 명예교수가 되었다. 일본 학술원(學士院) 회원, 영국학술원 외국인 회원을 지냈다.

그는 1940년대에 오규우 소라이(荻生徂徠)의 저작을 사회과학적 방법론으로 분석해 냄으로써 일본의 '근대성'의 뿌리를 밝히는 작업을 수행했다. 1946년 발표한 「초국가주의의 논리와 심리」는 일본 사회와 지식인들에게 충격을 안겨 주었다. 논단에 혜성처럼 등장한 그는 일본 사상계가 나아가야 할 길과 방향 그리고 비전을 제시해 주었다. '학계(學界)의 텐노오(天皇)', '마루야마 텐노오'로 부를 정도로 추앙을 받았다. 그의 책으로 『일본정치사상사(日本政治思想史) 연구』, 『현대 정치의 사상과 행동』 및 『전시와 전후의 공간』, 『충성과 반역—전환기 일본의 정신사적 위상』 등이 있다. 전체 16권, 별권 1'로 구성된 『마루야마 마사오(丸山眞男)집』이 간행되었다.

03

주자학의 해체와 근대적 사유의 탐구
마루야마 마사오(丸山眞男)의 『일본 정치사상사 연구』

김석근 | 연세대학교 정치외교학과 교수

혜성처럼 등장, 학계의 천황이 되다?

마루야마 마사오(丸山眞男)는 현대 일본을 대표하는 정치학자이자 동시에 사상가다. 근대적인 학문 체계 내에서 '일본정치사상사'[1]라는 새로운 분야를 개척했을 뿐만 아니라 그 영역을 일본 정치학의 꽃으로 키워 낸 정치학자로 여겨지고 있다. 하지만 정치학계에 국한되었던 것은 아니다. 20대 청년으로 혜성처럼 등장해 맹활약, 나중에 '학계의 천황(天皇)'으로 불리기도 했듯이, 2차 대전 이후 일본의 학계에서 그가 차지했던 비중과 위상은 실로 컸다고

---

1) 근대적인 방법에 의거해 '일본'의 정치적 사유의 발생과 전개 과정 그리고 그 특성 등을 연구하는 분야이다.

하겠다.

그는 사색과 연구를 넘어서 현실에 적극 참여, 발언하고 행동하는 비판적 지성이기도 했다. 이른바 8.15 이후, 그는 「초국가주의(超國家主義)[2]의 논리와 심리」를 시작으로, 지난날 일본의 초국가주의의 구성과 작동 원리 그리고 심리에 대한 분석과 비판에 나섰다. 그 내용은 절대적인 가치체(價値體)인 천황(天皇)을 정점으로 한 피라미드형 국가 질서, '천황과의 거리'에 비례하는 권력의 존재 양태, 억압 이양에 의한 정신적 균형의 유지, 만세일계(萬世一系)의 황통(皇統)을 잇는 상징으로서의 천황 그리고 누구에게도 책임이 없는, 따라서 아무도 책임을 지지 않는 무책임의 구조 등이다.

조상신이자 태양의 신 아마테라스 오오미카미(天照大御神)로부터 끊이지 않고 지금까지 이어져온 천황은 그러한 혈통 때문에 절대적인 가치를 지니고 있으며, 다른 사람들도 거리상으로 천황에게 가까울수록 더 많은 권력을 지니고 있다는 것이다. 그러다 보니 일본 전체가 하나의 피라미드와 같은 형태를 취하게 되었고, 그런 체제 하에서 위로부터 받게 되는 억압을 다시 아랫사람들에게 떠넘겨 버림으로써 정신적인 균형을 유지해 왔다고 한다. 모든 결정과 책임은 피라미드의 꼭대기에 위치한 천황에게로 올라가지만, 그 천황은 다시 역대 천황들의 뜻을 받들어 모시는 식으로 됨으로써 결국 아무도 책임질 사람이 없어져 버린다는 것이다.

---

[2] 1930~40년대 일본의 대외팽창적인 국가주의(군국주의) 경향을 가리키는 말이며, 영어로 'ultra-nationalism'으로 표기하기도 한다.

기본적으로 그의 사유와 관점에는, 자유주의와 개인주의 그리고 역사의 진보를 자유로운 내면적 주체 의식의 획득으로 보는 역사철학이 깔려 있다. '자유의 영구 혁명가'로 불리듯이, 그는 개인의 주체적 자유를 내면화하는 것, 다시 말해 개인의 주체성 확립에 중점을 두었다. 또한 자신의 양심에 따라 판단하고 행동하며, 그 결과에 대해 기꺼이 책임을 지는 인간 유형의 창출이 필요하다는 것을 줄곧 주장해 왔다.

만년에 자신의 삶을 되돌아보면서, 그는 현실 참여와 비판은 일종의 부업에 지나지 않았으며, 본업은 어디까지나 일본의 정치사상사에 대한 연구였음을 토로하기도 했다. 일본 정치사상사 연구자로서의 그의 진면목을 보기 위해서는, 당연히 최초의 저서이자 대표작으로 꼽히는 『일본 정치사상사 연구(日本政治思想史硏究)』를 검토해 보는 것이 그 지름길이라 하겠다.

『일본정치사상사 연구』
스스로 "일본 정치사상사라는 거대한 과제에 씨름하며 악전고투한 최초의 성과"라고 자리매김한 바 있는 『일본 정치사상사 연구』는, 그가 전쟁 이전 시기인 1940년부터 1944년 사이에 쓴 글들 중에서 『국가학회잡지』에 수록된 세 편의 논문을 묶은 것이다.[3]

이 책은 출간된 이후, 오늘에 이르기까지 다양한 평가를 받았다.

---

3) 제7회 마이니찌(每日) 출판문화상을 안겨 주기도 했던 『일본 정치사상사 연구』는, 1983년에 신장본이 나왔으며, 영어·중국어·한국어·불어판으로도 번역되어 있다.

"각별한 능력을 지닌 학자의 중요한 학문적인 정수(精髓)가 담겨 있는 연구", "토쿠가와 사상사 연구의 이정표", "전후 일본의 문화적 체통을 전 세계에 과시한 역작이며, 천재의 혜지가 번득이는 걸작", "현재 일본에서 비슷한 예를 찾아보기 어려운 치밀한 논리와 화려한 명문으로 쓰여진 예술작품", "거대한 거짓말" 등등.

이와 같은 평가 이외에도 "제2차대전 이후의 일본에서 토쿠가와(德川) 시대의 사상사를 연구한 학자들로부터 무시당하거나 과거의 유물로서 취급되지 않고 오히려 오늘날에도 유용한 연구서로 통용되고 있다는 점", "반박을 가하는 사람들도, 이 책이 토쿠가와 시대의 사상사 연구자들에 있어서 '출발점'이 된다며 이구동성으로 인정하고 있다"는 의미에서 이 책은 이미 고전의 반열, 적어도 동양학과 일본 사상사 분야의 그것에 올라섰다고 할 수 있겠다.

주자학적 사유 양식의 해체와 근대적 사유의 탄생

구체적으로 『일본 정치사상사 연구』는 세 편의 논문, 즉 「근세 일본 유교의 발전에 있어서 소라이가쿠(徂徠學)의 특질 및 코쿠가쿠(國學)[4]와의 관련성」(1940년), 「근세 일본 정치사상에 있어서의 '자연'과 '작위': 제도관(制度觀)의 대립」(1941년), 「국민주의 이론의 형성」(1944년)으로 구성되어 있다.

---

4) 고대 일본의 고유한 역사, 문화, 사상 등을 중시하고 연구하는 학풍을 가리킨다. 당시 지식인들이 지녔던 중국 지향성에 대해 '카라고코로'(漢意)라 비판했다. 집대성자는 모토오리 노리나가(本居宣長)이다.

가장 치열하고 정예로운 걸작으로 꼽히는 첫 번째 논문은, 1940년에 그가 법학부 조수로 있으면서 쓴 것이다 — 그 후 그해 6월에 그는 법학부 조교수가 되었다 — 거기서 보여 준 '주자학적 사유의 해체와 근대적 사유의 발생'이라는 문제 의식과 해석은, 그 후 오랫동안 일본의 정치사상사 분야는 물론이고 동양 사상사 연구 전반에 걸쳐 큰 영향을 미치게 된다.

그것은 "토쿠가와 시대의 초기 주자학을 개개의 유학자의 언설(doctrine)[5]로서 보다는 오히려 주자학적 사유 방식이라는 비인격적인 레벨에서 파악하고, 그런 사유 방식이 겪는 역사적 변질(變質) 속에서 토쿠가와 시대의 가장 대표적인 세계관의 해체 과정을 추적해 보려고 생각"한 것이다. 다시 말해 일본 사상사에서 주자학적 사유의 해체와 더불어 근대적 사유가 어떻게 싹트게 되는지 더듬어 보려 했던 것이다.

그는, 토쿠가와 사상사에서 주자학적 사유의 해체 과정은, 눈에 띄지는 않았지만 착착 진행되었다고 한다. "주자학적 사유에 대한 안티테제(antithesis)[6]의 성장" 과정이기도 했다. 그 절정으로 설정된 것은 오규우 소라이(荻生徂徠)[7]의 사상, 이른바 '소라이가쿠

---

5) 유학 내지 주자학이란 틀 속에서 전개된 학자들의 학설이나 이론 체계를 가리킨다.
6) 어떤 명제에 대립되거나 반대되는 형태의 명제로서, 주자학적 사유에 대항하는 것을 뜻하는데 보다 구체적으로는 근대적 사유를 가리킨다.
7) 오규우 소라이(1666~1728)는 근세 중기의 고학파(古學派)를 대표하는 유학자이다. 주자학과 이토오 진사이를 비판하면서 육경(六經)에 의거해 '선왕의 도'를 주장하는 고학을 창시했다.

(徂徠學)'였다. 하지만 "그 맥락을 살펴보면 그 기초가 근세 전기의 사상계 내에서 착착 준비되어 왔다." 야마가 소코오(山鹿素行)[8], 이토오 진사이(伊藤仁齋)[9], 카이바라 엣켄(貝原益軒)[10] 등이 그 징검다리에 해당된다고 한다.

소라이가쿠가 '주자학적 사유에 대한 안티테제'일 수 있는 것은, 다름아닌 '정치적 사유의 우위'에 있었다. 소라이에게 "도(道)란 오로지 인간의 규범"이며 "성인의 도만을 의미하게 되었다." 그런데 "성인의 도는 오로지 나라와 천하를 다스리는 도에 다름 아니다." "성인의 도 내지 선왕(先王)[11]의 도의 본질은 무엇보다도 나라를 다스리고 천하를 평온하게 한다는 정치성(政治性)에 있다." 이는 곧 개인의 도덕이 정치와 관련되어 있다는 식의 생각을 부인하는 것으로 이어진다. 심지어 개인의 도덕마저도 정치의 수단으로 삼을 수 있다고 한다.

소라이는 "자신의 몸을 닦는 것을 밀고 나가면서 그 나머지로써 백성들을 다스리는 것은 아니다." "임금은, 설령 도리(道理)에서 벗어나 사람들의 비웃음을 살 만한 일이라 하더라도 백성들이 편안하

---

8) 야마가 소코오(1622~1685)는 에도 초기의 유학자이며, 병학자로서 고학파의 선구자라 할 수 있다.

9) 이토오 진사이(1627~1705)는 에도 시대 초기의 고학파를 대표하는 유학자로서 주자학을 비판하고 『논어』 등의 경서의 본래의 의미를 취하는 고의학(古意學)을 주장했다.

10) 카이바라 엣켄(1630~1714)은 에도 시대 전기의 유학자로서 주자학을 신봉하면서도 이기이원론(理氣二元論)에 대해 의문을 제기했다.

11) 고대 중국에서 문화와 문명을 만들어 낸 왕들을 가리킨다.

게 살아갈 수 있도록 할 만한 일이라면 그 어떤 것이라도 기꺼이 하겠다는 생각을 가져야 한다. 그런 마음을 가진 사람이라야 진실로 백성의 부모라 할 수 있다"고 말한다. 이에 대해 유교 도덕과는 다른 가치의 존재를 받아들이는 바로 그 순간, 마루야마는 마키아벨리의 『군주론』[12]를 떠올리게 된다. 마침내 그는 이렇게 자리매김한다.

> 어쨌건 소라이가쿠에서 정치적 사유가 도학(유학)에서 그 정도로 멀리 떨어져 있는 이상, 근세 유럽에 있어서 과학(科學)으로서의 정치학을 수립한 영예를 『군주론』의 저자가 안고 있는 것처럼, 일본의 토쿠가와 봉건제에 있어서 '정치의 발견'(discovery of politics)을 소라이가쿠에 돌린다 하더라도 부당한 것은 아닐 것이다.

"일본의 마키아벨리, 오규우 소라이!" 정작 하고 싶었던 말은 그것이었으리라. 근대 서구의 사상사가 발전해 온 과정을 토쿠가와 시대의 사상사에서도 그대로 확인할 수 있다는 것, 다시 말해 일본의 '근대성의 뿌리'가 있다는 것을 증명(?)해 보인 셈이다. 정치의 '발견자'인 오규우 소라이를 다시 '발견'해 낸 것이다.

그럼에도 소라이가쿠에는 아직도 유교 내지 유교적 사유가 남아 있다는 '한계'를 가지고 있다. 그런 한계는, 소라이가쿠를 지렛대로 삼아 발전하는 '코쿠가쿠(國學)', 특히 모토오리 노리나가(本居宣

---

12) '정치와 도덕의 분리', '정치 영역의 독자성 주장'이라는 측면에서 흔히 근대 정치사상의 선구로 꼽힌다.

長)¹³⁾에 의해서 극복된다. 그에 이르러 주자학적 사유는 마침내 완전히 '분해' 혹은 '해체'되었기 때문이라는 것이다.

두 번째 논문인「근세 일본 정치사상에 있어서의 '자연'과 '작위': 제도관의 대립」에서는 주자학과 그것의 안티테제로 설정된 소라이가쿠를 대비시켜 가면서 자세하게 설명하고 있다. 그는, 주자학이나 소라이가쿠가 현실에서 봉건적 지배 관계 그 자체를 절대시하고 있다는 점에서는 차이가 없지만, 봉건적 사회 질서를 바라보는 시각 내지 그것을 기초로 삼는 방식 그리고 그것을 절대시하는 논리적 과정은 서로 다를 수밖에 없다고 한다. 겉으로 드러나는 양상은 같을지 모르지만, 서로의 생각은 크게 다르다는 것이다.

> 그런 대립을 '자연(自然)'과 '작위(作爲)'라는 두 개념을 지표로 설정하고, 그런 대립이 단순한 봉건 사회의 틀 내에서 '어떠하였는가' 하는 문제에 머물지 않고, 오히려 중세적 사회가 곧 국가 제도관과 근대적·시민적인 그것과의 대립이라는 세계사적인 과제를 내포(內包)하고 있는 이유를 분명하게 밝히고자 한다. 나아가 '자연'과 '작위' 논리가 메이지 초기에 이르기까지 어떻게 전개되었는가 하는 양상을 검토하여, 근세 일본의 사상이 그런 과제를 과연 어디까지 해결했는가 하는 점을 살펴보고자 한다.

---

13) 모토오리 노리나가(1730~1801)는 에도 시대 중기의 국학자다. 당시 유행하고 있던 중국의 사상과 문화를 배격하고 고대 일본의 사상과 학문이 갖는 중요성을 강하게 주장했다.

그렇게 볼 때, 소라이에게서 볼 수 있는 '작위'에로의 논리 전개는 "중세적 사회 의식의 전환 과정에 거의 대응"하지만, 근대성의 정도로 보자면 역시 질서와 그것을 만들어 내는 주체(인격)의 한정성이라는 점을 갖는다. 소라이에게 있어서, 질서를 만드는 주체는 '사회계약설'[14]에서처럼 '개인'이 아니라 성인이며, 그러한 성인의 뒤를 잇게 된 것으로 여겨지는 정치적 지배자일 뿐이다. 그것은 정치적으로는 토쿠가와 시대의 '절대주의'로 귀결되며, 근세 초기의 절대 군주제에 비견될 수 있다고 한다.

정치사상적인 주제에 가장 가까운 세 번째 논문「국민주의 이론의 형성」의 경우, 일본에서 국민(nation)과 내셔널리즘(nationalism)[15]이 어떻게 형성되었는가에 초점을 맞추고 있다. "유구하게 빛나는 눈부신 국민적 전통을 유지해 온 일본에 있어서도 위에서 말한 것과 같은 의미의 국민 의식과 그것을 배경으로 한 국민주의가 탄생하기 위해서는 메이지 유신을 기다리지 않으면 안 되었다"고 했듯이, 엄격한 사회과학적 의미의 국민과 내셔널리즘 개념에 입각해서 토쿠가와 시대의 국민 의식과 전기적 국민주의의 형태[16] 및 그 한계를 살펴보고 있다. 그리하여 그는 결론적으로 후

---

14) 평등한 '개인'들이 '계약'을 통해서 '사회'를 만들어 낸다는 학설로서 근대 정치이론의 핵심이라 할 수 있다.

15) 근대적인 '국민'과 '국민국가'(nation state)를 떠받쳐 주는 이념 체계로서 흔히 '민족주의'로 번역되고 있다. 최근에는 국민주의 혹은 내셔널리즘으로 부르고 있다.

16) 국민주의에 앞서 전개된 논리나 주장으로 해방론(海防論), 부국강병론(富國强兵論), 존황양이론(尊皇攘夷論) 등을 가리킨다.

쿠자와 유키찌(福澤諭吉)[17]가 『통속국권론(通俗國權論)』에서 말한, "여전히 사라지지 않는 국제적인 중압 속에서 전국 인민들의 뇌리 속에 국가라는 생각을 갖도록 만든다"는 것이, 바야흐로 새로이 메이지(明治)[18] 사상가들이 두 어깨로 짊어져야 할 절실한 과제가 되었다고 전망한다.

비판과 한계

『일본 정치사상사 연구』에 대해서는 끊임없이 비판이 제기되어 왔다. 무엇보다도 이 책은 1940년대의 작품인 만큼, 당시의 지적 분위기가 그대로 반영되어 있다. 1974년에 나온 영어판 후기와 서문에서 저자는 몇 가지 문제점을 스스로 인정하고 있다. 그러니까 그 점을 둘러싸고 거센 비판이 제기되었다는 말도 되겠다.

우선 그는, 헤겔이 『역사에 있어서의 이성』에서 말한 중국 제국의 특성[19]을 인용하는 것으로 시작하고 있다. '편견과 무지'로 특징짓는 헤겔의 중국관을 그대로 받아들였다는 것, 말하자면 일본의 상대적 진보성을 전제했다는 것이다.

---

17) 후쿠자와 유키찌(1835~1901)는 근대 일본을 대표하는 계몽 사상가이며 게이오 대학을 설립한 인물이다.
18) 1868년 메이지 유신(明治維新) 이후의 시기를 가리킨다. '메이지'란 천황의 연호다.
19) 중국 제국은 '신정적 전제정(theocratic despotism)'으로 가부장적 상태에 있으며, 정체되어 있는 '지속의 제국(empire of duration)'으로서 그 역사는 진보와 발전이 없는 '비역사적인 역사(an unhistorical history)'라 한다.

어찌하여 중국은 근대화에 실패해 반(半)식민지가 되고 일본은 메이지 유신에 의해 동양에서는 유일한 그리고 최초의 근대 국가가 되었는가 하는 과제를 사상사 측면에서 추구하고 있었던 것이다.

이처럼 그는 당대에 유행했던 문제 의식을 자신의 사상사 연구에서 검증해 보려고 했다.

그런데 『일본 정치사상사 연구』에는 정작 근대 자체에 대한 설명은 빠져 있다. 근대, 근대성에 대해서는 다 알고 있는 것으로 생각하고 있는 것이다. 많은 비판은 그가 근대주의자이며, 서구의 근대 경로를 절대화했다는 것이다. 이 책에서는 주자학적 사유 양식의 해체 과정을 더듬어 가는 가운데 마키아벨리가 등장하고 홉스가 등장한다. 일본 사상사의 전개가 곧 서구 사상사의 흐름에 대입되어 있는 것이다. 게다가 그의 근대는, 곧바로 '주자학의 해체'와 같은 것으로 여겨지고 있다.

그의 접근 방식이 '문제사(Problemgeschichte)'[20]였던 만큼, 자신의 관심권 내에 들어온 부분만을 가지고 논지를 밀고 나간 것이라 하겠다. 그러다 보니 '반대자적인 요소'[21]가 간과되기도 하고, 사상 계열에서 고립되어 있던 학자들 역시 제외되었다. 그런 만큼 당시의 일본 사상계의 전체적인 구도와 객관적인 양상에 대한

---

[20] 어떤 특정한 문제나 주제에 대해서 역사적으로 접근하여 재구성해 가는 방식이다.
[21] 자신이 설정한 주장이나 전개하고자 하는 논지에 배치되는 요소를 가리킨다.

전반적인 이해는 아쉽게도 결여되어 있다. 사상계 속에서 필요한 요소들만을 추려서 자신이 생각한대로 짜 맞추고 있다는 인상을 안겨주고 있다.

그렇게 한 것은 "문제삼고 있는 것은 이런저런 사상에 있어서의 단편적인 근대성(modernity)이 아니라, 사상의 계통적인 맥락 속에서 일관된 근대 의식의 성장을 찾아보는 것"이었기 때문이다. 하지만 서구 사회에서도 봉건적 사유의 해체 과정과 더불어 전개된 일관된 근대 의식의 성장을 확인하기란 극히 어려운 일이다. 역시 그는 거시적인 사유의 흐름에 주목했던 것이다. 그러다 보니 이 책에서 우리는 농후한 관념성과 함께 발전 단계론적이고 진화론적인 역사 이해와 서술이라는 느낌을 강하게 받게 된다.

아울러 그의 논의의 출발점에 있던 것은 '일본' 주자학이 아니라 '주자학' 그 자체였다. 일본에 주자학이 도입될 당시에 상정해 볼 수 있는 대립과 갈등, 미묘한 일본적 변용 등 일본 주자학의 고유한 특성과 요소는 배제되어 있는 것이다. 게다가 일본 주자학의 수용과 전개는 중국과 조선에 비해, 시기적으로 훨씬 후대의 일에 속한다. 따라서 한국, 중국, 일본의 주자학에 대한 비교·연구라는 관점이 설정되어야 할 것이다.

또한 적어도 중국 유학사에서 양명학의 경우 주자학의 생성과 전개 한참 이후에 등장한 것이라 하겠다. 때문에 '주자학에서 양명학으로'라는 설정이 가능한 것이다. 그와 같은 양명학에 대해서 주자학에 대한 비판으로 볼 것인가 아니면 내적인 연속으로 볼 것인가 하는 차이는 있다. 하지만 이 책의 경우, '주자학에서 양명학으로'

의 유학사적인 전개와 의미는 사상(捨象)되고, 오히려 주자학이 봉건적 사유의 대표적인 것처럼 간주하고서 논지를 전개하고 있다.

현재적 의미와 시사

그럼에도 불구하고 어떤 입장을 취하건 간에,『일본 정치사상사 연구』가 던지고 있는 주요한 문제 의식은 지금도 한번쯤 깊이 음미해 보아야 할 가치를 지닌다고 생각한다. 그것은 '동아시아 사상사에서 주자학의 해체·비판 그리고 근대 의식의 성장'과, '동아시아에서의 근대성'이라는 주제로 요약될 수 있다.

이미 살펴본 것처럼, 이 책은 주자학의 해체를 그대로 근대 의식의 성장으로 해석하고 있다. 과연 그런가? 그리고 그럴 수 있는가? 그런데 알게 모르게, 우리는 그와 같은 시각에 익숙해져 있다. 흔히 동아시아 연구에서 거론되는 '자본주의의 맹아'니 '근대 의식의 싹'이니 하는 문제 의식 역시 그러한 해석의 틀과 무관하지 않기 때문이다.

그래서 필자는 아직『일본 정치사상사 연구』가 완전히 극복되지 않은 것은 아닌가 하는 생각을 감히(!) 해 보곤 한다. "주자학과 근대적 사유의 관계를 과연 어떻게 볼 것인가?" 이에 대한 질문은 여전히 해결되지 않고 있기 때문이다. 주자학적 사유 방식이 해체되어야 근대적 사유가 성립할 수 있는 것인지, 아니면 적어도 '근대 의식의 성숙을 준비하는 전제 조건'은 충족되는 것인지 알 수 없다. 그 둘의 관계가 어떠한 것인지에 따라, 동아시아 사상사는 아주 다르게 그려질 수밖에 없을 것이다.

실은 그 문제는 주자학이 독존적인 지위를 누리면서 '사단칠정론(四端七情論)'[22], '인물성동이론(人物性同異論)'[23] 등 독특한 양상을 보여준 조선시대의 사상사, 특히 '실학(實學)'과 관련해서도 자세히 살펴볼 필요가 있다. 아울러 근대적인 국민과 내셔널리즘 그리고 개인과 사회계약론이라는 주제 역시, 근대 한국사상사에서는 과연 어떠했는지, 그리고 어떻게 볼 것인가 하는 숙제를 우리에게 던져 주고 있는 셈이다.

---

22) 사단과 칠정이 이(理)·기(氣)와 어떻게 연결되는지를 둘러싼 논쟁.
23) 인간의 본성과 사물의 본성이 같은지 다른지를 둘러싼 조선 후기의 논쟁.

더 생각해볼 문제들

1. 동아시아에서, 그리고 동아시아 사상사에서 '근대성(Modernity)' 문제는 어떻게 볼 것인가? 특히 19세기 말까지 동아시아의 지배적인 패러다임이라 할 수 있는 '주자학'과의 관계를 어떻게 볼 것인가?

   정통적인 이데올로기의 해체 과정, 그것을 바로 근대적 이데올로기의 성장으로 간주한다면, 일종의 기계적인 편향성에 빠지는 것이다. 그것은 근대적인 의식의 성숙을 준비하는 전제 조건이 될 수는 있겠다. 또한 '근대성' 자체에 대해서도, 지난날처럼 서구의 경험을 근간으로 하는 '유일'한 근대성이 아니라 서로 상이한 '복수'의 근대성을 상정해 볼 수도 있지 않을까 한다.

2. 지난 날 근대 사회로 접어들면서 일본은 근대국가 건설에 성공한 반면, 중국은 반(半)식민지 그리고 한국은 식민지가 되었는데 그 원인이 무엇이었는지에 대한 의문이 커다란 관심을 끌기도 했다. 그리고 그와 같은 물음은, 알게모르게 일본의 선진성 내지 중국, 한국의 후진성을 슬쩍 드러내 보이는 식으로 작동하기도 했다. 이러한 시각을 과연 어떻게 보아야 할 것인가? 그리고 그에 대한 대안적인 시각은 없을까?

   지난날의 단선론적인 역사 발전의 인식 하에서, 같은 서구의 외압에 대해서 세 나라가 서로 상이한 대응, 결과를 낳았다는 식으로 설명되기도 했다. 하지만, 그것은 지극히 평면적인 비교라 해야 할 것이며, 세 나라가 외압을 접한 시점과 정황 등이 서로 완전히 달랐다는 점을 감안해야 할 것이다. 조금 더 나아간다면, 19세기 말의 '서세동점(西勢東漸)' 현상은, 오랫동안 서로 독립적으로 존재했던 상이한 문명권들 사이의 '충돌'과 새로운 세계 질서와 '표준'을 구축해 가는 과정으로 바라볼 필요가 있다고 하겠다.

3. 19세기 말 동아시아 세계에서 'nation'(국민), 'nation-state'(국민국가), 'nationalism'(국민주의, 내셔널리즘)을 어떻게 볼 것인가?

   'nation', 'nation-state', 'nationalism'은 유럽 정치사의 전개 과정에서

탄생한 사회과학적 개념들이다. 이 단어들은 한편으로 민족, 민족국가, 민족주의로 번역되면서 더러 오해를 낳기도 했다. 역시 동아시아의 역사적 전개 과정과는 그 맥락이 다르기 때문이다. 그래선지 최근에는 '국민', '국민국가', '내셔널리즘'으로 표기하는 경우가 많은 듯하다. 마루야마 마사오 역시 오랜 역사를 가진 일본에서 근대적인 의미의 국민 의식과 그것을 배경으로 한 국민주의가 탄생하기 위해서는 메이지 유신을 기다리지 않으면 안 되었다고 한 바 있다.

추천할 만한 텍스트

『일본 정치사상사연구』, 마루야마 마사오 지음, 김석근 옮김, 통나무, 1995.
『일본의 사상』, 마루야마 마사오 지음, 김석근 옮김, 한길사, 1998.
『충성과 반역: 전환기 일본의 정신사적 위상』, 마루야마 마사오 지음, 김석근(외) 옮김, 도서출판 나남, 1998.

김석근(金錫根)

연세대학교 정치외교학과 교수.
연세대학교 정치외교학과를 졸업하고 한국학대학원에서 한국 정치사와 한국 정치사상사를 전공해 박사학위를 받았으며, 토쿄 대학 법학부 대학원에서 일본 정치사상사를 연구하기도 했다. 서울대, 서강대, 성균관대 등에서 강의했으며, 고려대학교 아세아문제연구소 한국정치사상연구실장을 지냈다.
마루야마 마사오의『일본정치사상사 연구』,『일본의 사상』,『충성과 반역: 전환기 일본의 정신사적 위상』등을 우리말로 옮겨 소개했고, 논문으로「고대 국가의 제천의식과 민회」,「나말여초의 정치변동과 정치사상」,「개혁과 혁명 그리고 주자학」등이 있으며, 같이 쓴 책으로『한국 정치사상사』,『한국의 자유민주주의』,『福本和夫の思想』등이 있다.

사물 모순의 법칙, 즉 대립물의 통일과 투쟁의 법칙은 자연 및 사회의 근본 법칙이다.
그것은 형이상학적 세계관과는 정반대되는 세계관이다.
그것은 인류의 인식사에서의 일대혁명이다. 변증법적 유물론의 견지에서 보면
모순은 일체의 객관적 사물 및 주관적 사유의 과정에 존재하며
모순은 일체 과정에 시종 관철되어 있다.… 모순의 투쟁은 부단한 것으로서
그것들이 같이 존재할 때나 그것들이 서로 전환하는 때를 막론하고 언제나
투쟁이 있으며 더우기 그것들이 상호 전환할 때에는 투쟁이 더 뚜렷하게 나타난다.
―『모순론』중에서

마오쩌뚱 (1893~1976)

1893년 12월 26일 호남성 상담현(湘潭縣) 소산촌(韶山村)의 하층 중농 집안에서 태어나, 1976년 9월 노환으로 사망했다. 그의 본명은 시싼(石三)이고 후에 이름은 쩌뚱(澤東)으로 불려지게 됐으며, 호는 륀즈(潤之)이다. 그는 26세까지 학생시절에는 좌익운동의 선봉에 섰고, 북경대에서 근무할 때는 마르크스주의를 공부했다. 그 후 1919년 5·4운동이 시작되면서 반군벌운동(反軍閥運動)에 참가하다가, 1921년에 천두시우(陳獨秀)를 알게 되어 중국공산당 창립대회에 호남성 대표로 참가하여 중앙위원이 되었다. 그 후 징깡산(井崗山)으로 들어가 근거지를 만들어 공농홍군(工農紅軍)을 조직했고 강서성 레이진(瑞金)에 중화소비에트공화국 임시정부를 1931년에 수립하여 주석에 선출되었다. 그러다가 중국 국민당군이 포위작전을 벌이며 공산당을 토벌하자 10,000km에 이르는 장정을 떠나게 되었다. 그러는 도중 꿰이쩌우성(青州省) 쭨이(遵義)에서 열린 회의를 통해 당의 주도권을 잡으며 싼시성(陝西省) 연안에 근거지를 정하고, 본격적으로 항일운동을 전개하며 농민들의 호응을 받기 시작했다. 1945년 일제의 항복과 함께 대륙에서의 주도권을 잡기 위해 국·공 내전을 벌이는 동안 농민의 호응 하에서 국민당 정권을 대만으로 쫓아 보내고, 1949년 중국 혁명을 완수하게 된다.

04

마르크스 이론의 중국적 변용
마오쩌뚱의 『실천론』과 『모순론』

김승일 | 국민대학교 한국학연구소 교수

『실천론』과 『모순론』은 어떤 책인가?

마오쩌뚱은 전 생애를 중국 혁명에 바친 마르크스주의자이다. 그러나 마르크스의 단순한 추종자에 불과한 공산주의자는 아니었다. 그는 마르크스의 제원리를 중국의 실정에 적응시키려 했던 사상상의 고투와 혁명의 실천 및 코민테른[1] — '공산국제' 또는 '제3인터내셔날'이라고도 한다 — 의 지령과 러시아 혁명의 경험을 금과옥조로 해서 중국 혁명을 지도하려 했다. 따라서 그의 사상을 이해하려면 마르크스주의의 체제 속에서 이해해야 한다. 즉, '변증법적(辨證法的)

---

1) 1919년 모스크바에서 결성된 국제적인 혁명 정당의 지도 기관을 가리킨다.

유물론(唯物論)'[2]을 이해해야 하는데, 그러기 위해서는 이 이론의 가장 핵심적인 『실천론』과 『모순론』을 먼저 이해해야 할 것이다.

『실천론』

『실천론』은 1937년 마오쩌뚱이 연안(延安)의 항일군정대학(抗日軍政大學) 철학과에서 수업할 때 한 강의의 일부이다. 강의의 원제목은 '변증법적 유물론'이었다. 전체 8,500자로 3장으로 나뉘어져 있는데, 1장은 서론이고, 2장은 「인식론(認識論)」 등이며, 3장은 「유물변증법(唯物辨證法)」이다. 이 중에서 『실천론』은 제2장 중 제11절에 해당하는 부분이다. 내용은 상당히 충실하고 상세하며 거의 완정된 이론이라고 볼 수 있다.

『실천론』의 집필은 1937년 4월부터 시작되었는데, 원래 마오쩌

---

2) 변증유물론이라고도 하는데, 마르크스와 엥겔스가 창립한 유물주의와 변증법을 통일한 무산 계급의 세계관과 방법론을 말한다. 즉 자연계, 인류 사회, 사유(思惟)의 발전에 대해서 가장 일반적으로 규율한 과학으로, 유물주의의 최고 형식이라고 한다. 세계의 본질은 물질이고, 의식은 물질이 고도로 발전하면서 나타나는 한 산물로써 보는 관점이다. 즉 물질 세계가 발전·변화하면서 보편적으로 여러 요소가 연계되는데, 이 요소들은 그 과정에서 대립하는 것도 있고 통일되는 것이 있으며, 질과 양도 서로 변하고, 또한 서로가 서로를 부정하는 것이 물질 세계 발전의 보편적 규율이라고 하였다. 그렇기 때문에 변증유물주의는 자연 현상에서뿐만이 아니라, 사회생활 현상에 대해서도 과학적인 해석을 하여 사회생활 발전의 일반적 규율이 무엇인지를 제시해 줌으로써, 역사유물주의를 창립한다는 설이다. 이 변증유물주의와 역사유물주의가 결합하여 무산 계급의 세계관과 방법론을 조성하여 통일된 마르크스주의 철학 체계를 구성하게 되는데, 변증유물주의와 역사유물주의의 창립은 철학사상 가장 위대한 혁명이고, 이것이 무산 계급이 세계를 인식하고 세계를 개선하는 예리한 무기로써 작용하게 된다는 이론이다.

뚱이 강의하고자 예정했던 시간은 100여 시간이었으나, 중·일전쟁이 폭발하는 바람에 강의가 중단되고 말았다. 이후 홍군(紅軍) ― 중국공산당군의 명칭 ― 총정치부 선전부가 주관이 되어 이들 강의 내용을 정리하여 기록해 둔 것을 여러 출판사에서 나름대로 출판을 했는데, 그 내용은 전혀 수정됨 없이 모두가 같았다. 그러다가 중국혁명[3] 이후 마오쩌뚱이 『실천론』 부분만을 따로 떼어내 직접 본인이 교열하며 새로운 경험과 인식을 통해 약간의 수정을 가한 다음 1950년 12월 19일 자 《인민일보》에 발표한 것을, 1951년 10월 『마오쩌뚱 선집』 제1권 제1판에 수록한 것이 『실천론』이 완성되는 과정이다.

　이후 일반인들도 쉽게 이해하도록 하기 위해서 주석을 붙였고, 중국 소수민족들을 위해 각 민족의 문자로 번역되었으며 러시아어, 영어, 프랑스어, 일어 등으로도 번역되었다.

　이러한 『실천론』은 1920년대 후반기와 1930년대 전기에 펼쳐진 국제공산주의운동과 중국공산당 내에서 성행된 마르크스주의 교조화(教條化)와 공산국제의 결의, 그리고 소련이 경험한 혁명 과정과

---

3) 1945년 일본이 항복함과 동시에 대륙에서는 국민당과 공산당 사이의 주도권 싸움이 치열하게 벌어지는데, 이를 국·공내전이라 한다. 공산당군은 연안과 태항산 등지에 근거지를 두고 일본의 저항에 철저히 맞서며 중국민의 요구에 충족하는 활동을 한 반면, 국민당군은 중경 지역 오지에 들어가 전황만 지켜보는 상황이었기에, 일반 민중들로부터 배척을 받게 되었다. 결국 국·공내전에도 이러한 민심이 이어져, 1949년 공산당이 만주 지역을 선점하며 얻은 병참 지원을 토대로 국민당군을 대만으로 쫓아내는 데 성공함으로써, 중국 대륙을 공산당이 장악하게 되는 사건을 말한다.

국민당과의 장기적인 투쟁 속에서 만들어지게 되었다.

당시의 교조주의자들은 중국 혁명을 위해 해 나가야 할 중국적인 구체적 실천을 무시했다. 그저 국제의 지시만을 추종하며 이를 중국 혁명에 적용시키고자 했다. 그 대표적인 인물이 왕밍(王明)이었다. 이와 동시에 공산당 내에서는 혁명을 위해(危害)하는 경험주의[4]의 착오 경향이 존재하고 있었다. 경험주의와 교조주의(敎條主義)[5]는 실질적으로 주관과 객관이 서로 떨어져 있고, 인식과 실천이 서로 분열되어 있는 주관주의적 판단에 의한 산물이었다. 따라서 이들은 모두 마르크스·레닌주의 이론과 중국 혁명의 구체적 실천과 서로 결합된다는 원칙을 부인하였던 것이다.

따라서 철학의 차원에서 마르크스·레닌주의의 보편적 진리를 중국 혁명의 구체적 실천과 서로 결합될 수 있도록 해야만 했다. 각종 형식의 주관주의적 착오를 비판하고 이러한 결합의 필요성을 논증하며, 그에 대한 인식론과 방법론의 기초를 실현하여 중국공산당원들의 사상이론 전선에서 갖추어야 하는 가장 중요한 근본적 이론이

---

4) 이론보다도 경험에 따라 노선을 추종하는 경향을 가리킨다.

5) 본본주의(本本主義)라고도 하는데, 일종의 주관주의적 표현 형식이다. 그 중요한 특징은 모든 것이 다 책 위에 정의되어져 구체적인 상황에 대한 분석을 거절하고, 실천이 진리를 점검하는 유일한 표준이라는 사실을 부인하는 주의이다. 중국 혁명 시기 중국공산당 내의 교조주의자들은 마르크스주의를 교조화하여 그저 공산국제의 지시와 소련의 경험을 신성화하고 중국의 상황과 중국 혁명 전쟁의 특징적인 전략 전술을 분석·파악하는 일을 멀리함으로써, 중국 혁명 사업에 엄청난 위험을 초래했다는 비판을 받고 있다. 이들 교조주의자들이 나타난 행동 양식에 대해서 '좌'우경기회주의라고 하는데, 마오쩌둥이 '실천론', '모순론' 등의 이론을 만들어 이들 교조주의를 당내에서 축출하였던 것이다.

필요했던 것이다. 이러한 목적을 달성하기 위하여 1935년 10월 홍군의 대장정이 섬서성 북쪽에 도달한 이후부터 시작하여 항일전쟁까지의 모든 역사적 경험을 종합하여 만들어 낸 위대한 철학저작이 바로『실천론』인 것이다.

즉,『실천론』은 유물변증법적 입장에서 생각하는 바를 해명한 것으로, 이를 '지(知)'와 '행(行)'이라고 하는 중국 철학사의 전통적인 주제를 가지고 마르크스주의적 입장에서 해답을 한 것이다. 다시 말해서 중국 철학사의 전통적인 흐름에다가 마르크스주의를 위치시키려고 한 의도가 보이는 이론인 것이다.

이처럼『실천론』은 중국 혁명의 역사적 경험을 마르크스·레닌의 사상에 결합시켜 그 역량을 발휘케 함으로써, 인식이 발전해 나갈 수 있다는 이론을 창조적으로 제시한 것이다. 즉 실천의 기초 위에서만 인식 발전이 끊임없이 심화되어 간다는 과정을 개척해 낸 것으로,『실천론』은 마르크스주의 인식론의 기본 이론을 심화시켰을 뿐만 아니라, 실천이 행해지는 작용을 계통적으로 논술한 것이다.

여기서 더욱 중요한 것은,『실천론』이 중국공산당의 실사구시(實事求是)의 사상 노선에 인식론을 부합시키는 기술적 측면을 제공했다는 데 있다. 즉,『실천론』은 중국 혁명 경험의 교훈을 종합하여, 이론과 실천의 결합이 필수적임을 천명함으로써, 주관과 객관이 동시에 일어나지 않고 오히려 분열만을 일으키는 교조주의와 경험주의의 착오를 반대하였던 것이다. 따라서 실사구시의 실현을 위해서는 신속히『실천론』을 시행하여, 이를 시행해 가는 가운데 겪게 되는 많은 변화를 통해 인식도 계속적으로 심화시킬 수 있다는 논리

대장정 기간 중의 마오쩌둥. 맨 오른쪽이 마오쩌둥이다.

였다. 다시 말해서 『실천론』은 당의 실사구시 사상 노선의 이론적 기초였던 것이다.

종합하여 말한다면, 객관 현실 세계의 변화운동은 영원히 완결되지 않는 것이고, 인간이 실현하고자 하는 진리의 인식도 영원히 완결되지 않는다. 그렇기 때문에 사회주의의 현대화를 건설하는 것도 많은 곤란을 겪게 되는데, 그러한 곤란을 야기하는 새로운 상황에 대해 부단한 연구가 필요하고, 이를 통해 구태의 잘못을 타파하고 새로운 문제를 해결하여 신국면으로 이끌어 가야 한다. 그렇게 하여야만 중앙의 정확한 노선, 방침, 정책, 방법의 운용을 위한 주관과 객관의 통일을 이룰 수가 있다. 따라서 이론과 실천의 결합은 반드시 이루어져야 한다는 말이다.

이렇듯『실천론』에서 발휘되고 있는 변증법적 유물주의 인식론의 원리는, 중국의 능력을 개조하고 혁명 정신을 진작시켜, 사회주의 현대화 건설을 효과적으로 진행시키는 데 탁월한 기능 작용을 했다는 점에서, 현실적 의의를 가지고 있다고 보는 것이다.

『모순론』

『모순론』도『실천론』과 마찬가지로 1937년 연안에 있는 항일군정대학 철학과에서 강의한 내용 중의 한 부분이다. 전문 약 23,000자에 이르는 것으로, 이 강의 내용 중 제3장 제1절의 '모순통일법칙'을 수정하여 완성한 것이다.『모순론』도 여러 곳에서 출판된 바 있으나, 마오쩌뚱이 친히 교정하여 1951년 4월 1일자『인민일보』를 통해 발표한 것이 가장 정확한 것이라 할 수 있다. 그리고 이것은 1986년 8월에 출판한『마오쩌뚱 선집』에 재수정 되지 않은 채 수록되었다.

『모순론』이란 레닌이 주장한 '대립물 통일의 법칙'이라는 변증법관을 마오쩌뚱이 받아들여 이를 '모순'이라는 이론으로 체계화시킨 것을 말한다.『모순론』의 기본 내용은 다음과 같다.

첫째, 누구나가 인정하는 규율(規律) 속에도 대립(對立)이 있게 마련인데, 이 대립하게 되는 원인을 계통적으로 설명하고, 대립하는 가운데 발생되는 에네르기를 발휘케 하는 것으로, 이는 유물변증법의 핵심이며 중심 사상이다.

둘째, 모순의 보편성과 특수성의 관계는 모순 문제의 핵심 사상이라는 점이다. 모순의 보편성과 특수성은 기존의 객관적 사물이 운동하며 발전하는 중에도 존재하고, 또한 인간의 주관적 사유에 의한 운동의 모순 중에도 존재한다는 것으로, 우리들이 가지고 있는 모순을 인식하고 그 모순을 해결하는데 있어서, 이 보편성과 특수성이 모두 다 중요한 지위를 가진다는 점이다.

셋째, 주요 모순과 그것의 방향의 원리를 더욱 깊게 설명한 것이다. 즉 모순을 연구하는 중요한 임무는, 주요 모순과 다음에 필요로 하는 모순, 그리고 모순의 주요 방향과 다음에 원하는 방향을 구별하는 데 있다고 하였다.

이러한『모순론』의 기본 사상은, 실사구시(實事求是)를 확실히 실시하기 위하여 마르크스주의 사상 노선을 철학적 기초 위에서 정립시켜야 한다고 주장한 점이다. 그러기 위해서는 유물주의 변증법 방면에서 마르크스주의의 보편적 진리와 중국 혁명의 구체적 실천이 서로 결합할 필요성이 있다고 보았다.

『모순론』은 중국 사회, 중국 혁명과 혁명 전쟁 중에서 나타났던 매 단계에서의 모순, 즉 하층 계층과 상층 계층 사이의 모순, 생산과 생산력의 모순, 그리고 이들 모순을 극복한 뒤에 다시 발생되는 모순에 대해서, 또 다시 그 당시의 현실 속에서 해결점을 찾아가야 하는데, 이러한 모순을 해결해 나가는 과정에서 사회가 발전해 간다고 하는 유물변증법의 중국적 이론이라고 할 수 있다.

이 이론은 마오쩌뚱이 공산당 내의 주관주의 특히 교조주의를 반대하는 운동을 실천해 가는 가운데서 얻어낸 중요한 이론적 성과였다. 그리고 이 이론을 통해 이들 교조주의를 타파한 후 공산당인의 마음속에 자리잡고 있던 이들 철학적 요소를 발본색원해 갔고, 중국공산당과 국민당이 대결하는 가운데서, 또 중국 인민 대중을 일제 침략자들에게 저항하도록 하는데, 주요 지도 이념으로써 활용하였다. 그리고 중국 혁명을 완수한 이후에는 사회주의 현대화 건설을 하는데, 나아가 오늘날 중국식 사회주의를 유지해 가는 데에도 또한 중요한 지도 이념으로써 이용하고 있는 이론이다.

더 생각해볼 문제들

1. 중국인들이 마오쩌뚱을 신으로써 받드는 실질적인 이유는 무엇인가?

    마오쩌뚱은 당시의 농촌의 현실, 농민의 마음, 지형지물(地形地物)의 이해, 국내외적 정세 등을 정확하게 파악하여 그에 대한 전략을 통해 전쟁에서 한 번도 패한 적이 없으며, 중국 고전을 통해 얻은 지식을 기초로 하고, 중국 혁명을 수행하는 데 필요한 민중과 군인이 지녀야 할 이념을 체계화함으로써, 무조건적인 인민들의 신뢰를 받았기 때문이다.

2. 마오쩌뚱의 사상적 특징은?

    중국의 전통적인 사상과 마르크스주의를 교묘하게 결합시켜, 실천을 무엇보다도 중요시하고 교조적인 이론 숭배는 배척하는 유연성 있는 사상을 만들어냈다. 만년에 그의 이러한 특징인 유연성을 잃어 버리는 바람에 자신은 물론 중국인 전체에 엄청난 고통을 가져다 주었다.

3. 오늘날에도 마오쩌뚱의 이론은 존재하며 실천되고 있는가?

    떵샤오핑의 '개혁 개방' 이론이나, 장쩌민의 '3개 대표' 이론 등 중국이 발전을 구가하는 데 제시된 모든 이론의 기초는 마오쩌뚱의 이론이 바탕에 깔려 있다. 그것은 공산당이 지배하고 있는 현실에서, 경제 발전에 따라 필수적으로 나타나는 자본주의적 요소보다 위에 설 수 있는 이론 체계가 필요하기 때문이다. 따라서 현재의 중국을 이끌어 나가는 데 동원되는 모든 이론은 마오쩌뚱 사상을 벗어날 수 없는 것이다.

4. 마오쩌뚱이 마르크스·레닌주의를 중국식 지도 사상으로 탈바꿈시킨 배경은?

    마오쩌뚱은 건립될 때부터 마르크스·레닌주의의 지도 사상을 따라왔지만, 이 사상의 일반 원리만으로는 중국 혁명이 가지고 있는 복잡성과 특수성을 해결할 수 없다고 보고, 중국 현실에 맞는 새로운 투쟁방법 이론을 정립코자

한 데서 새로운 이론 구상을 하기 시작했다. 다시 말해서 당시의 중국은 반봉건 반식민지 국가로 전락하여 있었기에, 제국주의 국가의 무산자 계급이 자본주의 계급을 반대하는 그런 임무와는 달리, 반제·반봉건을 위한 혁명을 자신의 임무로 해야 한다는 논리였다.

당시 중국은 여러 제국주의 국가에 의한 반식민지 상황에 놓여져 있었고, 거기에다 그들은 중국 내에서 세력 다툼을 벌이고 있었으므로, 이러한 상황에서 나타나는 모순은 매우 복잡하고 심각해서 중국 사회의 전개 과정이 세계적인 관심거리가 되고 있었다. 즉, 중국에서 사회주의 혁명 과정은 향후 세계적 정치 과정에서 예상되는 한 모델로서 비춰졌기 때문에 세계의 주목을 받았던 것이다. 따라서 그는 마르크스주의의 보편적 진리와 중국의 혁명 노선을 결합시켜, 창조적·독립적으로 이를 극복할 수 있는 중국 혁명을 성공시킬 수 있도록 그 혁명 이론을 바꾸었던 것이다.

5. 『실천론』과 『모순론』을 저술하게 된 원인은?

1920, 30년대의 중국공산당 내에는 '좌'·우경 기회주의[6]가 나타났고, 특히 왕밍(王明)을 대표로 하는 '좌경' 교조주의[7]가 주도권을 잡으며 약 4년 동안 당을 통치하는 모순을 가지고 있었다. 그들이 저지른 큰 착오는 마르크스의 저작 중에서 몇 구절씩만 따다가 자신들을 합리화했기 때문에, 중국 사회의 모순이 가지고 있는 특수성을 알 수가 없었던 것이다. 그러다 보니 당연히 이들 모순의 특수성을 해결하는 데 필요한 사회적 요소를 제대로 파악하지 못하는 바람에, 이론과 실제의 변증 관계를 분열시키기만 함으로서 중국 혁명에 엄청난 손실만을 가져다 주었던 것이다.

---

6) 진보적 경향을 띠면서도 자신들의 안위를 위해 기회를 보며 처신하는 태도를 말한다.
7) 진보적 이론만을 오로지 추구하고 다른 이념 및 노선에 대해서는 전연 도외시하는 태도를 가리킨다.

이에 마오쩌뚱은 쭌이회의(遵義會議)[8] 이후『일본제국주를 반대하는 책략론』,『중국혁명전쟁의 책략문제』등을 저술하여 왕명의 기회주의 노선을 군사상에서 비판하며 이들을 당에서 축출시켰던 것이다. 그러나 정(政)과 군사 노선의 사상적 기초가 되는 철학면에서는, 이들의 기회주의적 요소를 발본색원할 수 없다고 보고, 이를 극복하기 위한 이론 정립을 위해『실천론』과『모순론』을 집필하게 된 것이다.

---

8) 1931년부터 시작된 국민당군의 포위 작전을 벗어나기 위해 2만 5천 리에 달하는 장정을 떠나게 되는데, 그러는 가운데 당내 극좌 노선의 모순을 발견한 마오쩌둥은, 귀주성 쭌이에 이르러 정치국 확대회의 개최를 요구하여 이들 극좌 노선 추종자들을 축출시키는 데 성공함으로써 당의 주도권을 확립하며 장정을 마치게 되는 계기를 가져온 회의이다.

추천할 만한 텍스트

『마오쩌뚱 선집』, 마오쩌뚱 지음, 김승일 옮김, 범우사, 2001.
『마오쩌뚱 자술』, 에드가 스노우 지음, 중국 인민출판사, 1993.
『나의 아버지 등소평』, 이민 지음, 김승일 옮김, 범우사, 2000.

김승일

국민대학교 한국학연구소 교수 및 금강불교대학 교수.
1982년 동국대학교 사학과를 졸업하였다. 타이완 국립정치대학 역사연구소에서 문학 석사를, 일본 국립 큐슈 대학 문학연구과에서 동양사 전공으로 문학박사 학위를 받았다.
저서로는 『중국 혁명의 기원』, 『인간을 지배한 음식 21가지』, 『해석 손정도 선생의 생애와 사상 연구』, 『조선의용군 석정 윤세주 열사』, 『중국역사여행』, 『한국 역사의 국제환경』 등 다수가 있으며, 『건건록』, 『세계의 문자』, 『마오쩌뚱 선집』, 『등소평문선』, 『역사란 무엇인가?』, 『경세지략』 등 많은 역서가 있다.

서로 다른 문화를 비교할 때 흔히 사용되는 '강인정책(强人政策)'이란 자기 문화의 우수한 부분을 상대방 문화의 형편없는 부분과 비교하는 전략을 말한다. …오늘날에도 미국이나 서구의 학자들은 자신도 모르게 '유아독존'의 함정에 빠지곤 한다. 5·4운동 당시에 중국의 전반서화론자(全般西化論者)들은 중국과 서양의 문화를 비교할 때 역시 강인정책을 채택했다. 그러나 그들이 채택했던 문화 비교의 전략은 서구 학자들이 의도했던 것과 정반대의 효과를 지닌다. 즉, 그들의 전략은 '약자정책(弱者政策)'이라고 부를 만한 것으로, 중국 문화의 형편없는 부분을 골라서 서구 문화의 뛰어난 부분과 비교하는 것이었다. …자기 문화의 열등함과 천박함을 부각시킴으로써 하루빨리 사회와 문화의 모든 영역을 서양식으로 바꿔야 한다는 자신들의 주장을 뒷받침하기 위해서였다.

뚜웨이밍 (1940~현재)

중국의 윈난성(雲南省) 쿤밍시(昆明市)에서 태어났다. 1961년에 타이완 뚱하이(東海) 대학을 졸업하고, 미국으로 건너가 1968년에 하버드(Harvard) 대학 동아시아 역사·언어학과에서 박사 학위를 취득했다. 후에 프린스턴 대학과 캘리포니아 주립대학(버클리)에서 잠시 몸담았으나, 1981년에 하버드 대학으로 옮겨 현재까지 중국사상사와 중국철학을 가르치고 있다. 그는 현대 신유가로 불리는 머우쫑싼(牟宗三)·쉬푸콴(徐復觀)·탕쥔이(唐君毅) 등의 훈도를 받아 스스로 현대 신유가 제3세대를 자임하면서, 유학의 인문 정신을 서구의 근대 문명과 융합시켜 미래 문명의 청사진으로 제시하려는 원대한 구상을 하고 있다.

저서로는 『실천 속의 신유가 사상: 청년 왕양명(Neo-Confucian Thought in Action: Wang Yang-ming's Youth)』(1976), 『중심성과 일상성: 중용에 관한 에세이(Centrality and Commonality: An Essay on Chung-yung)』(1976), 『인성과 자아수양: 신유가 사상에 관한 에세이(Humanity and Self-Cultivation: Essays in Confucian Thought)』(1979), 『오늘의 유가윤리: 싱가포르의 도전(Confucian Ethics Today: The Singapore Challenge)』(1984), 『유학 제3기 발전의 전망 문제』(1989), 『진리, 학문, 정치: 유가의 지식인론(The Way, Learning and Politics: Essays on the Confucian Intellectual)』(1989) 등이 있다.

05

유학의 제3기 발전론
뚜웨이밍(杜維明)의
『유학 제3기 발전의 전망 문제』

이승환 | 고려대학교 철학과 교수

유학자들의 우환의식(憂患意識)

철학에는 국경이 없지만, 철학자에게는 국적이 있다. 철학은 보편성을 지향하는 학문이지만, 철학자가 부둥켜안고 고뇌하는 주제는 구체적이고 생생한 문제 의식 속에서 배태된다. 그리고 이러한 문제의식은 철학자를 둘러싸고 있는 사회적 현실이나 시대 정신과 무관할 수 없다. 물론 철학의 어떤 영역은 현실 세계로부터 독립하여 그야말로 초연하게 학문의 상아탑을 구축할 수 있는 가능성이 있기도 하겠지만, 유학에서는 이렇게 현실과 유리된 추상적 이론을 추구해 나가는 일은 애초부터 불가능하다고 해도 과언이 아닐 것이다. 유학의 목표는 '수기'(修己)에서 시작하여 '안인'(安人)[1]에 이르는 현세간적 이상의 실현에 있으며, 유학자들의 임무는 세상 사람들에 앞서 천하를 걱정하는 '우환의식'[2)]에 있기 때문이다.

유학자들의 우환의식은 근대 이전에는 왕조의 흥망성쇠를 둘러싼 역사의 전개 과정에서 빈번하게 표출되었지만, 근대에 들어서는 서구 문명이 동양에 충격을 가하면서 새로운 모습으로 나타나게 되었다. 뚜웨이밍(杜維明)의 '유학의 제3기 발전론' 역시 전통 유학자들의 우환의식을 그대로 계승한 것으로, 근대 문명의 한계와 문제점에 대한 예리한 성찰을 통하여 전통 유학의 인문 정신을 현대 세계에 구현하고자 하는 문명사적 청사진을 바탕에 깔고 있다. 그는 중국에서 개혁·개방이 시작되던 1978년부터 10여 년 동안 중국을 왕래하며 다양한 학자들과 더불어 동아시아 문명과 서구 문명의 미래에 관하여 대화를 나누었으며, 이러한 자리에서 발표했던 내용을 하나로 묶어 『유학 제3기 발전 전망 문제』라는 책으로 펴냈다. 이 책은 1989년 타이베이에서 처음 출판되었으며, 후에 중국 대륙에서 나온 『유가 전통(儒家傳統)의 현대적 전환』(1992)이라는 전집의 한 장으로 포함되어 출판되었다.

서구문명의 충격과 '현대 신유가'

뚜웨이밍이 주장하는 '유학 제3기 발전론'을 이해하기 위해서는 근

---

1) '수기'와 '안인'은 자신의 인격을 닦아서 다른 사람을 평안하게 만들어 주고자 하는 유교의 본래적 취지를 말한다.

2) 유학자들이 사회와 문명의 앞날에 대해 걱정하고 그 해법을 모색하는 고뇌에 찬 정신적 자세를 가리키는 말이다.

대 이래로 몰아닥친 서구 문명의 충격에 직면하여 전통 문화에 대한 재해석을 통해 민족의 위기를 극복하려 했던 '현대 신유가'[3]의 고뇌와 열정을 먼저 살펴볼 필요가 있다.

　1840년 중국이 아편전쟁에서 영국에게 패배한 이래, 서구 열강의 제국주의적 침략을 받아 민족 존망의 위기를 느낀 중국의 지식인들은 "서양으로부터 배우자"는 '향서방학습(向西方學習)'을 시작했다. 이 시기 진보적인 지식인들의 과제는 전통의 유교와 결별하고 서구의 민주와 과학을 받아들이는 일이었다. 따라서 철저하게 자신의 전통을 비판하고 서구 문화를 수용하려는 '전반서화론' 즉, 송두리째 서구화의 길을 걸어야 한다는 주장이 시대정신으로 부상하게 되었다.

　전통의 포기, 공자(孔子)로 대표되는 우상의 타파, 문화의 개조, 과학과 민주 등은 이 시기 신문화운동의 기본 방향이 되었으며, 이러한 목표를 쟁취하기 위하여 지식인들은 철저한 반전통의 입장에 서게 되었다. 신문화운동이 일어난 기간 동안 수많은 지식인들의 저술에는 루쉰(魯迅)의 "중국 책을 읽지 말자!"는 주장과 첸쉬안퉁(錢玄同)의 "한자를 폐지해야 한다!"와 같은 격렬한 반전통적 주장들이 되풀이되어 인용되곤 했다.

　그러나 한편으로 전통에 깊은 애정을 지닌 일군의 지식인들은 전반서화론자의 반전통 구호에 맞서, 오히려 전통 문화의 우수한 부

---

[3] 근대 이후에 유교 전통의 인문 정신과 도덕적 가치를 계승하여 서구의 과학·민주와 조화시키려 한 사상의 흐름 또는 학파를 가리킨다.

분을 발굴하여 서구 문명에 대응하려는 생각을 하게 되었다. 역사적으로 중국에 침입했던 이민족, 예를 들어 몽고족과 만주족 등은 비록 군사적으로는 우세했을지 몰라도 결국은 다시 중화 문명의 거대한 흐름에 동화되곤 했다. 그러나 근대에 들어 새로이 겪게 된 서구의 침략만은 예외였다. 서구의 침략은 단순한 군사적 침략이 아니라, 중국인들이 이전에는 경험해 보지 못했던 강력한 외래 문명으로부터의 도전이었다. 현대 신유가는 중국 민족이 당면한 위기의 근원이 문화의 문제에 있다고 보고, 동·서양 문화의 장점을 조화롭게 융합함으로써 스스로 직면하고 있는 역사적 위기에서 벗어나고자 하였다.

원래 신유가라는 용어는 허린(賀麟)[4]이 1941년 『사상과 시대』에서 처음 사용했으며, 현대 신유가로 분류될 수 있는 지식인들이 지닌 사상적 특징은 다음과 같이 요약될 수 있다.

첫째로 5·4신문화운동 이래의 격렬한 반전통 조류(전반서화론)에 대항해서 전통 문화의 회복을 주장한다는 점, 둘째로 유교 사상을 중국 문화의 중심(혹은 정통) 위치에 놓고 여기에 서구 문화를 선별적으로 수용하여 전통 문화의 근대화를 추구한다는 점, 셋째로 전통 유학 특히 송·명시대의 유학이 지닌 인본주의와 도덕주의, 정신주의의 가치를 선양함으로써 민족 문화의 부흥을 고취한다는 점 등이다.

---

4) 허린(1902~?)은 1926년 미국에 유학하여 신헤겔주의를 공부하고 다시 독일에 유학하여 스피노자를 공부하였다. 뒤에 중국으로 돌아와 육왕 심학을 헤겔 철학과 융합하여 신심학(新心學)으로 발전시켰다. 현대 신유가 제1세대에 속한다.

현대 신유가에 속하는 인물들은 크게 3세대로 분류된다. 1세대에 속하는 인물로는 1930~40년대에 중국 대륙에서 활동했던 슝스리(熊十力), 량수밍(梁漱溟), 장쥔마이(張君勱), 허린(賀麟) 등이 있고, 2세대에는 1950~60년대에 대만과 홍콩에서 활동했던 치엔무(錢穆)와 탕쥔이(唐君毅), 머우쫑산(牟宗三), 쉬푸꽌(徐復觀), 팡뚱메이(方東美) 등이 있으며, 3세대에는 1970년대부터 현재까지 주로 미국에서 활동하고 있는 뚜웨이밍(杜維明)과 리우수시엔(劉述先), 청쭝잉(成中英) 등이 이에 속한다.

동·서의 융합과 '유학 제3기 발전론'

뚜웨이밍은 자신이 현대 신유가의 제3세대라고 자임할 뿐 아니라, 자신은 "유학의 인문 정신을 드러내는 일에 필생의 노력을 다해 왔다"고 심경을 털어놓은 적이 있다. 뚜웨이밍의 유학 제3기 발전론은 앞 세대 현대 신유가의 주장을 그대로 이어받고 있다. 따라서 뚜웨이밍의 입장을 살펴보기 위해서는 먼저 그의 스승인 머우쫑산(牟宗三)의 사상 체계를 살펴볼 필요가 있다.

앞서 본 것처럼, 서구 제국주의의 침략과 아편전쟁 그리고 무술정변[5]을 통하여 자신의 무력함을 절감하게 된 중국의 지식인들은

---

5) 청(淸)나라 말기 무술년(1898)에 캉유웨이(康有爲)·량치차오(梁啓超)·탄쓰퉁(譚嗣同) 등 사대부 개량주의자들은 입헌제와 의회제를 채택하여 근대적 국가를 수립하고자 변법운동을 전개하였다. 그러나 실권을 장악하고 있던 서태후(西太后) 일파의 쿠데타로 말미암아 이러한 운동은 불과 100여 일만에 실패로 끝나게 되었다. 서태후 일파의 쿠데타를 무술정변이라 한다.

서양의 '민주'와 '과학'에 눈을 돌리는 한편 '전통'에 비판을 가하기 시작했다. 20세기 초 중국에서 양무파(洋務派)[6]와 공교회(孔敎會)[7]의 대립, 반전통주의자와 전통옹호론자의 대립, 과학과 현학(玄學)의 논전(論戰) 등은 제국주의의 침략으로 풍전등화의 위기에 처했던 당시의 상황에서 필연적으로 생겨날 수밖에 없는 갈등이었다.

뚜웨이밍의 스승 머우쭝산은 칸트 철학과 유교 철학의 비교를 통하여 동·서양의 문명을 아우르고 물질 문명과 인문 정신을 조화하는 종합적 사유 체계를 내놓고자 노력했다. 머우쭝산이 칸트 철학과 전통 사상의 비교를 통하여 유학을 새롭게 중건(重建)하려고 했던 배경에는 민족적 위기를 극복하기 위한 우환의식이 담겨 있다.

그는 무조건적으로 전통을 옹호하려는 국수파(國粹派)나 무조건적으로 전반서화를 외치던 양무파(洋務派)의 극단적인 노선을 피하여, 서구 문화와 전통 문화의 절충적 종합을 시도한다. 서양의 민주와 과학을 수용하면서 동시에 유교적 전통의 인문 정신과 도덕 의식을 계승하고자 했던 것이다. 또한 칸트의 현상계(phenomena)[8]와 예지계(noumena)[9]의 구분을 받아들여, 근대 서양은 현상계의 인

---

[6] 청나라 말엽인 1860년에서 1890년 사이의 기간에 중국의 자강(自强)을 도모하고자 서양의 근대 기술의 도입을 강력하게 주장했던 문화운동이다.

[7] 청나라 말기에 캉요우웨이(康有爲)를 중심으로 전개되었던 문화운동으로서, 공자의 가르침을 국교화하여 민족을 단합시키고 민족 정신을 고취할 것을 주장하였다.

[8] 인간의 감각과 경험에 의하여 인식할 수 있는 외적 세계의 총체를 말한다.

식에는 투철했지만 예지계에 대한 '지적 직각(智的直覺)'[10]에는 실패했다고 본다. 그리고 유교 철학은 이와 대조적으로 예지계의 직각에는 뛰어났지만 현상계의 인식에는 부족했다고 파악했다.

머우쫑산은 이러한 문화적 성찰에 입각하여, 현상계의 인식과 관련해서는 민주와 과학으로 대변되는 서양 학문의 성과를 수용하자고 주장하는 한편, 예지계의 직각과 관련해서는 유교적 전통의 '도덕 형이상학'을 계승할 것을 주장한다. 즉, 그는 민주와 과학은 서양으로부터 수용하되, 도덕과 인문학에 있어서는 유교의 '심성지학(心性之學)'[11]을 계승하고자 했던 것이다. 서양 문화와 유교 전통의 절충적 종합, 바로 이것이 당시의 문명적 위기에 대처하려고 했던 머우쫑산의 해법이었다.

뚜웨이밍은 스승의 이러한 사상을 이어받아 과학과 더불어 인문정신을 강조하고, 민주와 더불어 도덕을 강조하며, 철학의 보편성 못지않게 문화의 고유성을 강조한다. 뚜웨이밍은 5·4신문화운동이 지닌 진보적 의미에 대해서는 대체적으로 긍정하는 입장이지만, 한편으로는 전반서화론에 내재된 반전통주의에 대해서는 비판적 시각으로 바라본다. 반전통주의는 비록 제국주의에 항거하는 애국심

---

9) 인간의 경험이나 이성에 의해 포착할 수 없는 세계의 본질 또는 물자체(ding an sich)를 말한다.
10) 심체(心體)나 성체(性體)와 같은 도덕본체를 체인할 수 있는 인간의 직각 능력을 말한다.
11) 인간다운 사고와 행위를 가능하게 해 주는 인간의 본성과 마음에 대해 탐구하는 학문으로서, 여기서는 송명(宋明)시대에 나온 신유학을 가리킨다.

에서 비롯되었지만, 결국은 중국의 문화적 전통에 막대한 타격을 가하는 계기가 되었기 때문이다.

뚜웨이밍은 5·4운동 당시 지식인들의 강렬한 반전통의 조류가 중국인들로 하여금 문화적 정체성(cultural identity)[12]을 상실하게 만드는 계기가 되었다고 본다. 그는 당시 지식인들의 전통에 대한 부정이 동·서양 문화의 비교에 있어서 약자정책(弱者政策)의 기반 위에서 이루어진 것이라고 지적한다.

소위 약자정책이란 제국주의 시기 서구의 문화학자들이 사용하던 강인정책(强人政策)과 대비되는 개념이다. 강인정책은 서구 문화의 우수한 부분을 타 문화 속의 열등한 측면과 서로 비교함으로써 그 우월성을 입증하려는 비교 방식을 말한다. 특히 헤겔[13]에서 히틀러[14]에 이르는 동안 게르만 민족은 이러한 강인정책을 사용해 왔다.

이와 상반되게, 5·4운동 시기의 지식인들은 자기 문화의 열등한 부분을 서구 문화의 우수한 부분과 서로 비교함으로써 중국이 직면한 문화적 위기에서 벗어나고자 하였다. 후스(胡適)[15]는 전족(纏

---

12) 한 문화를 다른 문화와 구별하게 해 주는 면면하게 이어지는 고유한 특성을 말한다.
13) 헤겔(Georg W. F. Hegel: 1770~1831)은 독일의 철학자로서 독일 관념론과 변증법의 대성자로 알려져 있다.
14) 히틀러(Adolf Hitler: 1889~1945)는 독일의 정치가로서, 국민사회주의(나치즘)운동을 전개하고 제2차 세계대전을 일으킨 장본인으로 널리 알려져 있다.
15) 중국의 학자·사상가로서 미국에 유학하여 듀이에게 많은 영향을 받았다. 1917년 컬럼비아 대학에서 철학박사 학위를 취득하고 귀국하여 베이징 대학(北京大學) 교수가 되었으며, 문화 개량운동과 프래그머티즘의 보급에 많은 노력을 기울였다.

足)[16]과 아편을 중국 문화의 전부인 것처럼 말했고, 루쉰(魯迅)은 노예 근성을 중국인의 고유한 민족성인 것처럼 강조하였다. 후스와 루쉰은 중국 문화의 열등한 부분을 서구의 자유, 민주, 평등, 박애 등의 개념과 비교하면서, 몽롱한 잠에 빠져 있는 민중들에게 "깨어나라!" 그리고 "일어서라!"고 외쳤다. 뚜웨이밍은 후스와 루쉰의 이러한 문화 비교는 약자정책에 근거한 불공정한 비교였다고 지적한다.

뚜웨이밍은 특히 문화적 정체성의 개념을 들어 전반서화론자들을 비판한다. 그는 근대 이래로 중국인들이 근대화를 서구화로 착각해 왔으나, 서구에서도 근대화는 각 개별 국가의 문화적 정체성을 무시한, 무조건적 획일화를 의미하지는 않았다고 주장한다. 근대화의 과정을 거치는 동안 영국과 프랑스, 독일, 미국 등은 각기 구체적이고 독특한 문화적 정체성을 유지해 왔으며 그들이 이룩한 근대성에도 각기 약간씩의 차이점이 존재한다는 것이다. 따라서 근대화라는 이름으로 전통 문화의 가치를 송두리째 부정해 버리는 전반서화론자들의 주장은 서구 문화의 다원성에 대한 이해의 부족에서 나온 것이라고 비판한다. 또한 "뿌리 없는 나무는 반드시 말라 죽고 만다"는 전통의 격언을 들어, 중국의 근대화는 반드시 전통 문화의 토양을 기초로 이루어져야 한다고 역설한다.

---

16) 송나라 때부터 유행한 풍속으로서, 여성의 발을 어릴 때부터 천으로 묶어서 성장과 발육을 정지시키는 것을 말한다. 일설에는 기형적인 걸음걸이가 성기관의 발달을 촉진한다고도 하고, 다른 설에 의하면 이는 부녀의 정절을 지키게 하기 위한 구속이라고도 한다.

문화적 정체성의 회복이라는 대전제 아래 뚜웨이밍은 유교를 축으로 하는 전통 문화의 회복을 주장한다. 그에 의하면, 5·4운동 이래 유교 정신은 몰락의 내리막길을 걸었다. 유교는 봉건주의의 대명사가 되었고, 공자는 중국을 낙후하게 만든 주범으로 지목받았다. 비록 소수의 학자들이 유교 연구를 이어가기는 하였으나, 이는 어디까지나 순수한 학술적인 연구로서 광범위한 문화적 역량으로 형성되지는 못했다. 더욱이 1949년 '중화 인민공화국'[17]의 성립 이후 전통 문화의 가치를 옹호하던 현대 신유가는 타이완과 홍콩으로 쫓겨나 실낱같은 운명을 이어나갔다.

그러나 뚜웨이밍은, 유교는 가치를 완전히 상실한 것이 아니며 생명력이 완전히 사라진 것도 아니라고 주장한다. 1970년대에 들어 유교 문화권에 속하는 동아시아의 다섯 마리 용들은 서구의 자본주의도 아니고 사회주의도 아닌 제3의 공업 문명을 이룩했다. 즉 일본, 한국, 대만, 홍콩, 싱가포르 등의 신흥 공업 발달국들(NICs)[18]은 민족도 다르고 정치 체제도 다르지만, 유교 문명이라는 점에서 서로 공통점을 발견할 수 있다는 것이다. 뚜웨이밍은 이 제3 공업 문명과 유교적 전통 사이에 모종의 연관 관계가 있을 것

---

17) 중화인민공화국(中華人民共和國)은 모택동이 영도하던 중국의 공산당이 국민당과의 오랜 내전 끝에 마침내 국민당을 패퇴시키고 1949년에 세운 나라를 말한다. 아시아 대륙의 동쪽 끝에서 서쪽의 중앙아시아에 이르는 광활한 국토에 13억 5천만 명의 인구가 살고 있는 세계 최대의 나라로서 '중국'이라고 부르기도 한다.

18) 'NICs'는 Newly Industrializing Countries의 약자로서 1960~70년대를 거치며 급속한 경제 발전을 이룩한, 선진국과 후진국의 중간에 있는 국가군을 가리킨다.

이라는 유교자본주의[19]의 입장에 주목한다. 신흥 공업 발달국들의 비약적인 경제 발전은 유교 문명이 지닌 독특한 문화적 특징을 기반으로 하고 있으며, 이러한 특징을 잘 발전시켜 나감으로써 아시아는 서구 문명에 종속되지 않는 자생적 근대화를 이룩할 수 있다고 본 것이다.

뚜웨이밍은 지난 시기 유학의 제2기 발전[20]이 인도 불교의 도전에 중국의 유교가 창조적으로 대응해서 이루어졌던 것과 마찬가지로, 유학의 제3기 발전이 가능하기 위해서는 서구 문화의 도전에 창조적으로 대응하지 않으면 안 된다고 주장한다. 유학의 제3기 발전을 위하여 뚜웨이밍이 과제로 생각하는 세 가지 문제는 다음과 같다.

첫째로, 종교적 차원에서 유학은 기독교의 초월적 세계관에 대하여 창조적인 응답을 내놓아야 한다. 둘째로, 사회·경제적 차원에서 유학은 마르크스주의와의 심층적인 대화를 통하여 서로 조화할 수 있는 해결책을 내놓지 않으면 안 된다. 셋째로, 심리학적 차원에서 유학은 프로이트의 정신분석학에서 이야기하는 인성(人性)의 어두운 측면에 대해서 만족스러운 답변을 내놓아야 한다는 것이다.

---

[19] 동아시아의 비약적인 경제 발전을 설명하기 위한 경제사회학적 가설이다. 유교 문화에 내재한 강한 권위 의식, 근면성, 교육열, 공동체 정신, 협동 정신이 이 지역 경제 발전의 문화적 동력이 되었다는 내용이다.

[20] 유학의 제2기 발전은 송나라시대에 이루어졌다. 송나라 때의 유학자들은 공·맹으로 대변되는 선진 유학의 정신을 이어받는 한편 도교와 불교의 사상적 자원을 흡수하여 '신유학'이라 불리는 사상의 조류를 형성해 냈다.

뚜웨이밍은 이와 같이 동·서양 문명의 창조적 융합이 만족스럽게 이루어지기 위해서는 장구한 시일에 걸친 문화적 재창조의 작업이 필요하다고 말한다.

사회주의 중국에서 뚜웨이밍을 바라보는 시각

뚜웨이밍은 비록 유교와 마르크스주의의 대화가 필요하다고 보았지만, 그의 스승에 해당하는 2세대 현대 신유가는 철저한 반공주의자들이었다. 반면에 중국의 철학사가들은, 현대 신유가는 기본적으로 자본 계급의 토양 위에서 출발했다고 본다. 즉 공산 혁명과 더불어 무산 계급이 중국 사상계를 대표하게 되자 몰락하게 된 자본 계급은 유교 전통과 손을 잡게 되었는데, 이것이 현대 신유가의 출발점이라는 것이다.

반공주의를 견지한 타이완과 홍콩의 2세대 현대 신유가들은 지속적인 강연과 출판을 통하여 유교 사상의 정통성을 선양하는 동시에 대륙의 공산정권을 '빨갱이 도적떼(赤匪)'라고 비난해 왔다. 비록 현대 신유가들이 근대 이후 중국 민족의 위기를 본질적으로 문화적 위기라 보고 전통 문화의 재건과 동서양 문화의 융합을 통해 위기를 극복할 것을 주장했지만, 이러한 입장은 순수한 문화적 차원을 넘어서 반공·보수·일당독재로 요약될 수 있는 국민당 정권의 이념적 버팀목으로 작용해 온 것도 사실이었다.

현대 신유가가 간직하고 있는 이러한 반공주의적 성향 때문에 중국에서는 사상의 백화제방[21]이 일어나던 1980년대에 이르기까지 현대 신유가에 대한 연구가 이루어질 수 없었다. 그러나 개혁·개방의 물결을 타고 번진 문화열(文化熱)[22]의 열기와 함께 20세기 후반부터는 현대 신유가에 관한 논의가 활성화되기 시작했다. 하지만 현대 신유가를 바라보는 중국학자들의 관점이 그렇게 긍정적이지는 않다.

중국 사회과학원의 쩡지아뚱(鄭家東)[23]은 『현대 신유학 개론』의 서문에서 현대 신유가가 지니고 있는 한계를 두 가지로 요약하여 지적한다. 한 가지는 유교사상이 민주나 자유와 같은 근대적 가치와 양립할 수 없다는 점이고, 다른 한 가지는 내성외왕(內聖外王)[24]이라는 도덕주의적 사고 방식이 현실의 경제 문제를 해결하는 데 있어서 공허하다는 점이다.

천쩡푸(陳正夫)[25]의 견해는 이보다 훨씬 더 비판적이다. 그는 현대 신유가의 난점을 다음과 같이 비판한다. 첫째, 현대 신유가는 전

---

21) 마오쩌둥이 사망하고 떵샤오핑이 등장하면서 중국은 개혁·개방의 노선을 걷게 되었다. 이에 따라 미래 중국의 발전 방향에 관해 다양한 의견과 주장이 일시에 터져 나오게 되었다. '백화제방(百花齊放)'이란 "수많은 꽃이 일시에 꽃을 피운다"는 의미로서, 이 당시에 터져 나온 다양한 의견과 주장을 일컫는다.

22) 1980년대에 중국의 지식인들 사이에 성행했던 학술 논쟁으로서, 중국의 전통 문화가 사회주의의 현대화에 긍정적으로 기여할 수 있는가 아니면 부정적인 장애 요인으로 작용할 것인가에 관한 토론을 말한다.

23) 중국 사회과학원 철학연구소의 교수로 현대 신유가를 전문으로 연구하고 있다. 저서로는 『현대 신유학 개론』(1990) 등이 있다.

24) 내면적으로 성인이 되기 위한 인격을 도야하고 밖으로는 왕도 정치를 편다는 유교의 이념이다.

25) 유학을 전문으로 연구하는 학자로 『공자, 유학 그리고 중국의 현대화』(1992)라는 저서가 있다.

통 유교에 사상적 근원을 두고 있기 때문에 봉건주의에 철저하게 반대하지 못할 뿐 아니라, 자본 계급의 세계관을 반영하고 있어서 제국주의에 적극적으로 대응할 수 없다. 둘째, 현대 신유가가 지닌 반마르크스주의적 태도는 사회주의의 현대화에 부정적으로 작용할 수 있다. 셋째, 현대 신유가는 지나치게 인문 정신을 강조하기 때문에 근대화를 위한 과학적 이론을 제공해 줄 수 없다. 넷째, 현대 신유가가 강조하는 인간의 내면 세계에 대한 탐닉은 의식을 사회로부터 차단시켜서 비판 정신을 마비시키게 된다. 다섯째, 뚜웨이밍과 같은 제3세대 신유가가 주장하는 유교자본주의는 동아시아 각국의 객관 사실과 부합하지 않을 뿐 아니라 중국의 현실 상황에도 맞지 않는다.

이외에도 뚜웨이밍의 입장은 문화 낙관론 혹은 문화 결정론이라는 점에서 비판을 받기도 한다. 즉, 그가 동아시아의 경제 발전에 주목하면서 유교 문화의 재건만이 중국을 뿌리 있는 근대화로 이끄는 길이라고 주장한 것에 대해, 이는 풍부한 외연을 지닌 중국의 문화를 단순하게 유교로 압축시킴으로써 모든 문제를 문화 분야로 환원시켜 버린 오류를 범하고 있다는 것이다.

또한 뚜웨이밍의 주장이 중국의 현실과 부합하지 않는다는 비판도 있다. 현대 중국의 당면 과제는 상품 경제의 발전 그리고 사회주의적 민주주의와 법제를 건립하는 일이다. 따라서 뚜웨이밍의 서구 문명 비판과 전통 문화의 옹호는 아직 근대적 이성[26]이 절실하게 요청되는 중국의 현 실정과 부합하지 않는다는 것이다.

특히 쟝이화(姜義華)[27]는, 뚜웨이밍의 입장에는 역사성이 결여

된 강렬한 낭만주의적 요소가 섞여 있다고 주장한다. 현대 신유가는 근대화에 수반되는 문제점에 대해 미리부터 경계하고 한계를 긋지만, 그러한 문제점들은 근대화가 고도로 진행된 단계에서 저절로 해결될 수 있으므로 미리 그 한계에 대해 고민하는 것은 근대화를 가로막는 장애물이 될 수 있다는 것이다. 또한 현대 중국은 아직 근대화의 정도가 미약하며 봉건적 잔재가 완전히 청산되지도 않았으므로 지나치게 근대화의 문제점부터 강조하는 일은 시기상조라는 것이다. 많은 사람들은 아직도 봉건시대와 별 차이 없이 영세한 생산 활동에 매달리고 있으며, 저급한 생산력 아래서 물질적으로 궁핍한 생활을 이어나가고 있다. 이러한 시점에서 전통 문화의 우수성만을 외치는 일은 현실을 무시하는 낭만주의의 태도이며 과거를 미화하는 태도라는 것이다.

뚜웨이밍이 한국 철학에 주는 시사점

동아시아를 중심으로 하는 신흥 공업 발달국의 문화적 기반이 유교라는 점에서, 뚜웨이밍의 현대 신유가에 대한 선양(宣揚)은 아시아의 문화 종주국으로서 자기확인 작업이라는 의미를 지니고 있다. 더욱이 뚜웨이밍을 중심으로 하는 3세대 신유가는 유학을 단지 중

---

26) 여기서 '근대적 이성'은 민주와 과학 그리고 자본주의의 발달을 가능케 한 서구의 합리적 사유 방식을 가리킨다.

27) 상하이 푸딴(復旦) 대학 교수로 유가적 전통과 중국 현대화의 문제에 많은 관심을 가지고 있는 학자다.

국의 부흥을 위한 문화 전략의 차원에서 강조하는 것만이 아니라, 장차 유학을 세계 속에 주도적 위치에 올려놓으려는 야심을 보이기도 한다. 이런 점에서 '유학의 제3기 발전론'은 장차 동아시아에서 문화적 패권주의로 작용하게 될 염려는 없는지, 특히 중국이 점차 세계 제2위의 경제 대국으로 부상함에 따라 이러한 패권주의의 경향을 경계의 눈으로 지켜보지 않으면 안 될 것이다.

그러면 '유학의 제3기 발전론'을 통하여 우리가 긍정적으로 받아들일 점은 무엇인가? 근대 이래로 우리는 근대화를 서구화와 혼동해 왔으며, 맹목적으로 물질적 진보를 향해 질주해 왔다. 우리의 근대는 중국의 5·4운동처럼 전통에 철저한 반성이나 비판도 해 보지 못한 채 외세에 밀려 위로부터의 근대화를 추진해 왔던 것이다. 그 동안 우리는 제대로 성찰의 기회마저 갖지 못한 채, 전통을 마치 야산에 암매장하듯 망각의 심연 속에 방치하고 말았다.

그러나 근대화가 반드시 서구화일 필요는 없다는 점, 그리고 근대화가 반드시 반전통과 동일시될 필요는 더구나 없다는 점을 우리는 뚜웨이밍으로부터 겸허하게 경청해야 할 것이다. 더욱이 '보편'이라는 담론[28]은 그 동안 전체주의적 폭력을 가지고 다양한 문화적 대안들을 말살해 왔다. 또한 우리는 근대화의 과정을 통하여 진보를 서구적 경험에 의거한 한 가지 지표로 단일화함으로써 이러한 모델을 우리 사회의 유일한 목표로 설정하여 왔다. 그러나 진보를

---

28) 서구의 문화와 사상 그리고 종교를 보편적인 것으로 간주하고 지구의 나머지 국가나 민족들은 이를 절대적 진리로 받아들여야 한다는 문화패권주의를 말한다.

이렇게 특정 시기의 특정 문화권에 종속된 모델로 한정시켜 버리는 일은 우리 스스로 다양한 대안을 포기해 버리는 일이 될 수 있으며, 다른 한편으로는 동일한 잣대로 다양한 의미의 합리성을 재단하려는 문화적 횡포라고도 할 수 있다.

오늘날에도 보편성을 강조하는 세계화의 담론 속에는 제국주의 시기 이래 서구의 패권주의적 요소가 그대로 담겨 있으며, 이렇게 서구 문명을 중심으로 한 세계화·보편화는 다양한 지역의 문화적 다양성을 말살함으로써 인류가 선택할 수 있는 문화적 대안들을 없애 버리는 우를 범할 수 있다. 이러한 점에서 우리는 식민성의 극복을 염두에 두면서 서구적 모델이 지니는 한계를 뛰어넘는 성찰적 근대화를 염두에 두어야 할 것이다.

사실 뚜웨이밍이 주장하는 '심성지학'과 인문 정신의 부활은 중국의 현재 상황에서는 그다지 들어맞지 않는 점이 많다. 중국이 본격적으로 근대화를 추진한 것은 불과 20년 남짓의 일로서 아직도 근대적 합리성의 확립과 물질적 진보를 지속적으로 필요로 하고 있기 때문이다. 그러나 중국에 비해 비교적 일찍 근대화의 길을 걸어온 우리에게, 이제는 물질적·기술적 진보 못지않게 도덕적·문화적 진보도 절실하게 요청되는 사항이다.

진보를 영역별로 세분하여 살펴볼 때, 우리의 근대화가 추구했던 것은 물질적·기술적 진보였지 문화적·도덕적 진보는 아니었다. 이러한 문화의 공백에는 상업적 이윤 추구에 급급한 문화 산업이 침투해 있고, 도덕의 공백에는 천민자본주의와 한탕주의에 편승한 물신숭배가 파고들었다. 기능적 효율성과 물질적 풍요라는 가시적 지표에 가려 인문학의 위상은 갈수록 침체되고 인간 상호간의 신뢰감은 자취를 감추어 가고 있는 것이다.

이제 물질적 진보가 어느 정도 이루어진 이 땅에서는 더 이상의 탐욕과 개발 대신 고른 분배와 절검(節儉)이 요구되며, 경제적·기술적 효율성 못지않게 인격의 완성과 환경의 새로운 건설이 절실하게 요청된다. 뚜웨이밍이 강조하는 인문 정신의 부흥과 도덕적 인격의 완성은 문화적·도덕적 진보를 시급하게 필요로 하는 우리에게 일말의 타산지석이 될 수 있을 것이다.

더 생각해볼 문제들

1. 근대 문명의 한계와 문제점에 대해 생각해 보자.

    인간을 자연의 지배자 또는 정복자로 간주함으로서 생겨나는 자원 고갈과 환경 문제에 대해 고찰해 보고, 아울러서 인간을 지나치게 원자적이고 고립적인 개체로 파악함으로써 생겨 나는 개인주의의 문제점에 대해서 그리고 그 극복 방안에 대해서 생각해 보자.

2. 서구 문명은 보편적인가?

    다양한 문명권이 지닌 문화적 차이와 고유성에 대해서 그리고 동양 문명 안에서 보편적이라고 할 만한 문화적 가치나 철학적 사상은 어떤 것이 있는지 생각해 보자. 예를 들어, 동양 철학에서 강조하는 '인간과 자연의 합일'에 대해 알아 보고, 이러한 사상이 공해 문제나 환경 문제의 해결에 기여할 수 있는지 생각해 보자.

3. '물질적 진보'만이 진보의 표지라고 할 수 있는가?

물질적 풍요에 못지않게 정신적 성숙이나 도덕적 가치가 고양될 필요가 있다는 점에 주목하자. 물질적 풍요만을 최고의 가치로 삼는 사회에서는 효율성과 부가가치의 창출을 사회 운영의 원리로 삼기 때문에, 물질적 부를 창출하지 못하는 교육이나 복지 그리고 문화·예술의 영역은 쇠퇴할 수밖에 없다. 인간은 '의미'를 추구하는 존재이기 때문에 물질만으로는 살 수 없다. '배부른 돼지'와 '배고픈 소크라테스'의 비유가 무엇을 의미하는지 다 함께 생각해 보자.

추천할 만한 텍스트
『뚜웨이밍의 유학 강의』, 뚜웨이밍 지음, 정용환 옮김, 청계출판사, 1999.
『한 젊은 유학자의 초상』, 뚜웨이밍 지음, 권미숙 옮김, 통나무, 1994.

이승환(李承煥)
고려대학교 철학과 교수.
고려대학교 철학과를 졸업하고 국립 타이완 대학교 철학연구소에서 석사, 미국 하와이 대학교 철학과에서 박사 학위를 받았다.
저서로『유가사상의 사회철학적 재조명』(1998)과『유교 담론의 지형학』(2004) 등이 있으며, 공저로『논쟁으로 보는 중국철학』,『감성의 철학』등이 있다. 주요 논문으로는「주자 심성론의 사회철학적 함의」등이 있으며, 현재는 동양 철학의 '몸'과 '수양'에 대해 큰 관심과 함께 연구를 진행하고 있다.

고전의 세계를 찾아가는 지도

—— 휴머니스트
고전을
읽는다
시리즈

● 한국의 고전을 읽는다
● 서양의 고전을 읽는다
● 동양의 고전을 읽는다

1권 고전문학 上 – 신화·민담·여행기

I. 신화의 상상력과 상징
01 「창세가(創世歌)」/ 박종성
02 「바리공주」/ 이경하
03 '단군신화(檀君神話)' / 조현설
04 이규보(李奎報)의
   「동명왕편(東明王篇)」/ 이지영
05 『용비어천가(龍飛御天歌)』/ 김성언

II. 민담과 야담의 세계
01 「구렁덩덩 신선비」/ 서대석
02 「우렁각시」/ 신동흔
03 서거정(徐居正)의『태평한화골계전
   (太平閑話滑稽傳)』/ 박경신
04 유몽인(柳夢寅)의
   『어우야담(於于野談)』/ 신익철

III. 여행기와 세계로 향한 눈
01 혜초(慧超)의『왕오천축국전
   (往五天竺國傳)』/ 심경호
02 최부(崔溥)의『표해록(漂海錄)』/
   조영록
03 신유한(申維翰)의『해유록(海游錄)』/
   최박광
04 홍대용(洪大容)의『을병연행록
   (乙丙燕行錄)』/ 박성순
05 박지원(朴趾源)의
   『열하일기(熱河日記)』/ 김명호

2권 고전문학 中 – 옛소설·옛노래

I. 소설에 담은 꿈
01 김시습(金時習)의『금오신화
   (金鰲新話)』/ 김종철
02 허균(許筠)의『홍길동전(洪吉童傳)』/
   신병주
03 『유충렬전(劉忠烈傳)』/ 이창헌
04 김만중(金萬重)의『구운몽(九雲夢)』/
   송성욱
05 『토끼전』/ 정출헌
06 『춘향전(春香傳)』/ 서지영
07 『완월회맹연(玩月會盟宴)』/ 한길연

II. 옛노래에 담긴 뜻
01 월명사(月明師)의
   「제망매가(祭亡妹歌)」/ 정재영
02 「청산별곡(靑山別曲)」/ 임주탁
03 이황(李滉)의
   「도산십이곡(陶山十二曲)」/ 한형조
04 정철(鄭澈)의「관동별곡(關東別曲)」/
   조세형
05 이정보(李鼎輔)의 사설시조(辭說時調) /
   신경숙
06 '아리랑' / 조해숙

3권 고전문학 下 – 성·사랑·일상

I. 여성의 애환
01 혜경궁(惠慶宮) 홍씨(洪氏)의
   『한중록(閑中錄)』/ 정병설
02 『계축일기(癸丑日記)』/ 이순구
03 의유당(意幽堂) 남씨(南氏)의
   『관북유람일기(關北遊覽日記)』/ 류준경
04 「덴동어미 화전가(花煎歌)」/ 박혜숙

II. 남녀와 부부의 정

01 조위한(趙緯韓)의 『최척전(崔陟傳)』 / 장효현
02 『운영전(雲英傳)』 / 임치균
03 이옥(李鈺)의 『이언(俚諺)』 / 박무영
04 김려(金鑢)의 『사유악부(思牖樂府)』 / 강혜선

III. 사대부의 일상

01 김시습(金時習)의 『매월당집(梅月堂集)』 / 최인호
02 성현(成俔)의 『부휴자담론(浮休子談論)』 / 이종묵
03 유희춘(柳希春)의 『미암일기(眉巖日記)』 / 문숙자
04 허균(許筠)의 『한정록(閑情錄)』 / 한영규
05 이덕무(李德懋)의 『이목구심서(耳目口心書)』 / 안대회
06 홍양호(洪良浩)의 『북새잡요(北塞雜謠)』 / 진재교

4권 역사·정치

I. 왕조의 기록

01 김부식(金富軾)의 『삼국사기(三國史記)』 / 정구복
02 『고려사(高麗史)』 / 박종기
03 '조선왕조실록(朝鮮王朝實錄)' / 이성무
04 '승정원일기(承政院日記)' / 김문식
05 이긍익(李肯翊)의 『연려실기술(燃藜室記述)』 / 신병주

II. 안타까운 역사, 잊혀진 인물

01 일연(一然)의 『삼국유사(三國遺事)』 / 고운기
02 조희룡(趙熙龍)의 『호산외기(壺山外記)』 / 이성혜
03 황현(黃玹)의 『매천야록(梅泉野錄)』 / 허경진
04 이건창(李建昌)의 『당의통략(黨議通略)』 / 신복룡

III. 국가제도와 시스템 개혁

01 『경국대전(經國大典)』 / 정긍식
02 이이(李珥)의 『성학집요(聖學輯要)』 / 배병삼
03 이수광(李睟光)의 『지봉유설(芝峰類說)』 / 신병주
04 유형원(柳馨遠)의 『반계수록(磻溪隨錄)』 / 정호훈
05 정약용(丁若鏞)의 『목민심서(牧民心書)』 / 박현모

IV. 경제와 산업 진흥

01 박제가(朴齊家)의 『북학의(北學議)』 / 안대회
02 서유구(徐有榘)의 『임원경제지(林園經濟志)』 / 정명현
03 정약전(丁若銓)의 『현산어보(玆山魚譜)』 / 이태원
04 『동국여지승람(東國輿地勝覽)』 / 배우성

5권 문화·사상

I. 여성과 가정

01 소혜왕후(昭惠王后)의 『내훈(內訓)』 / 이숙인
02 안동장씨(安東張氏)의 『음식디미방』 / 정혜경

03 빙허각(憑虛閣) 이씨(李氏)의
『규합총서(閨閤叢書)』/ 조혜란

II. 전쟁과 개인
01 유성룡(柳成龍)의 『징비록(懲毖錄)』/
김석근
02 이순신(李舜臣)의 『난중일기(亂中日記)』/ 박현모
03 강항(姜沆)의 『간양록(看羊錄)』/
이채연
04 남평조씨(南平曺氏)의 『병자일기(丙子日記)』/ 박경신

III. 과학 그리고 기술
01 허준(許浚)의 『동의보감(東醫寶鑑)』/
김호
02 세종(世宗)의 『훈민정음(訓民正音)』/
박창원
03 성현(成俔) 외, 『악학궤범(樂學軌範)』/
신대철
04 서유구(徐有榘) 외, 『누판고(鏤板考)』/
옥영정

IV. 자유로운 사고와 새 문물
01 박지원(朴趾源)의 『연암집(燕巖集)』/
정민
02 최한기(崔漢綺)의 『기학(氣學)』/
손병욱
03 유길준(兪吉濬)의 『서유견문(西遊見聞)』/ 정용화

V. 오래된 지혜, 불교와 유교
01 원효(元曉)의 『대승기신론소(大乘起信論疏)』와 『대승기신론별기(大乘起信論別記)』/ 조은수
02 지눌(知訥)의 『수심결(修心訣)』/

한형조
03 이황(李滉)의 『성학십도(聖學十圖)』/
한형조
04 이광사(李匡師)의 『두남집(斗南集)』과 『원교집선(圓嶠集選)』/ 심경호

6권 현대시

I. 잃어버린 시대의 비가(悲歌)
01 김소월(金素月)의 시 / 이남호
02 한용운(韓龍雲)의 시 / 김재홍
03 이육사(李陸史)의 시 / 김유중
04 윤동주(尹東柱)의 시 / 이남호

II. 겨레의 기억과 서정의 진실
01 백석(白石)의 시 / 이동순
02 이용악(李庸岳)의 시 / 감태준
03 서정주(徐廷柱)의 시 / 김수이

III. 시적 자유의 가능성
01 이상(李箱)의 시 / 김승희
02 김수영(金洙暎)의 시 / 김명인

IV. 척박한 땅에서 생명의 바다까지
01 신동엽(申東曄)의 시 / 임동확
02 신경림(申庚林)의 시 / 임동확
03 김지하(金芝河)의 시 / 임동확

V. 시의 꿈, 그 감각의 실존
01 정지용(鄭芝溶)의 시 / 최동호
02 황동규(黃東奎)의 시 / 이광호
03 정현종(鄭玄宗)의 시 / 이광호

7권 현대소설 上

I. 근대의 풍경
01 이광수(李光洙)의 「무정」/ 김영민

02 박태원(朴泰遠)의
「소설가 구보씨의 일일」/ 장수익
03 이태준(李泰俊)의 「복덕방」/ 양진오
04 김유정(金裕貞)의 「동백꽃」/ 김영민

II. 역사의 수레바퀴
01 김동인(金東仁)의 『젊은 그들』/ 양진오
02 홍명희(洪命熹)의 『임꺽정』/ 강영주
03 안수길(安壽吉)의 『북간도』/ 공임순
04 박경리(朴景利)의 『토지』/ 정현기

III. 산업화의 그늘과 진실
01 이문구(李文求)의 『관촌수필』/ 최시한
02 조세희(趙世熙)의
『난장이가 쏘아 올린 작은 공』/ 우찬제
03 황석영(黃晳暎)의 「삼포 가는 길」/
류보선
04 박완서(朴婉緒)의 『도시의 흉년』/
김주언

IV. 여성성의 탈주
01 강경애(姜敬愛)의 『인간문제』/ 이상경
02 강신재(姜信哉)의 「젊은 느티나무」/
김미현
03 오정희(吳貞姬)의 「중국인 거리」/
허윤진

8권 현대소설 下

I. 가족과 탈가족
01 염상섭(廉想涉)의 『삼대』/ 정호웅
02 채만식(蔡萬植)의 「태평천하」/ 우한용
03 이기영(李箕永)의 『고향』/ 정호웅
04 김정한(金廷漢)의 「모래톱 이야기」/
황국명

II. 분단 상흔과 초극의 상상력
01 황순원(黃順元)의
『나무들 비탈에 서다』/ 김종회
02 최인훈(崔仁勳)의 『광장』/ 김인호
03 김원일(金源一)의 『노을』/ 권오룡
04 윤흥길(尹興吉)의 「장마」/ 김동식

III. 운명과 존재
01 김동리(金東里)의 「까치 소리」/ 이동하
02 손창섭(孫昌涉)의 「잉여인간」/ 허윤진
03 박상륭(朴常隆)의 『죽음의 한 연구』/
김경수

IV. 자유 혹은 자기 세계의 지평
01 김승옥(金承鈺)의 「무진기행」/ 김미현
02 서정인(徐廷仁)의 「강」/ 우찬제
03 이청준(李淸俊)의 『당신들의 천국』/
우찬제
04 최인호(崔仁浩)의 「타인의 방」/ 권성우

1권 인문·자연

I. 지혜가 이끄는 삶
01 크세노폰의 『소크라테스 회상』/ 안광복
02 아우렐리우스의 『명상록』/ 이창우
03 데카르트의 『방법서설』/ 이현복

II. 이성과 자유의 이중주
01 스피노자의 『에티카』/ 최영주
02 칸트의 『형이상학 서론』/ 강영안
03 헤겔의 『정신현상학』/ 강순전

III. 해방된 감성, 웰빙을 이끌다

01 니체의 『차라투스트라는 이렇게 말했다』 / 김정현
02 소쉬르의 『일반 언어학 강의』 / 김성도
03 푸코의 『감시와 처벌』 / 윤평중
04 프로이트의 『꿈의 해석』 / 박정수
05 에리히 프롬의 『소유냐 삶이냐』 / 박홍규

IV. 시간과 문명의 파노라마

01 마르코 폴로의 『동방견문록』 / 김호동
02 그람시의 『옥중수고』 / 이상훈
03 브로델의 『물질문명, 경제, 자본주의』 / 주경철
04 에드워드 사이드의 『오리엔탈리즘』 / 미야지마 히로시

V. 문명의 가면을 벗기다

01 다윈의 『종(種)의 기원』 / 박성관
02 하이젠베르크의 『부분과 전체』 / 김동광
03 토머스 쿤의 『과학혁명의 구조』 / 홍성욱

2권 정치·사회

I. 정의와 권력, 정치 변증법

01 플라톤의 『국가』 / 강정인
02 아리스토텔레스의 『정치학』 / 유원기
03 마키아벨리의 『군주론』 / 곽차섭
04 토마스 모어의 『유토피아』 / 김영한
05 로크의 『통치론』 / 강정인

II. 자유를 넘어 평등으로

01 루소의 『사회 계약론』 / 박의경
02 소로의 『월든』 / 최광렬
03 밀의 『자유론』 / 서병훈
04 롤스의 『정의론』 / 황경식

III. 좌절된 욕망, 혁명의 꿈

01 마르크스의 『자본론』 / 정정훈
02 뒤르케임의 『자살론』 / 민문홍
03 베버의 『프로테스탄티즘의 윤리와 자본주의 정신』 / 이남석

IV. 인간을 넘어, 인간 뒤에서 인간을 보다

01 보부아르의 『제2의 성』 / 고정갑희
02 비트겐슈타인의 『철학적 탐구』 / 김영건
03 엘리아데의 『성과 속』 / 장석만
04 레비스트로스의 『야생의 사고』 / 고봉준

3권 문학 上

I. 운명과 성찰

01 호메로스의 『일리아드』와 『오디세이』 / 강대진
02 소포클레스의 『오이디푸스 왕』 / 김주언
03 괴테의 『파우스트』 / 김주연
04 톨스토이의 『전쟁과 평화』 / 이병훈
05 헤밍웨이의 소설들 / 신정현

II. 영혼과 성장

01 토마스 만의 『부덴브로크 가의 사람들』 / 안삼환
02 릴케의 『두이노의 비가(悲歌)』 / 김용민
03 헤세의 『데미안』 / 전영애
04 생텍쥐페리의 『어린 왕자』 / 우찬제

III. 절망과 구원 가능성

01 단테의 『신곡』 / 박상진
02 푸쉬킨의 서정시집 / 이병훈
03 엘리엇의 『황무지』 / 이명섭
04 스타인벡의 『분노의 포도』 / 우찬제

IV. 사랑과 죄

01 하이네의 예술론과 작품세계 / 김수용
02 도스토예프스키의 『카라마조프가의 형제들』 / 김연경
03 오 헨리의 『단편선(短篇選)』 / 김욱동
04 파스테르나크의 『닥터 지바고』 / 김연경

4권 문학 下

I. 현실과 욕망

01 셰익스피어의 『맥베스』 / 박성환
02 스탕달의 『적과 흑』 / 이동렬
03 발자크의 『잃어버린 환상』 / 김치수
04 디킨즈의 『위대한 유산』 / 이인규
05 피츠제럴드의 『위대한 개츠비』 / 김욱동

II. 낮은 땅, 높은 이야기

01 만초니의 『약혼자』 / 곽차섭
02 에밀 졸라의 『목로주점』 / 김치수
03 파농의 『검은 피부, 하얀 가면』 / 장경렬
04 네루다의 『모두의 노래』 / 우석균

III. 여성성으로, 여성성을 넘어

01 샬롯 브론테의 『제인 에어』 / 조애리
02 울프의 『등대로』 / 정명희
03 로렌스의 『채털리 부인의 연인』 / 이인규

IV. 가능세계, 혹은 허구적 실험

01 보카치오의 『데카메론』 / 박상진
02 스위프트의 『걸리버 여행기』 / 김일영
03 보르헤스의 『픽션들』과 『알렙』 / 송병선
04 마르케스의 『백년 동안의 고독』 / 김현균
05 피어시그의 『선(禪)과 모터사이클 관리술』 / 장경렬

동양의 고전을 읽는다 1 - 역사·정치

지은이 | 권중달 외 14인

1판 1쇄 발행일 2006년 7월 18일
1판 2쇄 발행일 2007년 1월 22일
1판 2쇄 발행부수 2,000부 총 5,000부 발행

발행인 | 김학원
편집인 | 한필훈 이재민 선완규 한상준
기획 | 황서현 유은경 박태근 유소연
크리에이티브 디렉터 | 김영철
마케팅 | 이상용 하석진
저자·독자 서비스 | 조다영(humanist@hmcv.com)
스캔·표지 출력 | 이희수 com.
조판 | 새일기획
용지 | 화인페이퍼
인쇄 | 청아문화사
제본 | 정민제본

발행처 | 휴머니스트
출판등록 제10-2135호(2001년 4월 18일)
주소 | 서울시 마포구 연남동 564-40 121-869
전화 | 02-335-4422 팩스 | 02-334-3427
홈페이지 | www.hmcv.com

ⓒ 휴머니스트 2006
ISBN 89-5862-111-7 03100

만든 사람들

편집 주간 | 이재민 (ljm2001@hmcv.com)
책임 기획 | 정재서 (이화여대 교수) 한형조 (한국학중앙연구원 교수)
책임 편집 | 박환일 송성희
표지·본문 디자인 | AGI 윤현이 이인영 신경숙
사진 구성에 도움 주신 분들 | 김태성 (호서대 겸임교수)

◎ 이 책은 저작권법에 따라 보호받는 저작물이므로 무단전재와 무단복제를 금합니다.
이 책의 전부 또는 일부를 이용하려면 반드시 저작권자와 휴머니스트 출판사의 동의를 받아야 합니다.